Uwe Wolff

# Alles über Engel

Uwe Wolff

# Alles über Engel

Aus dem
himmlischen Wörterbuch

Herder
Freiburg · Basel · Wien

*Für Hannah*

Gedruckt auf umweltfreundlichem,
chlorfrei gebleichtem Papier

Alle Rechte vorbehalten – Printed in Germany
© Verlag Herder Freiburg im Breisgau 2001
Satz: DTP-Studio Helmut Quilitz, Denzlingen
Druck und Bindung: Freiburger Graphische Betriebe 2001
ISBN 3-451-27578-3

# INHALT

Einleitung . . . . . . . . . . . . . . . . . . . . . . . . 11

*A*lter der Engel . . . . . . . . . . . . . . . . . . . 15
Angelus . . . . . . . . . . . . . . . . . . . . . . . . 16
Angelus Novus . . . . . . . . . . . . . . . . . . . . 18
Anthroposophie . . . . . . . . . . . . . . . . . . . 19
Apokalypse . . . . . . . . . . . . . . . . . . . . . . 22
Apokryphen . . . . . . . . . . . . . . . . . . . . . . 23
Apostelgeschichte . . . . . . . . . . . . . . . . . . 26

*B*ig Brother . . . . . . . . . . . . . . . . . . . . . 28
Briefmarken . . . . . . . . . . . . . . . . . . . . . 29
Buchhändler . . . . . . . . . . . . . . . . . . . . . 31

*C*herubim und Seraphim . . . . . . . . . . . . . . 33
Chöre der Engel . . . . . . . . . . . . . . . . . . . 35

*D*eutscher Michel . . . . . . . . . . . . . . . . . . 43
Dienstengel . . . . . . . . . . . . . . . . . . . . . . 44
Dionysios Areopagita . . . . . . . . . . . . . . . . 45

*E*ngelabsenker . . . . . . . . . . . . . . . . . . . . 48
Engelamt . . . . . . . . . . . . . . . . . . . . . . . 48
Engelberg . . . . . . . . . . . . . . . . . . . . . . . 49
Engelbett . . . . . . . . . . . . . . . . . . . . . . . 50
Engel–Bräu . . . . . . . . . . . . . . . . . . . . . . 51
Engel der Jahreszeiten und Lebensalter . . . . . . . . . . 53

Engelforschung . . . . . . . . . . . . . . . . . . . . . . . 55
Engelgesicht . . . . . . . . . . . . . . . . . . . . . . . . . 57
Engelin . . . . . . . . . . . . . . . . . . . . . . . . . . . . 59
Engel in Menschengestalt . . . . . . . . . . . . . . . . 59
Engelkarten . . . . . . . . . . . . . . . . . . . . . . . . . 62
Engelkonzil . . . . . . . . . . . . . . . . . . . . . . . . . 64
Engelmacherin . . . . . . . . . . . . . . . . . . . . . . . 64
Engelpäpste . . . . . . . . . . . . . . . . . . . . . . . . . 66
Engelsgeduld . . . . . . . . . . . . . . . . . . . . . . . . 66
Englische Fräulein . . . . . . . . . . . . . . . . . . . . . 67
Erkenntnis . . . . . . . . . . . . . . . . . . . . . . . . . . 69

$\mathcal{F}$este . . . . . . . . . . . . . . . . . . . . . . . . . . . 70
Film . . . . . . . . . . . . . . . . . . . . . . . . . . . . . . 70
Fische und Muscheln . . . . . . . . . . . . . . . . . . . 73
Flügel . . . . . . . . . . . . . . . . . . . . . . . . . . . . . 75
Fluggeschwindigkeit . . . . . . . . . . . . . . . . . . . 77
Fotografie . . . . . . . . . . . . . . . . . . . . . . . . . . 79
Franz von Assisi . . . . . . . . . . . . . . . . . . . . . . 80
Friedensengel . . . . . . . . . . . . . . . . . . . . . . . . 83

$\mathcal{G}$abriel . . . . . . . . . . . . . . . . . . . . . . . . . . 85
Gebet . . . . . . . . . . . . . . . . . . . . . . . . . . . . . 86
Gelassenheit . . . . . . . . . . . . . . . . . . . . . . . . 88
Gottesgeburt . . . . . . . . . . . . . . . . . . . . . . . . 89
Grabesengel . . . . . . . . . . . . . . . . . . . . . . . . 90

$\mathcal{H}$eerscharen . . . . . . . . . . . . . . . . . . . . . . . 92
Hildegard von Bingen . . . . . . . . . . . . . . . . . . 95
Himmelsleiter . . . . . . . . . . . . . . . . . . . . . . . 97
Himmlische Buchführung . . . . . . . . . . . . . . . . 101
Homosexualität . . . . . . . . . . . . . . . . . . . . . . 104

$\mathcal{I}$konen . . . . . . . . . . . . . . . . . . . . . . . . . . 106

Internet . . . . . . . . . . . . . . . . . . . . . . . . . . 107
Islam . . . . . . . . . . . . . . . . . . . . . . . . . . . . 109

Jeanne d'Arc . . . . . . . . . . . . . . . . . . . . . . 114
Jesus . . . . . . . . . . . . . . . . . . . . . . . . . . . . 116
Judentum . . . . . . . . . . . . . . . . . . . . . . . . . 118
Jung, Carl Gustav . . . . . . . . . . . . . . . . . . . 122

Katholizismus . . . . . . . . . . . . . . . . . . . . . . 125
Kirchen . . . . . . . . . . . . . . . . . . . . . . . . . . . 126
Kunst . . . . . . . . . . . . . . . . . . . . . . . . . . . . 130

Los Angeles . . . . . . . . . . . . . . . . . . . . . . . . 135
Lübecker „Woche der Engel" . . . . . . . . . . . . . . 138
Luther, Martin . . . . . . . . . . . . . . . . . . . . . . 139

Magie . . . . . . . . . . . . . . . . . . . . . . . . . . . . 142
Maria . . . . . . . . . . . . . . . . . . . . . . . . . . . . 142
Michael . . . . . . . . . . . . . . . . . . . . . . . . . . . 145
Missverständnisse . . . . . . . . . . . . . . . . . . . . 148
Mohammed . . . . . . . . . . . . . . . . . . . . . . . . 149
Mormonen . . . . . . . . . . . . . . . . . . . . . . . . 150
Moses . . . . . . . . . . . . . . . . . . . . . . . . . . . . 152
Musik . . . . . . . . . . . . . . . . . . . . . . . . . . . . 154

Nahrung der Engel . . . . . . . . . . . . . . . . . . . 157
Nahtod–Erfahrung . . . . . . . . . . . . . . . . . . . . 160
Nothelfer . . . . . . . . . . . . . . . . . . . . . . . . . . 164

Opus Angelorum (Engelwerk) . . . . . . . . . . . . . 169

Persische Engel . . . . . . . . . . . . . . . . . . . . . . 172
Pflanzen . . . . . . . . . . . . . . . . . . . . . . . . . . 173
Phantomtramper . . . . . . . . . . . . . . . . . . . . . 175

Psychoanalyse . . . . . . . . . . . . . . . . . . . . 177
Putten (Putti) . . . . . . . . . . . . . . . . . . . . 178

*R*aphael . . . . . . . . . . . . . . . . . . . . . . . 180
Reiseengel . . . . . . . . . . . . . . . . . . . . . . 181
Rilke, Rainer Maria . . . . . . . . . . . . . . . . . 182
Ringkampf mit Engeln . . . . . . . . . . . . . . . . 185

*S*atan . . . . . . . . . . . . . . . . . . . . . . . . 188
Säulenengel . . . . . . . . . . . . . . . . . . . . . 190
Schlafstörungen . . . . . . . . . . . . . . . . . . . 191
Schlager . . . . . . . . . . . . . . . . . . . . . . . 192
Schutzengel . . . . . . . . . . . . . . . . . . . . . 192
Schutzengeldarstellungen . . . . . . . . . . . . . . 195
Segen . . . . . . . . . . . . . . . . . . . . . . . . 197
Sexualität . . . . . . . . . . . . . . . . . . . . . . 198
Sixtinische Madonna . . . . . . . . . . . . . . . . . 201
Sphärenmusik . . . . . . . . . . . . . . . . . . . . 203
Sport . . . . . . . . . . . . . . . . . . . . . . . . 205
Sprache der Engel . . . . . . . . . . . . . . . . . . 207
Stille . . . . . . . . . . . . . . . . . . . . . . . . 208
Stoßgebet . . . . . . . . . . . . . . . . . . . . . . 209

*T*aufengel . . . . . . . . . . . . . . . . . . . . . . 210
Tiere . . . . . . . . . . . . . . . . . . . . . . . . . 211

*U*mfrageergebnisse . . . . . . . . . . . . . . . . . 214
Unglücksengel . . . . . . . . . . . . . . . . . . . . 215
Uriel . . . . . . . . . . . . . . . . . . . . . . . . . 217

*V*isionen . . . . . . . . . . . . . . . . . . . . . . 221
Völkerengel . . . . . . . . . . . . . . . . . . . . . 224

*W*ächterengel . . . . . . . . . . . . . . . . . . . . 227

Wahrheit . . . . . . . . . . . . . . . . . . . . . . . . 228
Weihnachtsengel . . . . . . . . . . . . . . . . . . . 229
Weltuntergang . . . . . . . . . . . . . . . . . . . . 232
Werbung . . . . . . . . . . . . . . . . . . . . . . . . 233

$X$athanael . . . . . . . . . . . . . . . . . . . . . . 236

$Y$absael . . . . . . . . . . . . . . . . . . . . . . . 237

$Z$ahl der Engel . . . . . . . . . . . . . . . . . . . 238
Zehnter Engelchor . . . . . . . . . . . . . . . . . . 239


Danksagung . . . . . . . . . . . . . . . . . . . . . . 241
Literatur in Auswahl . . . . . . . . . . . . . . . . . 243
Register . . . . . . . . . . . . . . . . . . . . . . . . 248

# Einleitung

Engel existieren wirklich. Sie sind keine Einbildung der Kinder und keine Erfindung der Künstler. Doch wo finden wir sie? Es gibt Psychologen, die sagen: Die Engel leben in uns. Sie verkörpern unsere Tugenden, sie sind unsere bessere Hälfte, das Licht in unserer Seele. Andere meinen, Engel sind Geistwesen. Sie kommen aus unsichtbaren höheren Welten.

So viel steht fest: Über die Hälfte der Deutschen glaubt an Schutzengel. Es gibt Engel, aber wir erfahren sie in vielfältiger und unterschiedlicher Weise. Deshalb müssen wir von den Erfahrungen mit ihnen erzählen. Ich persönlich glaube, dass Engel im Himmel und zugleich auf Erden wohnen. Mit einem Flügel berühren sie den Himmel, mit dem anderen streifen sie unsere Seele. Engel sind der Himmel auf Erden und Balsam für die Seele. Sie erfüllen uns mit Freude und Heiterkeit.

„Alles über Engel" – bei aller Ehrfurcht für das Thema ist dieses Wörterbuch zugleich beflügelt von jener Leichtigkeit und Beschwingtheit des Seins, die nur der Flügelschlag eines Engels vermitteln kann. Engel sind Schwingung, pulsierendes Leben, Mittler zwischen den Welten, Steigerung der Lebensmelodie. Sie lassen sich von Liebe durchdringen und verströmen sich voller Hingabe, Lebensfreude, Dankbarkeit. Sie kennen keine Berührungsängste, sie reißen Mauern ein und stellen Verbindungen her. Solchen Verbindungen wollen wir nachgehen.

Unser Wörterbuch will weder trockene Wissenschaft, noch inhaltliche Vollständigkeit bieten. Es kann nur ein Auszug sein, Ausblick auf ein unendliches Thema, ein Fenster zur Transzendenz. Trotzdem geht es um sachkundige und zuverlässige Antwort auf Fragen, die immer wiederkehren: Wie alt werden Engel? Wie groß ist ihre Zahl? Was essen Engel? Ist der Engel bei der Zeugung eines Kindes anwesend? Haben auch Ungetaufte einen Schutzengel? Helfen Engel auch Ungläubigen? Welche Rolle spielen Engel in Literatur, Film und Werbung? Können Engel sündigen? Sind sie männlich oder weiblich? Werden Menschen nach ihrem Tod zu Engeln? Können Tiere Engel sehen? Haben auch Pflanzen einen Engel? Zum Teil müssen einfach auch Begriffe, die früheren Zeiten vertraut waren, „übersetzt" und heutigem Verständnis nahegebracht werden. Auch einzelne Vokabeln bedürfen der Erklärung. Was ist beispielsweise ein „Engelabsenker", ein „Engelbett", ein „Engelpapst", ein „Engelkonzil", ein „Engelsgesicht" oder ein „Engelantennenwels"?

Die Darstellung schöpft aus dem Wissen der Weltreligionen, der Mystik und Esoterik, der Dichtung und Kunst, bezieht aber auch Berichte der aktuellen Schutzengelerfahrungen in der Jahrtausendwende mit ein. Dem himmlischen Wörterbuch geht es um zuverlässige Information, und es ist zugleich erfahrungsbezogen. Es ist unverkennbar aus der Praxis gewachsen – und durch die Begleitung von Menschen, die nicht nur Wissen, sondern auch Weisheit suchen. Aufgenommen sind die zahlreichen Fragen, die mir während meiner nun mehr als zwölfjährigen Vortragstätigkeit und auf meinen Engelseminaren immer wieder gestellt wurden. Den Lesern meiner früheren Publikationen zum Thema und allen Seminarteilnehmern gilt daher mein Dank.

Das Wörterbuch ist ein „Who's who der Engel", ein Reiseführer durch himmlische Gefilde, ein englisches Kompendium, sozusagen das „Basiswissen Engel", eben das, „was jeder von Engeln wissen muss".

Es ist ein durchaus subjektives Buch auch in dem Sinn, dass ich mir selber vor allem wünsche, dass es die Lust am Stöbern weckt, inspirierende Momente der Begegnung mit den himmlischen Heerscharen schenkt und zu einem Fenster für himmlische Durchblicke wird. Der Leser schlage es an einer beliebigen Stelle auf, lese und lasse den Engel in sein Herz fliegen!

Wer etwas sucht und es unter den Stichwörtern nicht findet, der nutze das Register. Hier ist eine Fülle von Querverweisen. Drei Beispiele: Wer etwas über „Lady Dianas Engel" erfahren möchte, wird über das Register zu dem Stichwort „Menschen in Menschengestalt" verwiesen. „Engelbrot" findet man unter „Nahrung der Engel". Die Frage, ob es auch stillende Engel gibt, erfährt unter dem Stichwort „Mohammed" eine positive Antwort.

Trotzdem: Bei der irdischen Ausgabe eines himmlischen Wörterbuchs müssen Lücken bleiben. Sollte es also eine Frage geben, die nicht beachtet worden ist, so schreiben Sie mir!

Möge dieses himmlische Wörterbuch die Leser auf *allen* Wegen begleiten, die Kraft der Inspiration und auch Trost in dunklen Stunden schenken, möge es in die Stille führen, zu Gebet und Lobgesang, möge es als Lektüre vor dem Schlafengehen himmlische Träume und neue Begegnungen mit dem Schutzengel schenken!

31. Januar 2001                                    *Uwe Wolff*

# Alter der Engel

Die leichtesten Fragen stellen die Engelforschung oftmals vor die größten Probleme. Wann wurden die Engel erschaffen? Wie alt sind sie? Gibt es Altersunterschiede? Ist der Schutzengel genauso alt wie sein Mensch? Das Alter eines Menschen erkennen wir an seiner Haltung, dem Zustand seiner Haut, dem Gesichtsausdruck und anderen Zeichen der Zeit. Engel altern nicht. Ihr äußeres Erscheinungsbild leuchtet aus ewiger Schönheit. Es gibt keine Engel mit weißem Haar oder Glatze, sie brauchen keine Gehhilfen oder Rollstühle, werden nicht krank oder gebrechlich. Sie sind ewige Jugendlichkeit, verbunden mit der Weisheit des Alters.

Wie die Menschen, die Tiere und die Pflanzen haben sie jedoch einen Anfang. Sie existieren nicht von Ewigkeit, sondern wurden einst ins Leben gerufen. Der Zeitpunkt der Erschaffung der Engel wird von Aurelius Augustinus auf den ersten Tag der Schöpfung datiert. Hinter den geheimnisvollen Worten „Es werde Licht!" (Genesis 1, 3) vermutet der Kirchenvater einen Hinweis auf die Geburtsstunde der Engel. Diese werden auch als „Kinder des Lichtes" bezeichnet. Juden, Christen und Muslime sind sich zwar darin einig, dass die Engel nicht wie Gott seit Ewigkeit existieren, sondern einst wie wir Menschen geschaffen worden sind. Aber wann? Wie viele Millionen oder Milliarden Jahre mag die Geburtsstunde der Engel zurückliegen? Die Antwort, so könnte man annehmen, hänge von der Datierung der Weltschöpfung ab. Im Judentum wird sie auf das Jahr 3761 vor Christus datiert. Im Jahre 2001 wären die Engel folglich 5762 Jahre alt. Doch wer so rechnet, erliegt einem Trugschluss. Engel sind nicht wie Menschen in eine Welt von Raum und Zeit geboren worden, sondern in die Ewigkeit. Deshalb altern sie nicht. Nach einer im Judentum vertretenen Lehre (s. Judentum) werden sogar jeden Tag neue Engel geschaffen. Doch kann auch in diesem Fall von einem Altersunterschied der Engel nicht gesprochen werden, denn mit ihrem Geburtstag treten sie direkt in die Ewigkeit ein. Das gilt auch für den Schutzengel eines Menschen. Dieser himmlische Freund und unsichtbare Begleiter (s. Schutzengel) führt seinen Menschen durch die sichtbare Welt in Zeit und Raum bis zur Schwelle der Ewigkeit. Wenn der Mensch über sie getreten ist und seinem Schutzengel in die Arme fällt, dann lebt auch er in jener alterslosen Atmosphäre, aus der die Engel schon jetzt wirken.

# Angelus

Die Engel sind seit alters her Nachrichtenübermittler. Sie bilden ein weltumspannendes Netzwerk von Informationen, knüpfen Kontakte und stellen himmlische Verbindungen her. Das lateinische Wort „angelus" (griechisch: „angelos") bedeutet „Engel" oder „Bote". Wer auf der Homepage des Heiligen Stuhles den „Angelus" anklickt und der Spur des Engels folgt, landet plötzlich auf einer Seite mit kurzen Sonntagsansprachen des Papstes. Jeder, der schon einmal gesurft ist, weiß, wie schnell man im Irrgarten des Internets auf einen falschen Weg gelangen kann. Engel führen uns aber niemals durch Irrgärten, sondern nur durch Labyrinthe. Im Labyrinth können wir nicht verloren gehen und erreichen immer die Mitte – allerdings auf Umwegen und zuweilen unerwartet. Engel führen uns gerne über die verschlungenen Pfade des Lebens, denn sie wollen in unseren Herzen Türen für neue Begegnungen aufstoßen. Sie lieben zuweilen die Überraschung. Deshalb gilt: Wer bei den Sonntagsansprachen des Heiligen Vaters gelandet ist, liegt genau richtig.

Sie heißen „Angelus" nach dem alten Angelus-Gebet, das dreimal täglich, morgens, mittags und abends, gebetet wird. Georg Trakl spielt in seinem Sonett „Verfall" auf den alten Brauch an: „Am Abend, wenn die Glocken Frieden läuten…". Noch Papst Paul VI. mahnte während des Zweiten Vatikanischen Konzils, den Angelus oder „Engel des Herrn" nicht anzutasten und aus den Gebeten der Kirche zu streichen. Er stellte unmissverständlich klar: „Dies Gebet bedarf keiner Reform; es hat nach so langer Zeit nichts von seiner Kraft und seinem Glanz verloren."

Wohl wahr, denn der Text des Gebetes gründet auf den berühmten Worten des Weihnachtsevangeliums, die Maria und der Engel Gabriel (Lukas 1, 28ff.) wechselten. Sein Thema ist der Friede und die Erlösung der Menschheit. Der Angelus wird im Wechsel zwischen Vorbeter und einer zur Andacht versammelten Gemeinde gesprochen. Dies kann auf freiem Feld in Niederbayern, im 28. Stock eines Büroturmes von Frankfurt oder während des Fluges nach San Francisco geschehen. Der Vorbeter spricht: „Der Engel des Herrn brachte Maria die Botschaft", – die Gemeinde ergänzt: „Und sie empfing vom Heiligen Geist." Dann folgt ein „Ave-Maria". Der Text dieses Gebetes zitiert die Worte Gabriels, ist also eine Begrüßung aus Engelmund. Folgerichtig wird sie „englischer Gruß" genannt: „Gegrüßet seist du, Maria". Schrittweise führt der weitere Verlauf des Angelus in die Geheimnisse der Menschwerdung Jesu Christi ein.

Das immer wieder zu hörende Vorurteil, der „Engel des Herrn" sei ein katholisches Gebet, zeugt von einer Unkenntnis der evangelischen Frömmigkeit (s. Luther, Martin). Auch die evangelische Michaelsbruderschaft gibt dem „Angelus" in ihrem „Tageszeitenbuch" einen zentralen Ort. Er wird zur Mittagszeit (Sext) gebetet. Dabei werden die einzelnen Verse durch wiederholte dreimalige Glockenschläge in besonders feierlicher Weise unterstrichen.

Das Angelus-Gebet hat seine Wurzeln im 13. Jahrhundert. Angeregt von den Franziskanern empfahl der in Avignon regierende Papst Johannes XXII., jeden Abend nach dem Feierabendläuten die Gottesmutter Maria mit drei „Ave-Maria" zu grüßen. Offenbar war dieses Innehalten während der Arbeit bald so beliebt, dass ein Morgen- und Mittagsläuten hinzukamen. Im Jahre 1948 wurde der „Engel des Herrn" zum Bundesgebet der Deutschen Katholischen Jugend.

Gebete sind Unterbrechungen des Alltages. Der „Engel des Herrn" möchte Raum für das Wesentliche schaffen und eine Empfänglichkeit für die himmlische Botschaft vom Frieden auf der Erde. Auch im Zeitalter des Internets bleibt das Gebet der direkte Draht zum Himmel und die schnellste Möglichkeit der Kommunikation mit Gott. Die himmlische Mail-Box ist immer geöffnet, kennt keinen Datenstau und keine Überlastung. Natürlich kann der „Engel des Herrn" auch über E-Mail verschickt werden.

## Angelus Novus

Paul Klee hat viele Engelbilder gemalt. Das berühmteste heißt „Angelus Novus" (1920). Es befand sich im Besitz des jüdischen Philosophen und Literaturtheoretikers Walter Benjamin (1892–1940). „Es gibt ein Bild von Klee, das Angelus Novus heißt", so beginnt Benjamins oft zitierte Beschreibung des Bildes. „Ein Engel ist darauf dargestellt, der aussieht, als wäre er im Begriff, sich von etwas zu entfernen, worauf er starrt. Seine Augen sind aufgerissen, sein Mund steht offen, und seine Flügel sind ausgespannt." Dann folgt die Deutung des Engels als Symbol der Heimatlosigkeit und Ohnmacht. „Der Engel der Geschichte muss so aussehen." Der Freund Gershom Scholem parodierte den pessimistischen Blick auf die Geschichte mit einem „Gruß vom Angelus" und den Versen: „Mein Flügel ist zum Schwung bereit, / ich kehre gern zurück, / denn blieb ich auch lebendige Zeit, / ich hätte wenig Glück."

Am 13. August 1933 notiert Walter Benjamin auf Ibiza Gedanken über seinen persönlichen Schutzengel. Er heißt Agesilaus Santander, wie der geheime Name, den ihm seine Eltern nach jüdischem Brauch bei der Geburt gaben. Ihn erfahren die Kinder mit Beginn der Pubertät. Benjamins Schutzengel ist sein anderes Ich. Eine ähnliche Vorstellung findet sich auch in der Bibel. Als Petrus von einem Engel aus dem Gefängnis befreit wird, halten ihn die Jünger zuerst für seinen Doppelgänger, verwechseln ihn also mit seinem Schutzengel (Apostelgeschichte 12, 15).

Walter Benjamins „Neuer Engel" entspricht nicht dem verbreiteten Bild eines mächtigen Engels. Er ist schwach, seine Kräfte schwinden. Er blickt nicht durch. Er kennt wohl sein Ziel, vermag es aber nicht mehr zu erreichen. Manchmal geht es uns wie diesem Engel, dann lassen auch wir die Flügel hängen, dann brauchen wir jemanden, der uns trägt, Mut zuspricht und sagt: „Du schaffst es, halte durch!" Manchmal brauchen wir einen Engel an unserer Seite, der unsere Gefühle aus eigener Erfahrung kennt, der nicht stark ist wie die himmlischen Heerscharen und der Engel mit dem Schwert, sondern verletzlich – wie wir.

Paul Klee muss es ähnlich empfunden haben. Seit 1933 befindet er sich im Schweizer Exil. 1935 bricht eine tödliche Krankheit aus. Er hat noch fünf Jahre zu leben. In dieser Zeit wendet er sich verstärkt dem Engelmotiv zu. Er malt unvollkommene Engel: „Vergesslicher Engel" (1939), „Hässlicher Engel" (1939), „Zweifelnder Engel" (1940), Engel im Entwicklungsstadium wie den „Engel im Kindergarten" (1939) oder den „Engel, noch hässlich" (1940). In der Gestaltung dieser Engel hat Paul Klee selbst Wachstumskräfte erfahren. Wer sich auf Engel einlässt, dem kann Gleiches geschehen.

## Anthroposophie

Manche Waldorfkindergärten tragen den Namen des Erzengels Raphael oder haben Michael als Schutzpatron. Damit wird den Kindern und Eltern signalisiert: Hier sind Menschen offen für das Einwirken der Engel und ihre erzieherische Arbeit. Ganz leicht ist die Zusammenarbeit von menschlichem und himmlischem Erzieher freilich auch hier nicht immer.

Dass Engel eine erzieherische Aufgabe haben, das hatte schon Rudolf Steiner betont. In seinem Vortrag „Was tut der Engel in unserem Astralleib?", gehalten vor der Anthroposophischen Gesellschaft in Zürich (9. Oktober 1918), deutet er seine Engellehre an. Sie steht in engem Zusammenhang mit dem erzieherischen Auftrag zur Menschenführung, den Steiner als seine eigene Berufung empfand. Der Mensch wird von den Engeln geführt, ob er es weiß oder nicht. Die Wissenden oder Erwachten aber können zu Partnern der Engel werden. Am Ende der Zeiten bilden sie den zehnten Chor der Engel. So hatte es auch Hildegard von Bingen (s. dort) gelehrt, so dichtete Rainer Maria Rilke (s. dort) in seinen „Duineser Elegien". Den Erwachten stehen die Schlafenden gegenüber. Sie wissen nichts von der Führung der Engel und der Wirklichkeit der höheren Welten. Rudolf Steiners Anthroposophie richtet sich an beide Menschengruppen. Denn er ist von der Erziehbarkeit des Menschengeschlechtes überzeugt. Menschen müssen nicht diejenigen bleiben, die sie gewesen sind. Steiner sieht eine Wesensgliederung des Menschen in Leib, Seele und Geist, und er lehrt die Dreiteilung des Menschen in einen physischen Leib, einen Ätherleib und einen astralischen Leib. Die Engel haben nun die Aufgabe, Impulse für unsere Lebensführung zu geben. Sie machen das zuerst einmal im Traum. Jeder Mensch wird im Traum durch den Engel berührt. In Steiners Sprache tritt hier der Engel in Kontakt mit dem Ätherleib. Christian Morgenstern, der durch einige Vorträge Rudolf Steiners in Kristiania (Oslo) zur Anthroposophie kam, hat das nächtliche Gespräch zwischen Ätherleib und Engel in einem Gedicht beschrieben:

„Stör' nicht den Schlaf der liebsten Frau, mein Licht!
Stör' ihren zarten, zarten Schlummer nicht!
Wie ist sie ferne jetzt. Und doch so nah.
Ein Flüstern – und sie wäre wieder da.
Sei still, mein Herz, sei stiller noch, mein Mund,
mit Engeln redet wohl ihr Geist zur Stund."

Der Mensch aber soll nicht Schlafender bleiben, sondern Erwachter werden. Er hat die Chance, den Engel auf einer höheren Stufe des Bewusstseins zu erfahren. Denn Engel formen auch in dem astralischen Leib, der Bewusstseinsseele, Bilder, Visionen, Gedankenblitze,

Eingebungen, die in die Zukunft weisen und die Entwicklung der Menschheit auf eine höhere geistige Stufe vorantreiben. Die Aufgabe der Erziehung besteht darin, in den Kindern und Erwachsenen eine Achtsamkeit für die Wirklichkeit solcher Bilder zu schärfen. Anthroposophie versteht sich als Erwachen zur Wahrnehmung der Engelwelt und ihres Wirkens. Als abendliche Übung empfiehlt Steiner ein kurzes Innehalten, in dem die Ereignisse des Tages mit wachem Geist betrachtet werden. Jeder Mensch werde dabei auf ein kleines oder großes Erlebnis stoßen, das in sein Leben eingetreten ist. Steiner ist sich sicher: Kein Tag vergeht, an dem nicht ein Wunder geschieht. Auch die Frage, was heute hätte alles passieren können, führe zu einer Tiefenerfahrung von Führung. „Von der Beobachtung des Negativen in unserem Leben, das aber von der weisheitlichen Führung unseres Lebens Zeugnis ablegen kann, bis zu der Beobachtung des webenden und wirkenden Engels in unserem astralischen Leibe ist ein gerader Weg, ein recht gerader Weg, den wir einschlagen können."

Von der Führung durch die Engel berichten viele anthroposophische Bücher, darunter Hella Krause-Zimmers „Warum haben Engel Flügel?" (1993) oder Dan Lindholms „Vom Engel berührt" (1989). Als echte Esoterik sind sie Ausdruck einer Tiefenerfahrung, die den Lebensalltag konkret prägt. Den Klassiker anthroposophischer Engellehre hat Hans-Werner Schroeder, Priester der freien Christengemeinschaft, geschrieben. Sein Buch „Mensch und Engel. Die Wirklichkeit der Hierarchien" zeigt umfassend das Wirken der Engel und gibt einen Ausblick auf den zehnten Chor der Engel. Noch aber leben wir auf der Erde, die seit 1879 wieder unter dem besonderen Schutz Michaels steht. Denn nach anthroposophischer Lehre gibt es sieben Erzengelepochen. Nach Oriphel, Anael, Zachariel, Raphael, Samael und Gabriel herrscht jetzt Michael. Er steht für den Geist der Unterscheidung, in dem wir wachsen sollen in der Erkenntnis der höheren Welten.

# Apokalypse

Zu den meistbesuchten Pavillons der EXPO 2000 gehörte der „Planet of Visions". Wie wird die künftige Welt aussehen? Welche technischen Neuerungen wird es geben? Werden die Städte im Jahre 2025 autofrei sein? Werden Roboter die menschliche Arbeit ersetzen? Jene elektronischen Hirne, die Friedrich Dürrenmatt „Gefallene Engel" nannte? Liegt vor uns ein neues Paradies auf Erden, oder droht der Weltuntergang? Die Ausstellungsmacher waren optimistisch. Sie hatten unter der Hallendecke ein Paradies montiert, wie es auch Johannes auf der Insel Patmos in einer Zukunftsvision geschaut hatte. Noch heute ist auf Patmos die Höhle, wo dem Evangelisten der Engel erschien, zu sehen.

Die audiovisionelle Übertragung von Zukunftsbildern gehört seit Urzeiten zu den wesentlichen Dienstpflichten der Engel. Sie ist wesentlich älter als die menschlichen Kommunikationsmittel und selbst den modernsten Wegen der Datenübertragung noch immer weit überlegen. Da Engel in größeren Zeitdimensionen denken als Futurologen, fragen sie nicht nur, was in 100, 1000 oder 10 000 Jahren auf der Erde passieren wird, sondern blicken weit voraus in das Ende der Zeit, wenn das Licht der Sonne nicht mehr leuchten wird (Offenbarung 22, 5).

Die von Engeln übermittelten Zukunftsvisionen (Offenbarung 1, 1) werden Apokalypsen genannt. Apokalypse heißt „Enthüllung" oder „Offenbarung" eines geheimen göttlichen Planes. Durch innere Bilder (Visionen) und Stimmen (Auditionen) haben einige Seher (Visionäre) Einblick in die Zukunft gewonnen. Unter ihnen befanden sich Scharlatane, aber auch echte Visionäre wie Johannes. Seine „Offenbarung" wurde als letztes Buch in die Bibel aufgenommen. Hier können wir nachlesen, was Johannes mit den inneren Augen gesehen und den Ohren des Herzens gehört hat. Die technischen Hintergründe dieser audiovisionellen und kabellosen Datenübertragung durch Engel konnten bisher noch nicht geklärt werden.

Die Engel der Apokalypse haben ein anderes Zeitgefühl als Menschen. Für sie ist jeder Blick in die Zukunft ein Blick in die Gegenwart. Sie offenbaren innere Bilder einer neuen Welt, sie richten den Blick auf eine Zeit des ewigen Friedens, ein Leben ohne Tränen und Tod, ohne Leid und Schmerz, eine Zeit der Harmonie von Gott, Mensch und Engel. Die Engel der Apokalypse schenken Visionen und Träume, einen „Planet of Visions" der Ewigkeit. Sie sind Therapeuten in scheinbar aussichtsloser Lage, spenden Trost, schenken Hoffnung, Vertrauen und die Kraft des positiven Denkens auch in kritischen Zeiten. Sie helfen, indem sie den Blick auf die Zukunft richten. Ihre Botschaft lautet: Bleibe nicht gefangen in deiner Angst, blicke über den Horizont der Gegenwart hinaus! Krisen, Krankheiten und Kriege werden nicht das letzte Wort haben. Am Ende wird alles gut!

# Apokryphen

„Gehen Sie mir mit den Engeln weg. Engel haben nichts mit unserem Glauben zu tun. Die gehören doch alle in die Apokryphen!" So barsch kann es zuweilen auf Pfarrkonferenzen zugehen, wenn die Leiterin der Frauengruppe einen Engelabend vorschlägt. Unter denen, die der Kirche kritisch gegenüberstehen, hört man dagegen öfter den Vorwurf, die Kirche habe die Apokryphen unterdrückt oder unter Verschluss gehalten. Was hat es mit diesen vom Geheimnis umgebenen Schriften auf sich?

Apokryphen sind Bücher, die im Umfeld des Alten und Neuen Testamentes entstanden sind, jedoch nicht in die Bibel aufgenommen wurden. In diesen Geheimschriften herrscht ein reger himmlischer Flugverkehr. Während die Bibel nur drei Engel mit Namen nennt, tauchen hier hunderte neuer Engelnamen auf. Meist haben sie einen phantastischen Klang und lesen sich wie Zungenbrecher: Urakib, Arameel, Akibeel, Tamiel, Ramuel, Zaqebe. Wovon erzählen die apokryphen Schriften? Warum waren sie so beliebt? Warum wurden sie nicht in die offizielle Bibel aufgenommen?

Die biblischen Erzählungen sind meist knapp gehalten. Schreibmaterial war teuer, Wesentliches musste in wenigen Worten auf den Punkt gebracht werden. So berichtet das Buch Genesis von dem Sündenfall der ersten Menschen und dem Sturz der Engel und lässt doch viele Fragen offen. Wie hießen die verführerischen Engel, die mit den Frauen Kinder zeugten? Wann wurden die Engel erschaffen? Wie kam es zum Sturz Lucifers? Wie viele gefallene Engel schmoren in der Hölle?

Vom armen Lazarus wird in der Bibel erzählt, dass ihn die Engel nach seinem Tod in den Himmel trugen. Wie aber sieht es im Himmel aus? Wie verbringen Engel dort oben ihre Zeit? Fragen über Fragen tauchen auf, wenn man die Bibel liest. Vieles wird nur angedeutet, noch mehr ausgespart. Diese Lücken werden von den Apokryphen gefüllt. In der modernen Literaturwissenschaft nennt man diese Technik Rezeptionsästhetik, in der Deutschdidaktik Leerstellenarbeit. Jeder Bibelleser kann sie leicht durchführen, indem er sich in eine Person einfühlt oder die Leerstellen des Textes füllt. So kann man ein Gespräch zwischen den Engeln am leeren Grab und den Jüngerinnen Jesu entwerfen. Man kann sich in den Engel einfühlen, der sich in die schöne Naema verliebt (s. Sexualität). Nach einer Meditation könnte man seine Vorstellungen von Himmel und Hölle niederschreiben. Nicht anders gehen auch einige Schriftsteller der Apokryphen vor. Ihre Bücher sind eine Art Bibliodrama. Sie erzählen anschaulich und dramatisch von den großen Geheimnissen des Himmels und der Hölle.

Die Namen der Verfasser sind unbekannt, da sie sich eines Pseudonyms bedienten, um ihre Autorität zu steigern. Eines der bedeutendsten Engelbücher ist das Henochbuch. Von Henoch berichtet die Bibel nur in einer winzigen Notiz. Es heißt, dieser fromme Mann wurde eines Tages bei lebendigem Leibe in den Himmel entrückt. Andere Apokryphen geben Moses, Salomo, die Apostel Petrus, Jakobus oder Thomas als Verfasser an oder berufen sich auf eine Engeloffenbarung. Die Apokryphen lesen sich spannend wie ein Roman, und vielleicht war es gerade dieser volkstümliche Stil, der den Kirchenvätern Sorge bereitete. Er warf die Frage auf: Was ist eine echte Engeloffenbarung, was ist Dichtung, was ist schlichtweg Betrug oder Aufschneiderei?

Engel sprechen von letzten Wahrheiten, von dem, was uns unbedingt angeht, worauf wir uns im Leben und Sterben verlassen dürfen. In den frühen christlichen Gemeinden wurden viele apokryphe Evangelien und Offenbarungen gelesen, die heute nicht in der Bibel stehen. In einem jahrhundertelangen Ringen suchte man unter ständiger Anrufung des Heiligen Geistes eine Art Leseliste der für alle Gemeinden verbindlichen Bücher zu erstellen. Das Ergebnis liegt in der heutigen Bibel vor. Doch wer eine russisch-orthodoxe, katholische und lutherische Bibelausgabe miteinander vergleicht, sieht auf den ersten Blick ins Inhaltsverzeichnis, dass man sich nie ganz einig geworden ist. So gehört das Engelbuch „Tobit" in der katholischen Bibel zu den rechtmäßigen (kanonischen) Schriften, in den lutherischen Ausgaben jedoch zu den Apokryphen. Das Henochbuch ist nur in die russische Bibel aufgenommen worden, wurde aber im Westen dennoch eifrig gelesen.

Wegen ihrer Anschaulichkeit haben die Apokryphen auf die Bildmotive der Künstler (s. Kirchen, Kunst) einen außerordentlichen Einfluss gehabt. Das gilt auch für die sogenannten Kindheitsevangelien. Sie erzählen, worüber die Bibel den Schleier der Diskretion oder des Nichtwissens legt: die Kindheit Jesu oder Marias (s. dort). Die Apokryphen sind in wissenschaftlichen (Emil Kautzsch, Wilhelm Schneemelcher, Klaus Berger) und volkstümlichen (Alfred Pfabigan, Erich Weidinger) Ausgaben lieferbar. Luther nannte sie treffend „der Heiligen Schrift nicht gleich gehalten und doch nützlich und gut zu lesen".

# Apostelgeschichte

Pastoren und Priester haben manchmal ein gespanntes Verhältnis zu den Engeln. Wir sollten dafür Verständnis zeigen. Die Geistlichen sind eingebunden in zahlreiche Termine, ihr Tagesablauf soll durch den gleichbleibenden Rhythmus der Stundengebete einer regelmäßigen Struktur folgen, und dann kommen Engel und bringen alles durcheinander! Engel sind ihnen zu bunt, ihr Auftreten ist zu spontan. Gerade hat man sich bei einem Glas Wein zu einer wohlverdienten Ruhepause niedergesetzt, da steht ein Bote Gottes im Zimmer! Wissen Engel eigentlich, dass auch Seelsorger nur Menschen sind?

Das Spannungsverhältnis zwischen Priestern und Engeln ist alt. Schließlich hatte Gott immer dann seine Engel auf die Erde geschickt, wenn der Dienst der Priester erschlaffte. Vielleicht ist es heute in der zweiten Jahrtausendwende ähnlich. Schon Zacharias, der Vater Johannes' des Täufers, misstraut dem Engel Gabriel, als er ihm die Geburt eines Sohnes verheißt. Lukas hat viele Erinnerungen an die ersten Begegnungen zwischen den Jüngern Jesu und den Engeln festgehalten. Das von ihm verfasste Buch heißt Apostelgeschichte.

Die Apostelgeschichte des Lukas beginnt mit der Himmelfahrt Jesu, einem Ereignis, das die Jünger (Apostel) erst einmal ratlos lässt. Verlustängste mögen sie quälen und die Frage: Wie machen wir jetzt ohne ihn weiter? Ist die Aufgabe nicht zu groß? Überfordert sie uns nicht? So geht es vielen Menschen, die erwachsen und selbstständig werden sollen. Lukas sagt hier deutlich: Engel verlassen dich nicht! Zwei Engel erklären den Jüngern, dass Jesus eines Tages wiederkommen werde (Apostelgeschichte 1, 10 ff.). Doch sofort gibt es Konflikte. Die Männer der Kirche ecken an, werden ins Gefängnis geworfen und von einem Engel (5, 19) befreit. Als Stephanus, der erste Märtyrer, stirbt, leuchtet sein Antlitz wie das eines Engels (6, 15). Engel arbeiten in der Mission mit. Sie schicken den Apostel Philippus zu dem Kämmerer aus Äthiopien (8, 26) und den heidnischen Hauptmann

Kornelius (10, 3, 22) zu Petrus, damit beide getauft werden. Petrus wird von einem Engel aus dem Gefängnis befreit (12, 7) und Paulus erfährt während eines Seesturmes durch den Engel Trost (27, 23).

So wunderbar kann es zugehen, wenn Kirche und Engel Hand in Hand arbeiten, sagt Lukas. Aus der Sicht der Engelforschung ist sein Buch ein Beispiel für die gelungene Zusammenarbeit von Kirche und Engeln. Sicherlich wird Lukas dieses Netzwerk aus himmlischen und irdischen Gottesfreunden ein wenig idealisierend dargestellt haben. Warum nicht? Wir brauchen doch Vorbilder! Die Apostelgeschichte erzählt nicht nur vergangene Geschichten, zwischen den Zeilen erklingt Zukunftsmusik. Wir hören schon die Stimme des Engels: Gehe nach Rom und sage dem Kardinal..., erhebe deine Stimme in St. Michaelis..., werde still und lerne beten mit Schwester Ruth...

# Big Brother

2400 Stunden Fegefeuer der Gefühle im Wohncontainer, keine Zeitungen, kein Handy, keine E-Mail, keine Nachrichtensendung, dafür rund um die Uhr Kontrolle durch 28 Kameras. Selbst im Bad und Schlafzimmer sind die Bewohner unter ständiger Beobachtung. Durch Wochenaufgaben werden sie beschäftigt. Dazu gehören Bastelarbeiten, aber auch die vollständige Lektüre der Bibel. Zuweilen bekommen die Kandidaten Besuch von einem Überraschungsgast: ein Boxer, der FDP-Politiker Guido Westerwelle oder Verona Feldbusch.

Wer will, kann den Container jederzeit verlassen. Wer durchhält und die Gunst der Mitbewohner und des Publikums gewinnt, erhält zum Schluss eine Prämie von 250 000 Mark. Durch ein Zusammenspiel aus Selbst- und Fremdselektion wird entschieden, wer vorzeitig gehen muss. Das Ritual heißt „Nomy-Day". Gewinner sind am Ende durchaus nicht die Sieger der Staffel (John und Alida-Nadine). Die wahren Medienhelden heißen Zlatko, Jürgen oder Christian. Sie sind freiwillig gegangen oder vorzeitig aus dem Rennen geschickt worden.

Im Big-Brother-Container hängt ein Kruzifix an der Wand. Auch Schutzengel kennen keine Berührungsängste. Sie begleiten ihre Menschen auf allen Wegen (Psalm 91, 11). Wenn der Mensch aber einen Irrweg geht? Wenn er gar seine Seele verkauft? Gibt es Grenzfälle für Schutzengel? Orte, wo sie ihren Menschen nicht mehr zur Seite stehen? Engel sind nicht nur stumme Begleiter. Sie warnen, widersprechen, gebieten Einhalt. Aber sie respektieren die freie Entscheidung ihres Menschen. Wenn sie ihm überallhin folgen, heißt das nicht, dass sie jeden Weg und jedes Wort billigen. So ist es keine Frage, dass Engel auch im Big-Brother-Container anwesend sind.

Wer ist Big Brother? Der gläserne Mensch? Der niederländische

Produzent John de Mol? Das Kreuz an der Wand des Containers? „Der große Bruder sieht alles" – so lautet der zentrale Satz aus George Orwells düsterem Zukunftsbild „1984". Von der „Truman-Show" über Jennifer Ringley, die bereits 1996 täglich 1,5 Millionen virtuelle Besucher in ihrer Wohnung zu Gast hatte, vollzog sich eine Umwertung, die manche Kritiker verstummen ließ.

Das Gefühl, ständig beobachtet zu sein, muss keine Schreckensvision sein. „Herr, du erforschest mich und kennest mich... Deine Augen sahen mich, als ich noch nicht bereitet war, und alle Tage waren in dein Buch geschrieben, die noch werden sollten und von denen keiner da war" (Psalm 139, 1.16). Die Schutzengel sind unsere großen Brüder und Schwestern. Von allen Seiten umgeben sie uns und verlieren uns keine Sekunde aus den Augen, egal ob es Tag ist oder Nacht. Sie merken sofort, wenn sich ihr Schützling verstellt. Denn sie kennen unsere Gedanken und Gefühle und sehen, was selbst 28 rund um die Uhr laufende Kameras nicht filmen können: das, was wir wirklich sind. Engel blicken auf unseren wahren Charakter. Sie schauen unseren Wesenskern („back to basic"). Sie flüstern ihren Schützlingen ins Ohr: „Du bist nicht allein!" Der große Bruder Schutzengel spricht unablässig durch die Stimme des Gewissens, die Folgen unseres Tuns und durch Begegnungen mit anderen Menschen. Weil der Engel seinen Menschen kennt, wie sonst niemand auf der Welt, erlaubt er sich auch unangenehme Fragen: Warum verstellst du dich? Warum läufst du vor dir selbst davon? Warum spielst du dieses üble Spiel mit?

# Briefmarken

„Am Anfang war die Post, und die Post ist die Mutter aller Engel", behauptet Manuel Schneider in seinem Aufsatz „Den Engeln gleich. Zur Metaphysik der Medien". Er glaubt in dem altpersischen Relaispostsystem das Urbild der Engel erkennen zu können. „Unter

Engel verstand man ursprünglich nichts anderes als berittene Postboten." Die Engelforschung muss dieser Behauptung widersprechen (s. Persische Engel), wenngleich sie berittene Engel durchaus kennt (s. Tiere) und besonders den Kindern einen Postbotenengel gerne zugestehen würde.

Doch das Postamt 31 137 Himmelsthür gibt es wirklich. Hier und in 16 798 Himmelpfort, 21 709 Himmelpforten, 51 766 Engelskirchen und 97 267 Himmelstadt stempeln Engel in Menschengestalt (s. dort) alle Jahre wieder die schönen Weihnachtsmarken mit Engelmotiven. Einer dieser Engel, Hans Eberlein, hatte 1966 die Idee, den Kindern, die alle Jahre wieder Briefe an das Postamt Himmelsthür richteten, zu antworten. Schüler des Gymnasiums Himmelsthür halfen ihm dabei. Der Briefwechsel wuchs, so dass bald professionelle Hilfe notwendig wurde. Heute kümmern sich Karl-Heinz Dünker und seine Mitarbeiter um die Weihnachtsbriefe, noch immer unterstützt von Hans Eberlein. Wer Eberlein schreibt (Mittelstraße 2, 31 174 Schellerten), erhält bestimmt Antwort.

Engelbriefmarken sind auf der ganzen Welt so beliebt, dass die Bundesarbeitsgemeinschaft „Motivgruppe Weihnachten e.V." unter dem Vorsitz von Manfred Wullenweber drei dicke Kataloge herausgeben konnte: das „Handbuch der Weihnachtsmarken Übersee", das „Handbuch der Weihnachtsmarken Europas" und das „Handbuch für Christkindl-Sammler". Unter den Philatelisten der Sammlergemeinschaft wird der Künstler Sepp Buchner besonders geschätzt. Seine Briefmarken mit Engelmotiven sind in Österreich weit verbreitet. Und natürlich hatten die Sammler christlicher Motive eine eigene Vereinigung, die den Namen „Sammlergilde St. Gabriel" trug.

Engel sind nicht nur auf Weihnachtsbriefmarken zu finden. So zeigt eine französische Marke aus dem Jahre 1963 Jakobs Kampf mit dem Engel (Michel-Katalog Nr. 1426), ebenso eine spanische aus dem Jahre 1966 (Mi. Nr. 1606), während eine Marke aus Israel (1978) den Traum von der Himmelsleiter (Mi. Nr. 770) abbildet. Der Erzengel Raphael (Mi. Nr. 673) ist auf einer niederländischen Marke (1956) abgebildet, der Vatikan (1974) zeigt sogar einen sechsflügeli-

30

gen Seraphim (Mi. Nr. 632) und Italien (1975) zwei Engel mit Dornenkrone und Kreuz (Mi. Nr. 1481, 1482). Die schönste Engelbriefmarke stammt aus der Schweiz und wurde von Gustav A. Forster als Jugendbriefmarke für das Jahr 1995 (Pro Juventute 1995) entworfen. Sie zeigt einen kleinen Mädchenengel im Profil. Die Flügel sind zum Flug ausgebreitet. Mit dem linken, ausgestreckten Zeigefinger weist das Engelkind himmelwärts, dort, wo nach altem Glauben das Paradies ewiger Jugend liegt, dessen Tore für alle Menschen weit geöffnet sind.

# Buchhändler

Wir lesen ein Buch und stoßen auf Sätze, die uns aus dem Herzen gesprochen sind. Wir spüren: Ja, genau das wollten wir schon immer sagen und konnten es doch nicht in Worte fassen! Wie viele Bücher mögen im literarischen Himmel schweben und darauf warten, dass sie zu ihren Lesern in Studierzimmer und auf Liegestühle, auf Parkbänke und in Wartezimmer, in ICEs und U-Bahnen herniedersteigen können, um ihnen das Geheimnis des eigenen Lebens zu erhellen! Die Engel der Buchhändler sind dienstfertige Geister. Sie spüren, was uns gut tut. Sie beraten die Buchhändler und weisen Wege in den literarischen Himmel. Ihr Lieblingsaufenthalt sind Buchhandlungen und Bibliotheken, Orte geistiger Abenteuerfahrten, Weltinnenräume der Begegnung.

Der Engel der guten Lektüreempfehlung heißt Gallisur („Durch Gott enthüllt"). Im Judentum gilt er als ausgewiesener Kenner der Thora. Die Annahme, der Buchhändlerengel liebe besonders Bücher über Engel, ist jedoch falsch. Schon Rainer Maria Rilke wies in seiner neunten „Duineser Elegie" daraufhin, dass sich die Himmlischen eher für Irdisches und Vergängliches interessieren: „Sag ihm die Dinge: Er wird staunender stehn; wie du standest / bei dem Seiler in Rom, oder beim Töpfer am Nil." Das heißt jedoch nicht, Engel würden

ausschließlich Reiseliteratur oder Bücher für die Hobbythek emp-
fehlen. Rilke meint, man solle nicht Eulen nach Athen und Engel in
den Himmel tragen.

„Preise dem Engel die Welt, nicht die unsägliche, ihm
kannst du nicht großtun mit herrlich Erfühltem; im Weltall,
wo er fühlender fühlt, bist du ein Neuling. Drum zeig
ihm das Einfache, das, von Geschlecht zu Geschlechtern gestaltet,
als ein Unsriges lebt, neben der Hand und im Blick."

Menschen, die über dem Lesen das Leben vergessen, verbietet der
Buchhändlerengel gelegentlich die Lektüre. Als ein junger Theolo-
giestudent in der Münsteraner Buchhandlung Poertgen-Herder das
Buch „Homo Ludens" von Johann Huizinga bestellen wollte, flüs-
terte der Engel Gallisur der Buchhändlerin folgende Worte ins Ohr:
„Sage ihm: Werde selbst ein spielender Mensch!" Der junge Mann
verließ beglückt über diese Enthüllung und ohne Buch die Buchhandlung. Nicht jedoch ohne sich vorher mit der Buchhändlerin für
den Abend verabredet zu haben. Wie man sieht, ist der Buchhändlerengel nicht immer an hohen Umsatzzahlen interessiert.

# Cherubim und Seraphim

In ihrer Film-Komödie „Erleuchtung garantiert" zeigt Doris Dörrie zwei Männer auf der Suche nach Selbstfindung. Die Midlife-Crisis hat sie voll gepackt. In einem japanischen Kloster suchen sie Erleuchtung und finden sie natürlich nicht. Denn garantieren kann niemand die Erleuchtung, und auf einem Wochenendseminar oder einem spirituellen Kurzurlaub ist sie auch nicht nebenbei zu finden. Erleuchtung ist die Erfahrung der Mitte. Ein Licht geht in der Seele auf. Wir blicken wieder durch. Das Wesentliche wird sichtbar. Wir erkennen den Sinn des Lebens, wissen, warum wir auf der Welt sind und was unsere Aufgabe ist. Erleuchtung aus der Fülle der Selbsterkenntnis ist ein langer spiritueller Prozess. Er beginnt mit der Sehnsucht nach wahrer Liebe. In der Engelwelt sind die Seraphim für diesen zündenden Funken zuständig. Ihnen folgen die Engel der Erleuchtung oder Cherubim. Seraphim und Cherubim arbeiten als spirituelle Lehrer oder Meister eng zusammen.

*Seraphim* sind Engel der Liebe. Ihr Name deutet bereits ihr Wesen und ihre Aufgabe an. Sie sind „Entflammer" oder „Erhitzer". Seraphim sind von einem flammenden Liebesverlangen durchdrungen. Ihr Symbol ist das Feuer, ein brennendes Herz, flammende Flügel und feuerfarbene Kleider. Sie sind die Verkörperung der höchsten Liebe, zu der Mensch und Engel fähig sind. Der Prophet Jesaja schaute in einer Vision die sechsflügeligen Seraphim (Jesaja 6, 1–7) und hörte ihren heiligen Gesang, das Sanctus: Heilig, heilig, heilig ist der Herr der himmlischen Heerscharen!

*Cherubim* sind Weisheitsengel. Sie schauen Gott von Angesicht zu Angesicht, besitzen die vollkommene Gotteserkenntnis und geben diese Erleuchtung weiter. Ihr Name bedeutet „Fülle des Wissens" (plenitudo scientiae). Cherubim sind dem Verstand und der Erkenntnis zugeordnet, Seraphim dem Herzen. In der Malerei werden Cherubim durch verschiedene Symbole kenntlich gemacht: Ein Dreieck auf der Brust, in dem sich das Gottesauge befindet; manchmal halten sie einen Himmelsglobus, Buch und Siegel oder tragen ein Sterndiadem. Während der byzantinischen Liturgie wird der Cherubim-Hymnus gesungen, wenn Brot und Wein zum Altar gebracht werden. In der himmlischen Hierarchie des Dionysios Areopagita (s. dort) bilden die Cherubim den zweiten Chor. Die Seraphim entflammen das Herz mit Gottesliebe. Cherubim haben anschließend die Aufgabe, die Seele des Menschen mit göttlichem Licht zu erhellen. Sie setzen das Werk der Seraphim fort, indem sie der Seele die göttliche Erleuchtung schenken. Deshalb können die Cherubim auch als Engel der Erleuchtung oder Engel des dritten Auges bezeichnet werden.

In zahlreichen Liedern werden Cherubim und Seraphim als Vorbilder der Gottesliebe besungen. Ihre sechs Flügel verweisen auf die sechs Schöpfungstage. Seraphim erhalten nach jüdischem Glauben jeden Tag von Satan, Samael und Dubiel Aufzeichnungen über die Vergehen Israels, leiten diese jedoch nicht an Gott weiter, sondern verbrennen sie.

Der Prophet Ezechiel sah in einer Vision (s. dort) sechsflügelige Cherubim (Ezechiel 1, 1–28; 10, 5 ff.) mit den vier Gesichtern von Mensch, Löwe, Stier und Adler. In christlicher Zeit wurden sie zu Symbolen der vier Evangelisten, weil auch sie die Fülle der Erkenntnis der göttlichen Geheimnisse erlangt hatten. Erleuchtung wird geschenkt, damit sie weitergegeben wird. Dies lehrt das Beispiel der Cherubim. Sie reichen die Flamme der Selbsterkenntnis an Menschen weiter, die mehr Licht in die Welt bringen wollen und andere begleiten, damit auch sie lernen, mit dem dritten Auge oder dem Auge der Seele auf den Grund der Dinge zu schauen.

# Chöre der Engel

Es gibt neun Chöre der Engel. Der Mystiker Dionysios Areopagita (s. dort) hatte sie entdeckt und in drei Untergruppen gegliedert. Jede spiegelt dreimal das Geheimnis des dreieinigen Gottes. Papst Gregor der Große und Hildegard von Bingen unterteilten dagegen die Welt der Engel in zwei, fünf und zwei Chöre. Mit der Zahl fünf wollte Hildegard auf die fünf Wunden (Stigmata) Christi verweisen. Unstrittig war, dass die Chöre der Engel zur Ehre Gottes jubilierten. Ihr Gesang klinge wie „das Rauschen vieler Wasser", meinte Ambrosius von Mailand (339–397) in einem etwas ungewöhnlichen Vergleich. Nach der syrischen Jakobusliturgie singen sie mit „heller" Stimme. Von den „hellen Liedern" der Engel weiß auch das Weihnachtslied. Ephraim der Syrer (ca. 306–373) spricht von den „Harfenstimmen" der Engel, das slawische Henochbuch einfach von „sanften" Stimmen.

Der Chorgesang der Mönche hatte in den Engelchören sein Vorbild. Im frühen Mittelalter waren Liturgieexperten davon überzeugt, dass Engel nicht polyphon singen und ihre Stimmen nicht von Instrumenten begleitet werden. Diese Annahme wurde durch den heiligen Franz von Assisi korrigiert. Er sah einen Engel mit einer Geige. Nicht singen zu können, sagte Thomas von Aquin (1225–1274), sei eine Schande, „da doch die Heiligen mit den Engeln und Erzengeln, mit den Thronen und Herrschaften und mit der ganzen himmlischen Heerschar unaufhörlich täglich das Heilig, heilig, heilig singen".

Vor einem allzumenschlichen Bild vom Gesang der Engel ist jedoch zu warnen. Ihr Lobpreis dient nicht der Unterhaltung Gottes. Engel sind nicht mit der Aufgabe betraut, „dem Herrgott etwas vorzusingen", betonte bereits 1935 der Engelforscher Erik Peterson in seiner Studie „Das Buch von den Engeln. Stellung und Bedeutung der heiligen Engel im Kultus": „Das ist in der Tat eine unerträgliche Vorstellung, und der Wunsch, so etwas eine ganze Ewigkeit zu tun, nicht ohne weiteres begreiflich." Singen sei vielmehr ein Bild für die himmlische Lebensform, ein „Verströmen im Lobpreis", wie es auch die Mystiker ersehnen.

So sind die Chöre der Engel vor allen Dingen ein mystisches Bild der Annäherung an das Geheimnis Gottes und Ausdruck einer beschwingten Existenzform, die sich von Gottes Liebe durchdrungen weiß. „Was nützen denn alle Tugenden der Engel", fragt Peterson, „wenn nicht ihr eigentlichstes Leben, das, wofür sie allein da sind, das, wodurch ihre innerste Seinsform in Schwingung gerät, wenn nicht ihr Gotteslob dem Menschen erreichbar ist?"

Deshalb wollen wir hier den mystischen Weg zum Engelleben (vita angelica), den die neun Chöre der Engel weisen, nachzeichnen.

## 1. Engel

Die Engel bilden den Außenposten der himmlischen Hierarchie. Wie der Planet Pluto in unserem Sonnensystem, so bewegen sie sich im größten Abstand um die göttliche Mitte. Damit ist kein Werturteil verbunden. Die Außenposition der Engel ergibt sich aus ihrer Aufgabe als Mittler zwischen Himmel und Erde. Engel legen das Fundament der spirituellen Entwicklung. Sie begleiten Menschen und setzen in ihnen positive Energien und Werke des Lichtes frei. Sie erhellen und erleuchten die Seele und erinnern sie an ihre himmlische Heimat. Als Erzieher strahlen sie eine motivierende geistige Schönheit aus. Gott berichten sie von den Fortschritten des Menschen auf seinem Weg der Entdeckung des inneren Lichtes. Engel sind für jeden da, ob Christ oder Atheist. Der Name „Engel" leitet sich aus ihrem Auftrag ab. Sie sind Boten des Himmels und sollen den Blick der Seele himmelwärts richten.

## 2. Erzengel

Nachdem die Engel das Licht der Seele erweckt haben, kümmern sich die Erzengel um den weiteren Weg. Ihre Aufgabe ist es, eine Begegnung zwischen der Seele und Christus, dem Licht der Welt, vorzubereiten. So sind Erzengel den Hebammen vergleichbar. Sie bereiten die spirituelle Gottesgeburt im Herzen vor. Auch ihre Aufgabe ist es, dem Blick der Seele eine himmlische Ausrichtung zu geben. Allerdings erweitern sie die Blickrichtung auf Christus. Deshalb werden sie Erzengel genannt. Die Vorsilbe „erz" hat eine verstärkende Wirkung wie etwa in den Worten „Erzherzog", „erzgescheit" oder „erzfaul". Wie der Erzbischof in der kirchlichen Hierarchie über dem Bischof steht, so der Erzengel in der himmlischen Hierarchie über dem Engel. Allerdings ist mit dem Gedanken der „heiligen Ordnung" keine Wertung der Person verbunden. Vor Gott sind alle gleich, ob Engel oder Erzengel, Diakone oder Kurienkardinäle.

## 3. Kräfte

Spirituelle Erfahrungen können ein wohliges Gefühl hinterlassen. Damit dieses nicht in falscher Selbstbezogenheit verglüht oder in Selbstverliebtheit keine Folgen für das Leben hat, gibt es den Dienst der Engel mit dem Namen „Kräfte". Sie verbreiten die Kraft Gottes und knüpfen unmittelbar an den Dienst der Erzengel an. Das Licht soll nicht unter den Scheffel gestellt werden, und die Stadt auf dem Berge soll leuchten. Deshalb erfüllen die Kräfte das Herz mit brennender Liebe. Sie nähren weiterhin die Flamme des Herzens, indem sie den Menschen eine klare Entscheidung, ein Ja oder Nein abverlangen. Als Wegbegleiter haben sie den Auftrag zu bewirken, dass die Gottesliebe auch Konsequenzen in der Lebensführung hat. Sie schenken Klarheit der inneren Erkenntnis und helfen in allen Anfechtungen.

Kräfte heißen diese Engel, weil sie der Seele Kraft schenken. Sie heißen auch „virtutes". Die Kräfte sind also Tugenden, die im Menschen angelegt sind, aber durch Engelkräfte geweckt, gefördert und zur Wirksamkeit entfaltet werden müssen. Hinter jeder Tugend steht ein Engel.

Zur Einweihung der Klosterkirche in Rupertsberg durch den Erzbischof von Mainz im Jahre 1152 verfasste Hildegard von Bingen ein Mysterienspiel über das Wirken der Engel-Kräfte (virtutes). Das „Ordo virtutum" oder „Spiel der Engel-Kräfte" wurde von den Schwestern des Konvents aufgeführt. 15 Schwestern verkörperten dabei 15 Engel-Tugenden. Da ihre Quersumme 6 (1 + 5) der Anzahl der Tage entspricht, in denen Gott die sichtbare und die unsichtbare Welt geschaffen hat, ist von einer symbolischen Bedeutung auszugehen. Hildegards Engel-Tugenden oder Engel-Kräfte lauten:

Nächstenliebe (caritas)
Gottesfurcht (timor Dei)
Gehorsam (oboedientia)
Glaube (fides)
Keuschheit (castitas)
Unschuld (innocentia)
Weltverachtung (contemptus mundi)
Himmlische Liebe (amor caelestis)
Selbstzucht (disciplina)
Schamhaftigkeit (verecundia)
Mitleid (misericordia)
Sieg (victoria)
Urteilskraft (discretio)
Geduld (patientia)
und als Königin der Tugenden (regina virtutum) die
Demut (humilitas).

# 4. Mächte

Je stärker das Licht, desto größer die Gefahr des Übermutes. Das hatte der Fall Lucifers gezeigt. Deshalb umkreist der vierte Chor der Engel wie ein mächtiger Schutzschild aus Licht das Geheimnis Gottes. Ähnlich den himmlischen Heerscharen strahlen die Engel des vierten Chores eine große Macht aus. Deshalb werden sie „Mächte" genannt. In der griechischen Sprache heißen sie „exusiai". Das Wort kann mit „Vollmacht" übersetzt werden. Wie alle Engel, so haben auch die Mächte des vierten Chores ihre Macht nicht aus sich selbst. Sie sind „die Bevollmächtigten Gottes". Ihre Aufgabe ist die Bewahrung der Unergründlichkeit Gottes vor allzu großer Neugierde des Menschen.

Die Mächte Gottes haben also im spirituellen Prozess nach den ersten drei Stufen die wichtige Funktion der Grenzziehung. Mit schnellem Schritt und Himmelsstürmerei kommt die Seele dem Geheimnis der Mitte nicht näher. So lehren die Mächte eine wichtige weitere Voraussetzung auf dem Weg zur Mitte. Es ist die Haltung der Ehrfurcht. Ohne sie hat kein Gemeinwesen Bestand. Deshalb folgen den Mächten als Engeln der Ehrfurcht die Engel der politischen Ordnung oder Fürstentümer.

# 5. Fürstentümer

Die Engel-Fürsten sind um das Wohlergehen der Menschen in den politischen Gemeinden besorgt. Die Mitglieder des fünften Chores sind keine Volksvertreter, sie werden nicht gewählt, sondern auf Lebenszeit berufen. Dieser Ruf beinhaltet eine Verpflichtung. Denn alle Herrschaft ist ein Lehen, und derjenige, der sie verliehen hat, wird Rechenschaft einfordern. Fürstentümer oder Engel-Fürsten sind in besonderer Weise Vorbild für alle Menschen, die sich politisch engagieren. Sie sind temperamentvoll, erfüllt von glühendem Eifer für die

Wahrheit, sie lehren Gerechtigkeit, Beständigkeit und die Ausrichtung der Politik am Vorbild christlicher Nächstenliebe.

## 6. Herrschaften

Im Wilhelminischen Deutschland gab es in Hotels und öffentlichen Gebäuden gelegentlich zwei Eingänge. Vor dem eleganteren war ein Schild mit der Aufschrift: „Nur für Herrschaften!" angebracht. Mit diesen Herrschaften haben die gleichnamigen Engel des sechsten Chores nichts gemein. Der Blick auf die griechische (kyriotetes) oder lateinische (dominationes) Bezeichnung erhellt ihr Wesen. „Kyrios", „dominus" oder „Herr" ist einer der Titel, mit denen die Evangelien Christus bezeichnet haben. Christus ist gekommen, um den Menschen aufzurichten, ihm seine Würde und das Licht der Vernunft wiederzugeben. Daran will der Name „Herrschaften" erinnern. Die Engel des sechsten Chores fallen durch ihre äußere Erscheinung besonders auf. Sie tragen einen Helm und eine Tunika. Als einzige Engel haben sie nicht nur ein Menschenantlitz, sondern auch Menschenfüße. Sie sind ein Bild des edlen Wesenskernes des Menschen. Der Mensch ist von Gott gut und mit schöner Gestalt geschaffen worden. Christus hat den Menschen aufgerichtet zu einer Herrschaft im Dienste Gottes. Hochherzigkeit, Adel der Seele und das Licht der Vernunft gehören zum Wesen des Menschen.

Heute ist die Vorbildfunktion der Herrschaften besonders in der Wissenschaft notwendig. Sie müssen darauf achten, dass die Gabe der Vernunft im Dienste der Menschlichkeit steht und weder von Biotechnologen noch von Atomphysikern missbraucht wird.

## 7. Throne

Auf dem himmlischen Thron sitzt Gott. Wenn die Engel nun „Throne" genannt werden, schwingen zwei Bedeutungen mit: zum einen
ihre Nähe zu Gott, zum anderen leuchtet in ihrem Spiegel das Bild
des Tragens auf. Throne sind „Gottesträger", deshalb werden sie auch
mit Maria verglichen, die Gottes Sohn in ihrem Leib getragen hat.
Die Throne erglühen wie das Morgenrot, sie kündigen die Geburt
eines neuen Tages an. Mit dem siebten Chor der Engel kommt die
Seele der göttlichen Mitte immer näher. Auch sie soll ja Gottesträger
oder Thron Gottes werden.

## 8. Cherubim

Die Cherubim im achten Chor der Engel symbolisieren eine Spiritualität der vollkommenen Hingabe an die Gottesliebe, die kaum
mehr durch einen Blick auf die vergängliche irdische Welt abgelenkt
wird. Auf Erden gleichen ihnen die Propheten, Mystiker und alle
Menschen, die sich Visionen öffnen und zu träumen wagen. Sie sind
eine Feder auf dem Odem Gottes. Cherubim haben sechs Flügel voller Augen. Sie besitzen die Fülle des Wissens, ihr Blick durchdringt
alles und schaut auf den Kern der Dinge. Auch wir sollen uns auf
dem Weg zur Mitte von keiner Äußerlichkeit ablenken lassen und
uns auf das Wesentliche konzentrieren.

## 9. Seraphim

Das Wesen der Seraphim ist flammende Liebe und glühende Begeisterung für Gott. Seraphim haben die Aufgabe, das Feuer der Gottesliebe zu entfachen. Menschen, die vom Geist der Seraphim durchdrungen sind, werden „seraphisch" genannt. So war Franz von Assisi
(s. dort) ein seraphischer Heiliger. Von einem Seraph erhielt er die

Stigmata Jesu. Mit ihrer flammenden Liebe entzünden die Seraphim den Herzensgrund. In der Osternacht geht der griechisch-orthodoxe Patriarch von Jerusalem mit Kerzen in das dunkle heilige Grab. Nach einem Gebet tritt er mit brennenden Kerzen wieder vor die Gemeinde. Es heißt, ein Seraph habe sie entzündet. Seraphim stehen in der Engelhierarchie an erster Stelle. Daran erinnert von ferne der in Schweden verliehene Seraphinenorden mit dem Blauen Band, die höchste Auszeichnung durch das Königshaus.

# Deutscher Michel

Im Dreißigjährigen Krieg trug Reitergeneral Elias von Obentraut, der bei einem Scharmützel mit Tillys Truppen auf der Seelzer Heide bei Hannover tödlich verwundet wurde, den Ehrentitel „Deutscher Michel". Auf den wehrhaften Engel Michael beriefen sich auch die Gegner der Rechtschreibreformen im frühen 17. Jahrhundert. Sie zückten die Waffen des Geistes und veröffentlichten Kampfschriften unter dem Titel „Der Teutsche Michel − Klage über die teutschen Sprachverderber" (1650). Im 19. Jahrhundert waren Tischdenkmäler mit einer Eiche und dem Erzengel Michael beliebt. Das berühmteste ist zwei Meter hoch und wurde von Karl August Siebenpfeiffer (1821–1909) 1862 in Bronze gegossen. Es heißt „Die deutsche Eiche" und zeigt den, der seit dem 17. Jahrhundert als Schutzpatron der Deutschen galt, mit gezücktem Schwert auf dem Wipfel einer Eiche stehend.

Weil aber viele politische Debatten im 19. Jahrhundert ergebnislos verliefen, wurde die Bezeichnung „Deutscher Michel" ins Gegenteil verkehrt. Sie galt jetzt als Inbegriff aller deutschen Unzulänglichkeiten. So heißt es in einem Gedicht aus dem Revolutionsjahr 1848: „Schlaf, Michel, schlaf, du bist und bleibst ein Schaf. Schlaf noch eine Weile, du hast ja keine Eile!" Der Deutsche gilt als gutmütig, aber einfältig, rückständig, unbeholfen und politisch ahnungslos. Schon im frühen 16. Jahrhundert, als die Bezeichnung „Deutscher Michel" in Sebastian Franks „Sprichwörtersammlung" (1541) zum ersten Mal bezeugt wird, heißt es: „Die Teutschen Michel man uns nennt, / Ist wahr, wir können nicht viel Latein / Aber Fressen, saufen, Buben sein." In seinem Nachkriegsroman „Hamlet oder Die lange Nacht nimmt ein Ende" formuliert Alfred Döblin einen glühenden Appell an den deutschen Michel, endlich aus dem Schlaf der Unmündigkeit zu erwachen.

# Dienstengel

Der Dienst der Engel ist mehrfach glaubwürdig bezeugt. Sie beschützen Erdteile, stehen Völkern, Städten und Gemeinden vor, sie helfen bei der Bewältigung von zahlreichen Alltagsproblemen. Die Krankenschwester Joé Snell, Elisabeth Kübler-Ross und Mitarbeiter der Hospiz-Bewegung berichten vom Dienst der Engel am Bett von Kranken und Sterbenden. Dennoch ist der Begriff „Dienstengel" vor zwei Missverständnissen zu schützen.

Der Dienst der Engel darf nicht mit unserem modernen Verständnis von Arbeit gleichgesetzt werden. Dienen ist etwas anderes als arbeiten. Zudem gibt es für Engel keinen Dienstschluss. Engel unterscheiden nicht zwischen Arbeit und Freizeit. Sie sind immer im Dienst und arbeiten ohne materielle Entlohnung. Anders als die Mitarbeiter von Stadtverwaltungen und Finanzämtern, als Handwerker und Lehrer sind sie stets erreichbar. In der Betreuung der Kranken kennen sie auch keinen Schichtwechsel, wie der Film „Stadt der Engel" mit Nicholas Cage in der Rolle des Engels Seth zeigt. Dass diese Dienstauffassung der Engel keine Billigung der Gewerkschaften fände, braucht nicht betont zu werden.

Irrig wäre auch die Vorstellung, „Dienstengel" seien eine Art Arbeiterklasse unter den Engeln, während andere mit Verwaltungsangelegenheiten beschäftigt seien oder von den Diensten befreit wären, um allein das Gotteslob zu singen. Diese Ansicht ist eindeutig falsch. Für alle Engel gilt ohne Ausnahme: Bete und arbeite (ora et labora)!

In Psalm 104, 4 wird über den Dienst der Engel gesagt: „Gott macht seine Engel zu Winden und seine Diener zu loderndem Feuer." Johannes Damascenus kommentiert: „Ein Engel ist demnach ein denkendes, allzeit tätiges, willensfreies, unkörperliches, Gott dienendes Wesen. Ihre einzige Arbeit ist es, Gott zu preisen und seinem göttlichen Willen zu dienen." Im Judentum werden die Dienstengel „mal'ake haschschareth" genannt.

Engel singen während ihres Dienstes. Ihr Gesang ist Dienst, und ihr Dienst Gesang. Engeldienste können jedoch nicht erzwungen werden, weder von den Mitarbeitern eines Betriebes oder einer Behörde noch von den Kindern, etwa bei der Hilfe im Haushalt. Das Geheimnis der Dienstengel ist ihr hoher Motivationsgrad. Er ist begründet in der „höheren Sache", der sie dienen. Diese Mitte des Lebens setzt in ihnen unglaubliche Energien frei. Viele Menschen, die unter ihrem beruflichen Alltag und der entfremdeten Arbeit leiden, bewundern die fröhliche Arbeitsmoral der Dienstengel und nehmen sie sich zum Vorbild für eine Veränderung der irdischen Arbeitsbedingungen in Familie, Schule und Beruf. In jedem Menschen steckt die Bereitschaft zum Dienst, wenn die Sache begeistert, wenn man spürt: Hier wirst du gebraucht. Die Umwelt braucht dein Engagement, die verlassenen Tiere in den Tierheimen, die missbrauchten Kinder, die Flüchtlinge aus Afghanistan. Jeder Engeldienst trägt dazu bei, dass ein Stück Himmel auf die Erde kommt.

## Dionysios Areopagita

Der Mystiker Dionysios Areopagita versuchte als erster das Grundmuster hinter den vielen Engelerscheinungen der Bibel zu erkennen. Da war die Rede von Seraphimen und Cherubimen, von Thronen (Throni), Herrschaften (Kyriotetes, Dominationes), Kräften oder Mächten (Dynameis, Virtutes) und Gewalten (Exusiai, Potestates), von Fürstentümern (Archai, Principatus), Erzengeln (Archangeloi, Archangeli) und Engeln (Angeloi, Angeli). Existierte unter ihnen eine Rangordnung? Hatten sie unterschiedliche Aufgaben? Die Bibel gab nicht auf alle Fragen sogleich Antwort. Kombinationsgabe und die Fähigkeit, zwischen den Zeilen zu lesen, waren gefragt. Dionysios wagte sich an die Arbeit. Das Ergebnis fand Beifall, weil es mehr Licht in die geheimnisvolle Welt der Engel brachte. Er gliederte die neun Chöre in drei Dreiergruppen und nannte sie „heilige Ordnung" oder Hierarchie. Die Zahl der Engelchöre war kein Zufall, denn sie spiegelt dreifach die heilige Zahl Drei des christlichen Gottes. Dieser Bezug auf den dreieinigen Gott ist auch der Grund, warum die Lehre des Dionysios von den Engelforschern der anderen Religionen nicht aufgegriffen wurde. Die neun Chöre (s. dort) beschreiben also den christlichen Himmel.

Wer war dieser Dionysios Areopagita? Der Apostel Paulus hatte auf dem Areopag, einem dem Kriegsgott Ares geweihten Hügelrücken in Athen, gepredigt. Unter seinen Zuhörern befand sich ein Mann mit Namen Dionysios (Apostelgeschichte 17, 34), der Mann vom Areopag. Er folgte Paulus nach. Das ist alles, was wir von ihm wissen. Seine Gestalt wuchs bald ins Legendäre: Dionysios galt als Zeuge der Sonnenfinsternis beim Tode Jesu. Er war beim Tod der Maria gegenwärtig und schloss mit Johannes, Jesu Lieblingsjünger, Freundschaft. Dionysios wird als erster Bischof von Athen und Paris, als Bekehrer Galliens und Schutzpatron der französischen Könige verehrt, als Gründer der Sorbonne und der Reichsabtei Saint-Denis, der Krönungsstätte der französischen Könige. Er wird einer der Vierzehn Nothelfer. Den Märtyrertod findet er in Paris auf dem Mons Martyrium (Montmartre).

Der Autor des Buches über die himmlische Hierarchie der Engel war nicht jener historische Schüler des Paulus gewesen. Darin sind sich Forscher wie Hans Urs von Balthasar oder Bernard McGinn einig. Allein Gerd-Klaus Kaltenbrunner versucht in seinem Buch „Dionysius vom Areopag. Das Unergründliche, die Engel und das Eine" (1996) den Legenden einen geschichtlichen Kern zu entnehmen. Dionysios war demnach ein Mystiker des 6. Jahrhunderts. Er trägt den Namen „Pseudo-Dionysius Areopagita". Wahrscheinlich lebte er um 500 in einem syrischen Kloster. Wie kaum ein zweiter Theologe der frühen Kirchengeschichte hat er die Geschichte der Mystik beeinflusst.

Was lehrt der erste Engelforscher? Seine mystische Lehre ist Ausdruck der Schönheit und Herrlichkeit der göttlichen Ordnung und darin zugleich konkrete Lebenshilfe. Mit jedem Satz, den er über die Engel spricht, sagt er etwas über das Wesen des Menschen aus. Wenn er über die himmlischen Hierarchien redet, deckt er zugleich Geheimnisse der menschlichen Seelenordnung auf: 1. Engel und Mensch brauchen eine Mitte, aus der sie leben, die ihnen Kraft gibt und Orientierung schenkt. 2. Es gibt viele Blickrichtungen auf die Mitte. Niemand besitzt die ganze Wahrheit. 3. Im Bild des Engelchores schwebt vor unserem geistigen Auge eine Einheit in der Vielzahl der Stimmen. Eine Einheit, die Toleranz und Achtung vor den Erfahrungen anderer Menschen schenkt. Dionysios hat der Nachwelt ein Meditationsbild geschenkt, an dem sie sich noch im dritten Jahrtausend orientieren kann. Unter den Menschen und Engeln gibt es unterschiedliche Begabungen, sagt dieses Bild. Jede ist wichtig, jede wird gebraucht. Wie zu einem Chor viele Stimmen gehören, so auch zu jeder Partnerschaft, zu jeder Familie, zu jedem Land und zur Weltgemeinschaft. Dionysios sagt: Habe Mut, deine Stimme zu erheben! Du wirst gebraucht! Du bist unverwechselbar!

# Engelabsenker

Nach dem Bericht der Genesis (6, 1–4) wurden männliche Engel durch die Schönheit der ersten Frauen von ihrem himmlischen Dienst abgelenkt. Jüdische Legenden wollen wissen, dass die liebliche Naema in besonderer Weise die Engel anzog. Daraufhin verließen einige Engel den Himmel und zeugten mit Naema und den anderen Frauen Kinder von schrecklicher Größe. In seinem Roman „Hesperus" bezeichnet Jean Paul diese Frauen in dem ihm eigentümlichen humorvoll-kauzigen Stil als „Engelabsenker". Der Dichter Fischart nennt sie „Engelsschözlein" (s. Sexualität).

Die Wortwahl könnte heute grob missverstanden werden. Jean Paul war zu seiner Zeit ein Autor, der besonders von Frauen gelesen wurde. Sie spürten: Hier schreibt einer aus dem Herzen und voller Empfindsamkeit. Aus dem Wort „Engelabsenker" hörten sie den Ruf einer Sehnsucht nach wahrer Liebe, die so groß ist, dass selbst Engel für diese Erfahrung alles aufgeben würden: einer Liebe voller Leidenschaft und Sinnlichkeit, voller Schönheit und Begehren, einer Liebe ohne Netz und doppelten Boden und einem liebenden Engel, mit dem „frau" durch jedes Feuer gehen kann.


# Engelamt

„Zum Beten ist immer Zeit!", sagt Pater Martin vom Kloster Einsiedeln. Das gilt für Mönche und Engel. So vielfältig ihre Aufgaben und Dienste sind, sie verlieren niemals den Blick auf das Wesentliche, die Anbetung der Mitte des Lebens. Gott ist für sie die Mitte ihres Lebens. In vielen Kirchen sind deshalb betende Engel vor dem Tabernakel dargestellt. Im späten Mittelalter kam der Brauch des Engelamtes auf: in wörtlichem Sinn ein Hochamt, das nach dem Formular von den Heiligen Engeln zelebriert wurde (Missa de Angelis). Am Donnerstag wurde das Allerheiligste zur Anbetung ausgesetzt. Die Ministranten waren damals wie Engel gekleidet.

Auch die Messe zur Beerdigung eines Kindes erhielt den Namen Engelamt, weil man glaubte, die Frühverstorbenen werden im Himmel als Engel auferstehen. Heute wird die Rorate-Messe im Advent als Engelamt bezeichnet. In ihr steht das Evangelium von der Ankündigung der Geburt Jesu (Lukas 1, 26–38) im Mittelpunkt. Das schönste Engelamt aber ist die Mitternachtsmesse in der Heiligen Nacht, wenn die Gemeinde in den Jubelgesang der Engel einstimmt.

## Engelberg

Die alten Griechen dachten, ihre Götter wohnten auf einem Berg, dem Olymp. Paulo Coelho lässt in seinem Roman „Der fünfte Berg" den jüdischen Propheten Elia auf einen heidnischen Götterberg steigen. Christliche Mönche glaubten, sie seien den Engeln besonders nahe, wenn sie ihre Klöster auf Bergen errichteten, schließlich hatte Moses auf dem Sinai die Gebote aus Gottes Hand empfangen, Elia auf dem Berg Karmel die Baalspropheten besiegt, und Jesus war auf dem Berg Tabor verwandelt worden.

Die Wallfahrtskirche Kloster Engelberg liegt südlich von Aschaffenburg. Sie ist seit dem 12. Jahrhundert dem Erzengel Michael geweiht. Hier oben lebt eine kleine Gemeinschaft von Franziskanern mit ihrem Guardian Pater Dagobert und sorgt für das spirituelle und leibliche Wohl. Bruder Helmut schenkt persönlich das berühmte Schwarzbier der Miltenberger Kalt-Loch-Brauerei aus. Sonntags donnern Motorradfahrer die Serpentinen empor und genießen den Ausblick über das Main-Tal bis in den Odenwald. Die Kirche wurde im 19. Jahrhundert mit Darstellungen biblischer Engelgeschichten farbenfroh ausgemalt. Auf den Engelberg führt auch ein Kreuzweg mit 612 Stufen oder Engelsstaffeln. Diese Himmelsstiege wurde 1637 angelegt.

Das Schweizer Kloster Engelberg wurde im Kanton Obwalden am Ende des Engelberger Tales (1050 Meter über dem Meer) errichtet. In der Musikliteratur ist es berühmt wegen der „Engelberger Codices". Das 1120 gegründete Benediktinerkloster lag über Jahrhunderte in großer Abgeschiedenheit. Heute gleiten neben den himmlischen Heeren Skifahrer in luftigen Höhen auf über 3500 Metern durch den ewigen Schnee, während unten im Kloster der Novizenmeister Pater Guido seine Novizen in die Geheimnisse der Stille einführt. In jedem Herzen gibt es einen Engelberg. Jederzeit können wir auf seinem Gipfel Momente der Stille und Augenblicke aus Ewigkeit erfahren.

## Engelbett

Als Engelbett wird eine Schlafstätte mit einem Himmel aus Stoff bezeichnet, der an der Decke befestigt ist. Wir denken an ein großes Himmelbett der Liebenden oder an die Wiege des Säuglings. Ein altes Gebet weiß von zwölf Engeln, die während der Nacht an jedem Bett Wache halten. Die älteste Quelle ist die Sprichwörtersammlung (1529) von Johannes Agricola.

> „Ich will heint schlafen gehen,
> Zwölf angel sollen mit mir gehen,
> Zwen zur Haupten,
> Zwen zur Seiten,
> Zwen zun Füssen,
> Zwen die mich decken,
> Zwen die mich wecken,
> Zwen die mich weisen
> Zu dem himmlischen Paradeisen. Amen."

In Engelbert Humperdincks Oper „Hänsel und Gretel" (1893) sind aus den zwölf 14 Engel geworden: „Abends, wenn ich schlafen geh, 14 Engel um mich stehen, zwei zu meinen Häupten, zwei zu meinen Füßen, zwei zu meiner Rechten, zwei zu meiner Linken, zwei, die mich decken, zwei, die mich wecken, zwei, die mich weisen ins herrliche Paradeisen."

Der Schlafengel schenkt himmlische Träume und hält Böses fern. Besonders die kleinen Kinder sollten schon früh etwas von den Engeln des Schlafes erfahren. Wie viel Fremdes, Ungewohntes und Dunkles müssen sie jeden Tag erleben und in der Nacht verarbeiten! Mit einem Schlafengel an der Seite wird jedes Bett zum Himmelbett. Dann sagt das Kind: „Die Betthöhle ist warm und weich, sie ist das reinste Himmelreich." Die Mutter spricht: „Möge dein lieber Schlafengel die Flügel wie einen Himmel über dir breiten!" Ja, es gibt sie noch, die alten Zauberworte, durch die Engel sich angezogen fühlen. Die Engel des Schlafes warten nur darauf, wachend an unser Bett zu treten, das Bett der Kinder und aller Erwachsenen, die das Kind in sich bewahrt haben.

## Engel-Bräu

Das „Franziskaner-Weizenbier" wird nicht von den bayerischen Franziskanern hergestellt. Für das Etikett mit dem bierseligen Klosterbruder geben sie lediglich ihren guten Namen und erhalten von der Brauerei im Gegenzug Geld, das sie zur Speisung der Armen einsetzen können. Solche Verträge bestehen zwischen dem Crailsheimer Engel-Bräu und den himmlischen Heerscharen nicht. „Engel" ist zwar ein verbreiteter Familienname, doch wäre der Rückschluss, ein „Gasthof Engel" würde von echten Engeln geführt, eindeutig falsch. Engel brauen weder Bier, noch trinken sie es (s. Nahrung der Engel). Sie mögen auch keinen Schnaps, selbst wenn dies die Werbung (s. dort) der Brennerei Bommerlunder behauptet.

Wenn Engel Wirtshäuser aufsuchen, dann ausschließlich aus dem Grund, um ihre Menschen in der Tugend der Mäßigkeit zu bewahren. Kein Schutzengel erhebt Einspruch gegen den gelegentlichen Genuss von Alkohol. Sonst wären die zahlreichen Klosterschänken ja wider den Willen der himmlischen Heerscharen. Die Crailsheimer Engel-Brauerei stellt jedoch nicht nur Engel-Bräu her, sondern fordert auf Biergläsern, -deckeln und auf Stickern mit einem Engelspruch zu fröhlicher Bierseligkeit auf: „Prost, mein Engel!"

Hier ist klarzustellen: Das Prosit gilt nicht dem Schutzengel des Trinkers, sondern der weiblichen Begleitung. Das ist genau der Moment, wo die wahren Schutzengel die Ohren mit erhöhter Achtsamkeit spitzen. Denn viele Menschen und Engel sind durch Übermut zu Fall gekommen. Der Ausdruck „Blauer Engel" bezieht sich jedoch nicht auf Betrunkene. Es handelt sich vielmehr um den Namen eines Bordells aus Heinrich Manns Roman „Professor Unrat", der durch den Regisseur Josef von Sternberg zum Titel der Verfilmung gewählt wurde. „Der blaue Engel" (1930) erzählt die Liebe des Lehrers Rat zur Tingeltangelsängerin Lola Fröhlich. Der berühmte Schauspieler Emil Jannings (Professor Rat) wurde von Marlene Dietrichs verruchter Sinnlichkeit an die Wand gespielt. Marlene Dietrich war fortan für Jahrzehnte der „Blaue Engel".

Um Menschen vor den Folgen der Trunkenheit zu bewahren und den Alkoholkonsum insgesamt einzuschränken, verteilt die dänische Polizei in den Wirtshäusern (dänisch: kro) sogenannte Schutzengelplaketten. Auf der Rückseite der Plakette ist eine Hand zu sehen, die gleichzeitig Autoschlüssel und ein Bierglas hält. Ein dicker roter Querbalken liegt warnend darüber. Die Vorderseite der Plakette zeigt das dänische Polizeiwappen. Darunter steht „Skytsengel". Die Schutzengelplaketten werden besonders an die nüchternen Begleiter der Trinker verteilt. Mit der Annahme der Plakette versprechen sie, wie ein Schutzengel für das Wohl des fröhlichen Zechers Sorge zu tragen.

Wenn früher die Wirtshäuser nach einem Engel benannt wurden, so verband der Wirt mit der Namensgebung einen ähnlichen Gedanken. Ein oder zwei Glas Bier in Ehren, so dachte man, werde kein Engel verwehren. Aber möge niemand in einem „Gasthof Engel" zu Schaden kommen. Neben dem Engel sind Ochse, Adler und Löwe beliebte Namen für Gaststätten im süddeutschen Bereich. „Zum Goldenen Ochsen", „Schwarzer Adler", „Zum Löwen", „Weinhaus Engel" – hinter den Wirtshausnamen verbergen sich die vier Symbole der Evangelisten Lukas (Ochse/Stier), Johannes (Adler), Markus (Löwe) und Matthäus (Engel). „Prost, mein Engel" könnte in einem Gasthaus Engel heißen: „Möge es dir wohl ergehen, auch noch am nächsten Tag!"

## Engel der Jahreszeiten und der Lebensalter

Wie das menschliche Leben folgt auch das Jahr einem Rhythmus von Geburt, Wachstum, Reife, Ernte, Vergehen und Wiedergeburt. Deshalb stehen die Engel der vier Jahreszeiten Frühling, Sommer, Herbst und Winter in enger Beziehung zu dem Lebenslauf des Menschen.

*Gabriel* ist auch der Engel des Frühlings und der Kindheit. Neun Monate vor Weihnachten, an einem 24. März, soll er der Jungfrau Maria die Geburt Jesu verkündigt haben. Es ist die Zeit der Aussaat des Sommerweizens. So wurde Gabriel als „fruchtbringende Kraft Gottes" im Frühling angerufen, damit er seinen Segen über der keimenden Saat spende. Als Engel des Frühjahrs ist er auch für die „geistige Saat" und „spirituelle Geburt" zuständig. Himmlische Gedanken, beflügelnde Inspirationen, ein Neuanfang im Glauben dürfen von ihm erbeten werden. Als Frühlingsengel der Gottesgeburt im Herzen wird Gabriel seit alters her von Mystikerinnen – etwa Mechthild von Magdeburg – angerufen.

In der Osterzeit, zu Pfingsten und Himmelfahrt sind die positiven Energien des Himmels besonders stark zu spüren. Es sind Feste des Lebens, der Neugeburt. Unsere Seele tankt auf und breitet ihre Flügel aus. Es ist eine Zeit, wo sich die Himmel öffnen und starker „himmlischer Flugverkehr" herrscht.

*Raphael* ist der Engel des Sommers. Im Sommer geht die Saat auf. Dann wird sichtbar, was im Frühjahr gesät worden ist. Raphael wacht über die Wachstumskräfte in der Natur und im menschlichen Leben und sorgt dafür, dass sie sich entfalten. Sein Name bedeutet „heilende Kraft Gottes". Raphael ist der Engel der Jugend und aller Junggebliebenen, der Engel der Reisenden und jener, die neue Wege im Leben zu gehen wagen.

*Michael* ist der Engel des Herbstes. Einige Menschen haben bereits im Herbst Angst vor den kommenden kalten Wintermonaten und sehnen sich nach dem vergangenen Sommer des Lebens zurück. Andere wiederum freuen sich besonders auf diese Jahreszeit: Die Blätter färben sich, die Früchte reifen, und die Ernte erfüllt sie mit Dank. Als Engel des Herbstes macht Michael Mut, auch den Herbst des Lebens mit jeder Falte und jedem grauen Haar in seiner ganzen Schönheit anzunehmen und ein Erntedankfest des Geistes zu feiern. Nicht nur in der Natur, auch im Leben sind jetzt die Früchte gereift. Eine Zeit der Freude, freie Zeit, Zeit für Reisen außerhalb der Ferien, endlich Zeit für sich selbst und das Wesentliche. Doch nicht alle Hoffnungen haben sich erfüllt, nicht jede Saat des Frühjahrs ist aufgegangen. Manches verkümmerte, manches wurde uns entrissen und konnte nicht einwurzeln. Jeder Mensch trägt Ungelebtes und Unerlöstes mit sich. Michael sagt: Trauere dem Verlorenen nicht nach! Blicke nach vorn, nicht zurück!

Der Engel des Herbstes hält eine Waagschale und ein Schwert in der Hand. Auf den Bauernmärkten sind beide Attribute Michaels noch heute zu finden. Mit der Waage wird die Frucht gewogen. An vielen Rathäusern wird zum Markttag ein Schwert ausgehängt. Es ist ein Symbol der Gerechtigkeit. Herbstzeit ist Erntezeit. So wacht Michael auch über die Ernte des Lebens. Sein Name bedeutet: „Wer ist gleich Gott!" Frei übersetzt: Hadere nicht mit deinem Schicksal. Vergleiche dich nicht mit anderen. Du bist nicht Gott und brauchst es nicht zu sein. Steh zu deinem Leben. Nimm dich an, wie du bist!

Über den Winter herrscht *Uriel*. Die Erde ruht, und so darf auch der Mensch nach dem Lauf des Lebens zur Ruhe kommen und einem neuen Frühling im Himmel entgegenblicken. Denn wir sind nicht nur von dieser Welt. Der Engel des Winters heißt auch „Flamme Gottes". Das Feuer der Gottesliebe erhellt die Nacht, es schenkt Wärme und Liebe, es reinigt die Seele. Es leuchtet uns auch auf den letzten Schritten des Lebens und weist den Weg himmelwärts. Neue Abenteuer stehen uns noch bevor. Uriel zeigt, dass es niemals zu spät ist. Noch im höchsten Alter schenkt er uns Wandlungskräfte. So trat der Schriftsteller Ernst Jünger im Alter von 101 Jahren zum Katholizismus über. Viele Menschen brauchen die hohen Lebensjahre, um endlich zum Wesentlichen durchzudringen. Uriel hütet in ihnen die Flamme des Lebens.

Durch die Engel der Jahreszeiten bekommen wir ein Gefühl für die Rhythmen des Lebens, das Spiel der Naturkräfte, die Zeiten des Wachsens, Blühens, Vergehens und der neu aufkeimenden Saat, die wunderbar eingebettet in den großen Plan der Schöpfung sind. Die Ahnung kann zur Gewissheit werden: Das Webmuster der Schöpfung leuchtet in jeder Lebensphase in uns auf.

# Engelforschung

Die Engelforschung oder Angelologie gehört gewiss zu den beglückendsten Aufgaben der Theologie. Denn ihr Gegenstand ist die Liebe Gottes zu seinen Geschöpfen, ihr Auftrag der Lobpreis seiner Herrlichkeit. Engelforschung kann daher nicht wertneutral sein. Sie nimmt Partei für die Schönheit der Schöpfung. Sie ist vom Geist der Seraphim entflammt und will dieses Feuer auch in den Lesern entfachen. Engelforschung arbeitet interdisziplinär. Mit spirituellem Spürsinn sucht sie die Spuren der Engel in den heiligen Texten der Menschheit, in Anthropologie, Philosophie, Liturgie, Hymnologie, in Kunst, Musik, Dichtung und ungezählten weiteren Disziplinen. Ihr methodisches Vorgehen steht in der rabbinischen Tradition des religiösen Gespräches und einer kombinatorischen Phantasie, wie sie unter Dionysios Areopagita (um 500 n. Chr.) ihren ersten Höhepunkt erreicht.

Zu den großen Engelforschern des Mittelalters gehören der Dominikaner Thomas von Aquin (1225–1274) und der Franziskaner Bonaventura (1217–1274). Zeitgleich erforschte Thomas die Welt der Engel aus dem Geist der aristotelischen Philosophie und Bonaventura aus dem Geist der franziskanischen Mystik. Ihre höchst unterschiedlichen Wege der Annäherung an das Reich der Engel werden heute als komplementär verstanden. Engelforschung ist multiperspektivisch, denn sie weiß, dass zu jedem Chor unterschiedliche Stimmen gehören. So beachtet sie auch esoterische Nebenströmungen zum Christentum, außerchristliche und vorchristliche Religionen.

Zur Geschichte der Engelforschung des 20. Jahrhunderts gehören der russisch-orthodoxe Theologe Serge Boulgakov und Olga Rojdestvensky, die reformierten Theologen Karl Barth und Walter Nigg, der Philosoph Hans Blumenberg, der Kunsthistoriker Theodor Klauser, die katholischen Theologen Hans Urs von Balthasar und Romano Guardini und die Konvertiten Alfons Rosenberg und Erik Peterson. Wie Johann Michl hat auch Erik Peterson mit Engelsgeduld einen systematischen Überblick über die unendliche Welt der Engelnamen und der Zuständigkeitsbereiche der Engel entworfen. Vor allen Dingen aber stellte der Katholik Peterson die Vorbildfunktion der Engel für den Dienst der Kirche heraus: „Niemals wird im Kult der Kirche der Hymnus der Engel fehlen dürfen, denn er erst gibt dem Lobpreis der Kirche jene Tiefe und Transzendenz, wie sie durch den Charakter der christlichen Offenbarung gefordert wird. (…) Der Lobpreis der Menschen kommt erst zum Lobpreis der Engel hinzu".

# Engelgesicht

Unter „Engelgesicht" wird einmal die Vision (das Gesicht) eines Engels verstanden, zum anderen jene Verklärung des Gesichtsausdrucks, die einige Heilige beim Anblick des geöffneten Himmels erfahren haben (s. Visionen). So wissen wir von Stephanus, dem ersten christlichen Märtyrer, dass sein Antlitz während des Verhörs „wie eines Engels Angesicht" (Apostelgeschichte 6, 15) geleuchtet hat. Der Ausdruck eines Engelgesichtes ist durch Klarheit, Offenheit, Freundlichkeit und jene höhere Heiterkeit geprägt, die eine himmlische Optik schenken kann. Menschen mit Engelgesichtern scheuen niemals den direkten Blickkontakt, denn sie haben nichts zu verbergen. Sie sind bis in die innersten Kammern ihrer Seele von Licht durchflutet. Falschheit und Verstellung, jedes Taktieren ist ihnen fremd. Ältere Menschen mit Engelgesichtern haben um die Augen und Mundwinkel viele kleine Lachfalten.

Menschen mit einem Engelgesicht üben eine magische Anziehungskraft aus und verbreiten um sich eine himmlische Aura. Sie ist geprägt von Liebe und dem Gefühl des Angenommenseins. Gelegentlich wird sie auch durch einen besonderen Duft wahrnehmbar. Wir spüren: Hier ist jemand, der uns bis in den Wesenskern durchschaut und uns so liebt, wie wir sind. Dem Engelgesicht bleibt nichts verborgen. Deshalb kommen die wahren Verhältnisse zum Vorschein. Verstellen ist sinnlos. Menschen mit Engelgesichtern begegnet man oft auf Reisen im Großraumabteil des Zuges, im Bus oder in der U-Bahn.

Die Journalistin Uschi Neuhauser hat einmal die Aura eines Engelgesichtes in der Hamburger U-Bahn beschrieben: „In seiner Nähe fühlte ich mich gut. Wohltemperiert. Entspannt. Totale Harmonie. Seine Augen strahlten derart, dass sie eigenartig farblos waren. Ich fixierte ihn, ohne verlegen zu werden. Nichts beunruhigte mich an ihm, nichts störte mich. Ich war weder steif vor Schreck noch angeturnt. Ich befand mich in völliger Balance. Wir schwiegen sanft ...

Für einen Flügelschlag lang bescherte er nichts als ein himmlisches Gefühl."

Die Offenheit des Engelgesichtes ist in dem Durchblick auf die Ewigkeit begründet. Menschen mit Engelgesichtern durchschauen die irdische Wirklichkeit und lassen sich vom Vergänglichen nicht blenden. Ihr Blick ist auf die Ewigkeit gerichtet und spiegelt diese wiederum ins Irdische zurück. Daher ruht ein himmlischer Glanz auf den Menschen mit Engelgesichtern. Offenbar ist das Engelgesicht bei Frauen weiter verbreitet als bei Männern. Gottfried Benn hat ihm ein schönes Gedicht gewidmet:

> „Ich habe Menschen getroffen, die
> mit Eltern und vier Geschwistern in einer Stube
> aufwuchsen, nachts, die Finger in den Ohren,
> am Küchenherde lernten,
> hochkamen, äußerlich schön und ladylike wie
> Gräfinnen –
> und innerlich sanft und fleißig wie Nausikaa,
> die reine Stirn der Engel trugen.
> Ich habe mich oft gefragt und keine Antwort
> gefunden,
> woher das Sanfte und das Gute kommt,
> weiß es auch heute nicht und muss nun gehen."

Auch die Anrede einer geliebten Person als Engel ist nur bei Frauen bezeugt. Dass auch Männer ein Engelgesicht haben können, zeigen indes die Engelantlitze männlicher Heiliger. In ihr Gesicht mischen sich weibliche Züge. Für Psychologen ist dies ein Hinweis darauf, dass diese Männer die weibliche Seite ihrer Seele (Anima) zugelassen haben. In jedem Menschen, auch dem Mann, kann also das Gesicht des Engels aufleuchten.

# Engelin

Wer in seinen Computer das Wort „Engelin" eingibt, erhält sofort einen Hinweis des Korrekturprogrammes. Obwohl viele Männer ihre Geliebte „mein Engel" nennen, ist die weibliche Form „Engelin" in der deutschen Sprache nicht bezeugt. Nur Goethe schießt einmal aus der Reihe. Im Streitgespräch mit einem Pfarrer fordert er die Einführung der weiblichen Form des Engels. Er verweist dabei auf die griechische Sprache, wo es neben dem männlichen Angelos eine weibliche Angela geben soll und folgert: „Man sagt immer nur Engel, aber da sehet ihr, dass es auch Engelinnen gibt."

Hier irrte Goethe! Die griechische und die lateinische Sprache kennen keine Angela. Deshalb hat sich seine Verdeutschung „Engelin" nicht durchgesetzt. Martin Müller nimmt sie in sein Lexikon „Goethes merkwürdige Wörter" (1999) nicht auf. Selbst auf den Lebkuchenherzen der Jahrmärkte wird die geschlechtsneutrale Form konsequent benutzt. Eine „Engelin" wäre in der deutschen Sprache so schräg wie eine „Menschin". Die Worte „Mensch" und „Engel" sind geschlechtsneutral. Das macht Sinn, denn im Vollkommenen ergänzen sich die Gegensätze zu einer neuen Einheit.


# Engel in Menschengestalt

Auf einer Geschenkkarte der Carstens-GmbH heißt es: „Mütter sind Engel in der Lehre". Engel erscheinen gerne in Menschengestalt, weil sie dann unerkannt auf der Erde wirken können. Dies entspricht ihrem bescheidenen Wesen. Engel wollen Gutes tun. Als dienstbereite Geister stellen sie sich nicht in den Vordergrund und suchen nicht ihren Vorteil. Das Buch „Tobit" berichtet von dem Erzengel Raphael, der inkognito neben seinem Schützling Tobias reist. Auch weiß der Hebräerbrief (13, 2) von Engeln in Menschengestalt zu berichten und mahnt: „Gastfrei zu sein vergesst nicht; denn dadurch haben einige ohne ihr Wissen Engel beherbergt." Ende des 20. Jahrhunderts machte Rudolf Otto Wiemer mit seinem Gedicht „Es müssen nicht Männer mit Flügeln sein, die Engel…" auf inkognito wirkende Himmelsboten aufmerksam.

Weil Engel gerne unerkannt und im Stillen wirken, ist es im Einzelfall schwer zu unterscheiden, ob die dienstbaren Geister, die uns umgeben, Engel oder Menschen sind. Wie viele Krankenschwestern, Altenpflegerinnen, Kindergärtnerinnen, Lehrerinnen, Hebammen, wie viele Köchinnen, Raumpflegerinnen oder Verkäuferinnen mögen Engel in Menschengestalt sein! Niemand weiß es. Wiederum könnten viele Menschen, die als Engel bezeichnet werden, in Wirklichkeit ausschließlich irdischer Herkunft sein. Dass wir hier selten unterscheiden können, ist nicht ohne Absicht der Himmlischen. Denn wie der Engel dem Menschen dient, so kann der Mensch dem Menschen zum Engel werden. Dies gelingt zuweilen in beeindruckender Weise.

So wurde die schwedische Philanthropin Elsa Brändström für ihre Betreuung von Kriegsgefangenen in Russland und deren Rückführung nach Deutschland (1914–1920) als „Engel von Sibirien" geadelt. In Bad Salzdetfurth und anderen Städten sind Straßen und Siedlungen nach ihr benannt. Janusz Korczak war der „Schutzengel der Kinder". Mutter Teresa trug den Ehrentitel „Engel von Kalkutta". Die Ärztin und Ordensfrau Ruth Pfau gilt als „Engel von Karachi". Während des Bosnien-Krieges (1993) gründete Sally Becker, „Der Engel von Mostar", die Gruppe „Operation Angel". Mit ihrer Hilfe konnten kranke und verletzte Kinder nach England ausgeflogen werden. Den Geiger Gideon Kremer nannte man wegen seines humanitären Engagements in Tschetschenien „Engel von Grosny". Lady Diana wird von vielen Menschen als „Engel der Herzen" verehrt. Zur Erinnerung an das wohltätige Wirken der tödlich verunglückten Prinzessin ist eine Schwesterngruppe für schwerkranke Kinder gegründet worden. „Lady Dianas Engel" kümmern sich um gelähmte oder an Leukämie leidende Kinder in Kliniken oder daheim.

Die einem Krebsleiden erlegene Tierschützerin Linda McCartney galt als „Engel der Tiere" (s. Tiere).

Dass Engel in Menschengestalt auch in Deutschland zu finden sind, stellte die „Bild"-Zeitung mit ihrer Serie „Auch heute gibt's noch Engel" unter Beweis: „Es gibt Menschen, die werden auf Erden schon Engel. Sie haben ihr Glück gefunden, indem sie anderen helfen" (19. Dezember 1997). Einer dieser Engel heißt Hildegard Miedel. Die Mutter von vier Kindern hat den Abenteuer- und Tierspielplatz „Arche Noah" bei Düsseldorf begründet. Als „gelbe Engel" werden die vielen Helfer des ADAC bezeichnet. Der „blaue Engel" ist kein Mensch, sondern das Symbol für den Umweltschutz.

Unter der Bezeichnung „Business Angels" firmiert eine Bewegung, die jungen Unternehmern unter die Arme greift und ihnen Kapital zur Verfügung stellt. In Amerika gibt es zur Zeit 252 000 „Geschäfts-Engel", in Deutschland 27 300. Sie haben sich mit eigener Internetadresse zum „Business Angels Netzwerk Deutschland" zusammengeschlossen.

In gefährlichen Situationen auf Fußballfeldern, in U-Bahnhöfen oder auf nächtlichen Straßen bieten die Guardian Angels ihre Hilfe an. Nigelle de Bar hat nach amerikanischem Vorbild die Gruppe der Berliner Guardian Angels gegründet. Bekleidet mit roten Barretts, roten Jacken, weißen T-Shirts und ausgebildet in Selbstverteidigung, Erster Hilfe und Anti-Stress-Training laufen sie Patrouille. Weltweit hat die Organisation über 5000 Mitglieder. Diese Schutzengel müssen nur selten hart durchgreifen. In den meisten Fällen genügt ihre bloße Gegenwart.

# Engelkarten

Engelkarten sind kein Kartenspiel, das Engel spielen. Dazu fehlt ihnen die Zeit (s. Dienstengel) und das Interesse. Engelkarten wurden von Menschen erfunden, um Auskunft über ihr Schicksal zu erhalten. Das „Engelorakel" von Sulamith Wülfing, das „Engel-Tarot" von Mauretania Gregor oder die Sammlung „Heilende Engelsymbole" von Ingrid Auer zeigen verschiedene Engelbilder und -symbole. Diese können nach einer bestimmten Ordnung gelegt oder einfach aus dem Kartenstapel gezogen werden. Jeder Karte ist dabei eine Tugend – etwa Geduld, Tapferkeit, Liebe, Hoffnung, Gelassenheit – zugeordnet. Engelkarten werden in bestimmten Lebenssituationen gezogen, besonders vor Entscheidungen, aber auch als Impuls für den Tag. Diejenigen, die Engelkarten benutzen, glauben, dass der Spruch auf der Karte eine persönliche Botschaft für sie enthält. Diese muss ausgelegt, meditiert und in das eigene Leben hineingeholt werden.

Engelkarten sind weder Aberglaube noch Magie. Sie stehen in der Tradition der christlichen Losorakel oder Losungen. Unter einer Losung verstand man einen Spruch, der im Alltag Orientierung schenkte und den Weg wies. Katharina von Klettenberg, eine fromme Verwandte Goethes, benutzte wie viele Gläubige ihrer Zeit das „Nadelorakel". Dabei nahm sie eine Sticknadel, steckte sie in eine geschlossene Bibel, öffnete die Seite und senkte die Nadel mit geschlossenen Augen auf einen Bibelvers. Dieser Vers galt ihr als von Gott persönlich gegebenes Leitwort für den Tag oder die Stunde. Nikolaus Ludwig Graf von Zinzendorf erfand die Herrenhuter Losungen, eine Sammlung von Bibelsprüchen für jeden Tag, die nach einem Losverfahren ausgewählt wurden. Noch heute sind sie in der persönlichen Frömmigkeitspraxis vieler Menschen äußerst beliebt. So hat die Katholische Bibelanstalt, Stuttgart, der CD-ROM „Die Bibel" ein „Losungsspiel" beigegeben.

Wie Gräfin von Klettenberg haben auch Augustinus und der heilige Franz von Assisi die Bibel gelegentlich benutzt, indem sie wahllos eine Seite aufschlugen und das Wort in ihr Herz ließen. Joseph Kardinal Ratzinger kommentiert diese Methode in seinem Buch „Gott und die Welt" (2000): „Das ist eine sehr alte Sache… Mir hat der König von Belgien, Baudouin, einmal erzählt, dass er das auch mal gemacht hat und dass es ihm unglaublich geholfen hat und ihm erstaunlich genau das Wort gegeben hat, das er brauchte. Bei einer sehr schweren Kabinettskrise, als er kaum noch eine Möglichkeit sah, wie er seine Regierung bilden sollte, ging er in die Kapelle, nahm die Schrift zur Hand und fand ein Wort, das ihm plötzlich eingegeben hat, was er machen muss. Also es kommt vor." Allerdings warnt seine Eminenz davor, diese Methode „zu einem Rezept zu erheben".

An der Frage, ob der Tagesspruch der Losungen, das Bibelwort des Nadelorakels oder die Engelkarte reiner Zufall oder Schicksal sind, scheiden sich die Geister. Festzuhalten ist die persönliche Deutung jeder Engelkarte. Sie ist von ihren Benutzern durchaus beabsichtigt. Denn ihnen kommt es auf die persönliche Botschaft ihres Engels an. Jeder sollte selbst den Wert der Engelkarten für sich erproben und fragen, inwieweit sie ihm bei der Bewältigung seines Alltages konkrete Hilfestellung gibt.

Engelkarten werden neuerdings auch als Wegweiser für die Lektüre von Engelbüchern benutzt. So empfiehlt Pater Anselm Grün (in seinem Buch „Fünfzig Engel für die Seele") dem Beispiel seiner Leser zu folgen, die „jeden Morgen einen Engel gezogen" haben, der sie tagsüber begleitet habe. Er fordert sogar dazu auf, „Rituale zu entwickeln", und sagt: „Du kannst die Engel auf Karten schreiben und dann einen ziehen und auch Deine Freunde und Freundinnen eine Engelkarte ziehen lassen. Vertraue darauf, dass Du dem Engel begegnest, der Dich gerade in Deiner Situation herausfordert und weiterführt."

# Engelkonzil

Wer glaubt, auf einem Engelkonzil gehe es friedlich zu, kennt nicht Martin Luthers (s. dort) derbe Sprache. In den „Schmalkaldischen Artikeln" (1537) wettert er gegen die Missstände der Kirche seiner Zeit: Geiz, Willkür, Bosheiten aller Art, Unzucht, Völlerei, Luxus – der besorgte Reformator sieht die Kirche von allen Seiten bedroht. Deshalb fürchtet er sich vor der Strafe Gottes, „er könnte einmal ein Engelkonzil über Deutschland ergehen lassen, das uns alle in Grund und Boden verderbte wie Sodom und Gomorra". Es ist die Aufgabe der Unglücksengel (s. dort), dieses Anathema zu sprechen. Gott sei Dank sind Engelkonzilien äußerst selten.


# Engelmacherin

Ein übles Wort, ein ernstes Problem. Das Grimmsche Wörterbuch erläutert: „Engelmacherinnen nennt das Volk solche Frauen, unter deren Händen die ihnen in Pflege gegebenen Kinder, aus Mangel an Nahrung, bald sterben, d. h. frühzeitig Engel werden müssen." Der Ausdruck „Engelmacherin" ist ein Euphemismus. Hebammen, die Abtreibungen vornahmen, wurden früher als „Engelmacherin" bezeichnet.

Die Vorstellung, dass früh verstorbene Kinder nach ihrem Tod zu Engeln werden, ist auch heute noch weit verbreitet. So finden sich auf zahlreichen Kindergräbern in Irland kleine Engelfiguren. Eine Inschrift bezeugt die Hoffnung der Eltern, dass ihr Kind im Himmel als Engel weiterlebt: „An Angel is born" (Ein Engel ist geboren worden). Der Maler Wilhelm von Kügelgen berichtet in seiner Lebensbeschreibung von der früh verstorbenen Schwester Martha, die nach dem Glauben der Eltern nun in der Gestalt eines Engels die Familie begleitet: „Wenigstens erzählte meine Mutter des öfteren, wie bald nach der Geburt ihrer jüngeren Kinder eine Lichtgestalt erschienen sei und die neuen Ankömmlinge umleuchtet und begrüßt habe. Diese Erscheinung hatte in der sichtbaren Welt nichts Analoges: dennoch erkannte die Mutter ihr heimgegangenes Kind." Auch Theresia von Lisieux zweifelt nicht daran, dass Gott ihre verstorbenen Brüder „erwählt hat, um Engelchen aus ihnen zu machen". Noch weiter ging der Dichter des „Messias", Friedrich Gottlieb Klopstock. Er nahm an, dass es im Himmel eine „Engelschule" für die früh verstorbenen Kinder gäbe, die von Gabriel, dem Engel der Geburt, geleitet werde.

Auch in der Antike wurden Kinder abgetrieben oder dem Hungertod ausgesetzt. Nach Clemens von Alexandrien und Methodius von Olymp kümmert sich der Engel Temeluchos um die Seelen der verstorbenen Kinder. „Engelmacher" werden im Jenseits mit den Folgen ihres Tuns konfrontiert. So berichtet die „Offenbarung des Petrus" (135 n. Chr.) von der Wiederbegegnung, bei der die Kinder ihre Stimme erheben und Gott um ausgleichende Gerechtigkeit bitten: „Und sie töteten uns und fluchten dem Engel, der uns erschaffen hatte, und hängten uns auf. Und sie behielten das Licht, das du für alle bestimmt hast, uns vor."

Die Rede von Strafe, Rache und Sühne verdeckt ein großes seelisches Problem, das viele Eltern und allein erziehende Mütter haben, die, aus einer Notlage heraus, die Geburt ihres Kindes verhinderten. Vielleicht geht es ihnen ähnlich wie den unschuldigen Müttern, deren Kinder eine Frühgeburt nicht überlebten. Wer kennt ihre Fragen? Wo ist das Kind? Ist alles vorbei? Oder leuchtet das Licht seiner Seele weiter? Der Engel der ungeborenen Kinder hütet das Lebenslicht, er trägt es in den Himmel und weist ihm den Weg der Vollendung.

65

# Engelpäpste

Engel wählen keinen Papst. Deshalb gibt es im Himmel auch keinen Engelpapst. Im 13. Jahrhundert aber blühte unter den Menschen die Hoffnung, es werde eine Zeit gerechter, menschlicher und engelgleicher Hirten kommen. Sie glaubten, dass nach dreißig Päpsten das Ende der Welt eintrete und Gott ein ewiges Friedensreich errichten werde. Die letzten fünf Päpste vor der Wiederkehr Christi wurden Engelpäpste genannt. Das Ende der Welt blieb aus, und unter den Päpsten war nur einer, Johannes XXII., der dem Ideal entsprach. In seinen Spuren ging Johannes XXIII., den wiederum ein Engel zur Einberufung des Zweiten Vatikanischen Konzils anregte. Die Sehnsucht nach einem zweiten Engelpapst glüht jedoch noch immer in vielen Seelen.

# Engelsgeduld

Die Geduld der Engel ist sprichwörtlich. Sie ist die Folge ihrer Liebe zu den Menschen und jener Gelassenheit, die frei ist von aller Eitelkeit und Selbstbezogenheit. Besonders der Schutzengel muss oftmals mit seinem Menschen eine Engelsgeduld haben. Wer sich entwickelt, braucht Freiräume. Der Schutzengel lässt Raum für Selbsterfahrung, für den eigenen Weg. Er wartet ab, beobachtet, greift gelegentlich sanft korrigierend ein. Engel haben so viel Geduld, weil sie nicht wie die Menschen unter Zeitdruck stehen. Ihr Blick geht über die irdische Lebenszeit hinaus in die Ewigkeit. Das schenkt ihnen jene Gelassenheit, die auch den Weisen und Mystikern zu eigen ist.

Die Schutzengel von Großeltern, Eltern, Onkeln, Tanten, Nichten und Neffen, von Erziehern und Lehrern bemühen sich in besonderer Weise, in ihre Menschen etwas von der Tugend der Engels-

geduld einfließen zu lassen. Denn überall, wo sich die Wachstumskräfte der Kinder frei entfalten sollen, sind Menschen mit Engelsgeduld gefragt. Aber auch Angestellte, Arbeiter, alle Zahnarzthelferin-
nen, Schaffnerinnen, Verkäuferinnen und Busfahrerinnen brauchen
diese Engelsgeduld mit ihren Kunden und Vorgesetzten.

Die deutsche Sprache kennt zahlreiche Wörter zur Beschreibung
der Aura von Menschen mit Engelsgeduld. Sie sind „engelähnlich"
oder „engelgleich", „engelgut" und „engelhaft", voller „Engelan-
mut" und arbeiten nach „Engelart". Sie haben ein „Engelherz" und
ein „englisches Wesen". Sie reden mit „Engelszungen" oder „Engel-
stimme" im „Engelston". Dann wird es „engelstill". Der liebende
Blick, mit dem sie auf andere Menschen schauen, wird als „Engelsblick" bezeichnet.

Die Engelsgeduld der Erzieher verwandelt die Seelen der Kinder
und gibt ihrer Ausstrahlung einen besonderen Liebreiz. Solche Kinder nennen wir „Engelchen", „Engele", „Engelein", „Engelschatz",
„Engelsköpfchen" oder „Engelskind". Die Jungen heißen „Engel-
knaben", die Mädchen „Engelmädchen". Sind sie zudem „engel-
fromm" und „engelrein", dann ist die „Engelsaat" aufgegangen, und
in den Familien, Kindergärten und Schulen herrscht ein „Engelston".
In den Betrieben wird die Stimmung beschwingter und die
Arbeit zugleich produktiver. Die Angst weicht, Stress wird abgebaut,
Heiterkeit breitet sich aus. Doch sollte weder die Engelsgeduld der
Schutzengel noch der Menschen überstrapaziert werden.

## Englische Fräulein

Unter der Bezeichnung „Englische Fräulein" sind keine unverheira-
teten weiblichen Engel zu verstehen, sondern Mitglieder der katholischen Frauenkongregation zur Erziehung der weiblichen Jugend.
Weltweit bemühen sich 2400 Schwestern in Kindergärten und
Schulen um die geistige und seelische Erziehung. Die Kongregation

hat den lateinischen Namen „Institutum Beatae Mariae Virginis"
(IBMV) und wurde 1609 von der Engländerin Mary Ward als „Jesu-
itinnen" gegründet. Die Englischen Fräulein werden daher auch
Mary-Ward-Schwestern genannt. Ihre Kirche in Burghausen / Bayern ist den Schutzengeln geweiht.

Neben den Englischen Fräulein gibt es die Engelschwestern oder
Angeliken (Sorores angelicae S. Pauli). Dieser Orden wurde 1530 in
Mailand gegründet. Die Engelschwestern widmen sich heute in Bra-
silien, Zaire, USA, Spanien, Italien und Belgien verschiedenen Erziehungsaufgaben. Pädagogisch tätig sind auch die Angelinen, Schwestern der Angela Merici (1474–1540), der Gründerin des Ursulinen-
ordens. Inzwischen aufgelöst ist die Gesellschaft von den Heiligen
Engeln. Unter den Kongregationen der Gegenwart finden sich die
Schwestern von den heiligen Engeln, Franziskanerinnen von den
heiligen Engeln und die Missionsschwestern Unserer Lieben Frau
von den Engeln.

Die Bezeichnung „Englische Fräulein" klingt in manchem modernen Ohr so herrlich altmodisch und liebenswert weltfremd, wie
es Engel zuweilen sein können. Englische Fräulein sind Engel in
Menschengestalt (s. dort). Manchmal erscheinen sie als ältere, meist
unverheiratete Damen oder nehmen die Gestalt kinderloser Witwen
an. Sie heißen „Tatta" oder „das gute Mutterle". Ihre Gegenwart
wird besonders von kleinen Kindern gesucht. Sie können wunderbare Geschichten aus längst vergangenen Zeiten erzählen und schle-
sischen Mohnkuchen backen. Englische Fräulein strahlen Ruhe,
Wärme und jenen Zauber ferner Welten aus, der Kinder durch ein
langes Leben tragen wird. Englische Fräulein stehen hilflos vor den
Errungenschaften der modernen Technik. Sie können keinen Video-
recorder bedienen und verwählen sich immer wieder beim Telefo-
nieren. Deshalb werden sie von den Kindern besonders geliebt. Denn
Englische Fräulein sind anders als andere Erwachsene: Sie lassen sich
von Kindern gerne helfen und kommen aus dem Staunen über deren technische Fähigkeiten niemals heraus.

# Erkenntnis

Woran erkenne ich meinen Engel? „Einen Engel erkennt man erst, wenn er vorübergegangen ist." Aus Sicht der Engelforschung ist mit diesem schönen jüdischen Sprichwort das Erkenntnisproblem beantwortet. Erst im Rückblick leuchtet die Lebenslinie, der rote Faden unseres Lebens hervor, erst dann begreifen wir, was uns ergriffen hat. Der Engel ist nicht unser Besitz. Nicht wir haben ihn, er hat uns zuerst erkannt.

# Feste

Der 8. Mai (Sternbild Stier) und der 29. September (Sternbild Waage) wurden in der Westkirche als Festtage des Engels Michael begangen. In den östlichen Kirchen wird Michaels Wirken am 6. September und 8. November gefeiert. Die orthodoxen Feiertage Raphaels sind der 8. September und 8. November. Gabriels Festtag in der orthodoxen Kirche ist der 26. März. Da die Feierlichkeiten in die Fastenzeit fallen, bekam Gabriel im 9. Jahrhundert ein zweites Fest, den 13. Juli. Erst im Jahre 1921 unter Papst Benedikt XV. erhielten auch Gabriel (24. März) und Raphael (24. Oktober) ihren Platz im Heiligenkalender der katholischen Kirche. Im Zweiten Vatikanischen Konzil wurden wiederum sämtliche Engelfeste auf den 29. September (Michaelistag) zusammengelegt. Schade, meinen einige Engelfreunde, denn gibt es Schöneres als Engelfeste? Nicht angetastet haben Konzilsväter jedoch das Schutzengelfest, das im Jahre 1670 offiziell auf den 2. Oktober festgelegt worden ist.

# Film

Die erste Frankfurter Engelfilmwoche „Only Angels Have Wings" (19. bis 26. September 1997) zeigte, in welcher Vielfalt Engel auf der Leinwand fliegen gelernt haben. Ähnlich wie im Schlager und der Musik (s. dort) steigt die Zahl der Engelfilme ins Unüberschaubare. Viele sind leichte Unterhaltung für Kinder, wie der Film „Engel, es gibt sie doch!", in dem ein ganzes Engelheer eine Baseballmannschaft (s. Sport) vor dem Abstieg bewahrt. Andere tragen den Engelnamen nur im Titel, wie Sternbergs „Der blaue Engel" (1930) mit Marlene Dietrich. Der bedeutendste Engelfilm ist zweifellos Wim Wenders'

„Der Himmel über Berlin" (1986), für den er am 15. November 1995 den Ehrendoktor der Theologischen Fakultät der Universität Fribourg / Schweiz verliehen bekam.

Zu seinen ernst zu nehmenden Vorgängern gehören Jean Cocteaus „Orphée" (1949) und Pier Paolo Pasolinis „Teorema" (1968). Alle Jahre wieder zeigt das Fernsehen den rührenden Engelfilm „Ist das Leben nicht schön?" (1947) mit James Stewart in der Hauptrolle oder Ingmar Bergmans grandiose Pubertätsparabel „Fanny und Alexander" (1982), in dem ein strenger androgyner Engel die Halbwaisen Fanny und Alexander aus der Umklammerung ihres Stiefvaters befreit. Bergman hat eine der eindrucksvollsten filmischen Darstellungen des Schutzengels geschaffen.

Die Liebe zwischen einem Engel und einem Hermaphroditen, für die Genet und Lautréamont Paten gestanden haben, wurde in Maggie Jaillers „A Nosegay" (1986) erzählt. Sadomasochistische Phantasien mit Engeln spielen in Isaac Juliens „The Attendant" (1992) eine zentrale Rolle. Roger Vadim entwarf den ersten Science-fiction-Engel fürs Kino. In „Barbarella" (1968) spielt Jane Fonda den Engel. Der gefallene Engel wurde von Kenneth Anger in „Lucifer Rising" (1966) verherrlicht. Der rebellische Engel Lucifer sei ein Vorbild, sagt Anger, und der Ungehorsam der Schlüssel zur Freude.

Die älteste filmische Darstellung von Engeln findet sich in Charles Chaplins „The Kid" (1920). In einer Traumsequenz am Ende des Filmes verwandelt sich ein amerikanischer Slum in das Paradies. Alle haben Flügel, sogar der Hund. Ken Russells „Amelia and the Angel" (1958) erzählt von der Sehnsucht eines kleinen Mädchens, Flügel zu bekommen. „Wenn die Engel fallen" (1959) von Roman Polanski zeigt die Erinnerungen einer alten Toilettenfrau. Engel im Straßenalltag der Großstadt haben Ute Aurand und Ulrike Pfeifer mit „Oh! – Die vier Jahreszeiten" (1988) ins Bild gesetzt, und Daniel Eisenbergs „Persistence" (1997) spielt mit der Berliner Siegessäule. Beide benutzen damit Motive aus Wim Wenders' Engelfilm.

Wim Wenders' Film greift das alte Motiv der Menschwerdung einiger Engel (Genesis 6, 1–4) auf. Die Engel Damiel und Cassiel kommen auf die Erde, flanieren durch den Ost- und Westteil Berlins und durchschreiten ungehindert die damals noch existierende Mauer. Ihr liebster Aufenthaltsort ist eine Bibliothek. Lesende Menschen üben die Kontemplation in geistigen Welten. Hier fühlen sich die Engel wie unter ihresgleichen. Während die Kinder eine Art Engelsblick haben, mit dem sie Damiel und Cassiel direkt sehen können, erfahren Erwachsene ihre Anwesenheit in Momenten der angehaltenen Zeit als einen Impuls der Hoffnung, als Sinneswandel oder durch die Liebe. Wenders' Engel sind jedoch nicht allmächtig. In ihrem Wunsch, Menschen zu helfen, stoßen sie gelegentlich an Grenzen.

Im Zentrum des vielschichtigen Filmes steht die Liebesgeschichte zwischen dem Engel Damiel und der Seiltänzerin Marion. Um ihretwillen gibt der Engel seine himmlische Existenz auf und wird Mensch (s. Engelabsenker). So mündet der Film in einem vielstimmigen Hymnus auf das irdische Leben. „Endlich ahnen, statt immer alles zu wissen. ‚Ach' und ‚Oh' und ‚Ah' und ‚Weh' sagen können, statt ‚Ja' und Amen'!", sagt der Engel Damiel, „Fieber haben, schwarze Finger vom Zeitungslesen, sich nicht immer nur am Geist begeistern, sondern endlich an einer Mahlzeit, einer Nackenlinie, einem Ohr. Lügen! Wie gedruckt! Beim Gehen das Knochengerüst an sich mitgehen spüren."

Der Engel Damiel wurde vom Träger des Ifflandringes, Bruno Ganz, Cassiel von Otto Sander dargestellt. Solveig Dommartin spielte die Seiltänzerin Marion. Das Drehbuch schrieb Peter Handke. Die Engelnamen tragen die typische Endung „el" (Gott). Ein Engel mit dem Namen „Damiel" ist in der Engelforschung unbekannt. Er findet sich auch nicht unter den Namen der gefallenen Engel. „Damiel" ist also eine Neubildung des Autors. Der Name „Cassiel" taucht in dem Verzeichnis der „Tagesengel" des Engelwerkes unter dem 12. November auf. Dort trägt er eine lederne Geißel, kann also nicht das Vorbild des sanften Cassiel aus Wim Wenders' Film sein.

„In weiter Ferne, so nah!" (1993) lautet der Titel der Fortsetzung des Filmes. Dieses Mal wird der Engel Cassiel Mensch. Als Karl Engel sucht er im Irdischen heimisch zu werden. Unter den Darstellern dieses weniger bekannten Engel-Filmes von Wim Wenders finden sich Michail Gorbatschow, Lou Reed, Heinz Rühmann und Peter Falk, der bereits im ersten Teil die Rolle eines menschgewordenen Engels spielte.

Seit dem 2. November 2000 schwebt ein Bild des Engels Damiel aus Wim Wenders' Film achtzehn Meter hoch über allem Irdischen an der Fassade eines neuen Bürohauses in Prag. Der Schauspieler Bruno Ganz stand Pate. Der Bürokomplex heißt „Zlaty Andel" (Goldener Engel) und wurde von dem französischen Architekten Jean Nouvel entworfen. Wie jeder Mensch, so möchte auch ein Schauspieler nicht auf eine Rolle fixiert werden. Viele Serienstars leiden darunter, dass ihre weiteren Talente von der Rolle, die sie spielen, verdeckt wird. Es gibt aber auch den umgekehrten Fall. Plötzlich leuchtet unser wahrer Wesenskern hervor. Der Engel hat sich in uns hineinverwandelt. In unserem Gesicht leuchtet der Abglanz seines himmlischen Bildes. Die Liebenden wissen von diesem Geheimnis und spüren ihm mit jeder Faser ihres Wesens nach.

# Fische und Muscheln

Die Fische wurden nach den Engeln, aber vor den Menschen geschaffen. Schon Ambrosius (339–397) hob hervor, dass Gott sie ausdrücklich von dem großen Strafgericht der Sintflut ausgeschlossen hatte. Denn wenn er sie hätte vernichten wollen, so der Kirchenvater, wäre es für ihn ein Leichtes gewesen, Flüsse, Seen und Meere zu vergiften. Die Fische stehen unter dem besonderen Schutz der Muttergottes. Sie ist die Herrin des Meeres (Domina maris). Petrus und Andreas, zwei Fischer vom See Genesareth, waren die ersten Jünger Jesu. Unter den ersten Christen war der Fisch ein Symbol für Christus. Basilius (330–379) empfahl den Christen, die Fische zu loben und nachzuahmen. Der Franziskaner Antonius von Padua (1195–1231) predigte sogar den Fischen. Denn, so erklärte später António

Vieira in seiner „Predigt des heiligen Antonius an die Fische" (1654): Diese Geschöpfe Gottes hätten „zwei gute Hörertugenden: sie hören zu und reden nicht." Vor allen Dingen aber staunt der portugiesische Prediger: „Was bedeuten schon die Scharen der Vögel, die Herden der Erdbewohner im Vergleich zu Eurer Zahl? Was ist schon ein Elefant im Vergleich zu einem Walfisch?"

„Weißt du", fragt ergriffen von dem Reichtum der Artenvielfalt und der Zahl der Fische auch Superintendent Wilhelm Hey (1789–1854), „wieviel Fischlein auch sich kühlen in der hellen Wasserflut? Gott der Herr rief sie mit Namen, dass sie all ins Leben kamen" (Evangelisches Gesangbuch: EG 511.2). So ist es keine Frage, dass Engel auch den Fischen dienen. Gewiss dürfen wir Muscheln und andere Seetiere hinzuzählen. Auch Biologen beschäftigen sich mit Engelsflügeln (Petricólidae). Sie bilden eine Familie von kleinen bis mittelgroßen Muscheln. Die Schalen sind dünn, rundlich oder verlängert mit einer konzentrischen Streifung. Zu den Muscheln gehört auch der „Steinbohrende Engelsflügel". Sein Name verweist auf den Lebensraum. Er bohrt sich in Holz oder Kalkstein.

Der Engelhai hat seinen Namen nach den flügelähnlichen Seitenflossen. Als gemeiner und hinterlistiger Räuber trägt er seinen Namen sicherlich zu Unrecht und sollte eher „Gefallener Engel" heißen. Ebenso problematisch ist die Bezeichnung des Perlhuhnwelses als Synodontis angelicus. Denn der in den Flüssen Kameruns und Zaires gründelnde Wels lebt zwar friedlich mit anderen Fischen, ist aber innerartlich äußerst aggressiv. Gefährlich und bösartig ist auch ein Fisch, der Tobias in den Tigris ziehen und verschlingen will. Wie man mit solchen Burschen umgeht, lehrt der Engel Raphael: „Pack ihn bei den Kiemen und zieh ihn heraus!" (Tobit 6, 2f). 

Ein wahrer Engel in Fischgestalt ist dagegen der Engelantennenwels (Angelicus pimelodus). Dieses äußerst friedliche nachtaktive Tier belästigt selbst kleine Fische nicht. Wie Engel und Menschen, so sind auch Fische zum Lobgesang berufen. „Kein Tierlein ist auf Erden dir, lieber Gott, zu klein. Du ließest alle werden, und alle sind sie dein", versichert Clemens Brentano (1778–1842) und bezeugt:

„Das Fischlein dir springt. Die Biene dir summt. Der Käfer dir brummt. Auch pfeifet dir das Mäuselein: Herr Gott, du sollst gelobet sein" (EG 509.5). Gewiss werden am Ende der Zeiten auch der Engelhai und der Perlhuhnwels in das große Halleluja der Engelchöre einstimmen. Wartet doch alle Kreatur auf die endgültige Erlösung (Römerbrief 8, 19–22). Und schon der Prophet Daniel (3, 55) fordert die Meeresbewohner auf: „Walfische und alles, was sich im Wasser regt, lobt den Herrn, preist und rühmt ihn ewiglich!"

## Flügel

Engel beflügeln die Gedanken. Wenn sie erscheinen, bekommt das Leben etwas Schwebendes, einen Zustand der Leichtigkeit des Seins. Darauf spielt auch die Antwort auf die Frage „Warum können Engel fliegen?" an. Im Volksmund heißt es: „Weil sie das Leben leicht nehmen." Dass Engel ihre Flügel schützend über Menschen ausbreiten, ist oft bezeugt worden. Doch ist es keineswegs so selbstverständlich, wie es gemeinhin angenommen wird, dass Engel Flügel tragen. Ernst Barlachs „Friedensengel" in der Kölner Antoniterkirche hat keine Flügel. Der Hebräerbrief weist darauf hin, dass Engel durchaus regelmäßig inkognito reisen und eine menschliche Gestalt annehmen, um die Gastfreundschaft zu testen. Erscheinen sie heute zuweilen in der Gestalt von Ausländern und Flüchtlingen?

In katholischen Gegenden Deutschlands soll sich die Mahnung des Hebräerbriefes noch bis in unsere Tage eingeprägt haben. So berichtet der Journalist Michael Holzach in seinem Buch „Deutschland umsonst", er sei auf seiner Wanderschaft durch Deutschland besonders bei Katholiken gastfreundlich aufgenommen worden, weil er für einen Engel gehalten wurde. Das Beispiel zeigt, dass Engel ohne Flügel durchaus nicht erkannt werden können oder dass Menschen mit Engeln verwechselt werden können. Genau darauf legen es offenbar manche Engel an, wenn sie ohne Flügel erscheinen. Einen Beweis liefert das Buch Tobit. Hier begleitet der Engel Raphael einen jungen Mann auf einer langen Reise. Sie schlafen gemeinsam in einem Zimmer, der Engel gibt seinem Schützling zahlreiche gute Ratschläge zur Lebensbewältigung – und wird dennoch nicht als Engel erkannt. Selbst von Gabriel, als er vor Maria tritt, wird nicht gesagt, er habe Flügel getragen. Auch die Engel am leeren Grab oder bei der Himmelfahrt Jesu tragen keine Flügel. Die Flügel werden ihnen erst von den Künstlern angemalt (s. Kunst).

Biologen haben herausgefunden, dass die Flügel der Engel zum Fliegen untauglich sind. Engelflügel sind also nicht als Flughilfe zu verstehen. Schon Hildegard von Bingen weist darauf hin, dass Flügel ein Symbol für die beflügelten Gedanken und Gefühle sind, mit denen Engel sich auf Menschen zubewegen. „Nicht als ob die Engel Flügel hätten wie die Vögel, sondern schnell, wie der Gedanke des Menschen dahinfliegt, drängt ihre Sehnsucht sie, den Willen Gottes zu erfüllen" (Scivias I, 6). Die Flügel der Engel sind ein Symbol für die unsichtbaren „Flügel des Glaubens" und die „Flügel der Herzenssehnsucht", die auch Menschen tragen können.

Viele Maler benutzten zur Darstellung von Engeln Flügel, um die innere und äußere Bewegtheit der Engel darzustellen. Vor allen Dingen aber sind Flügel ein Ausdruck des Schutzes und der Geborgenheit, die durch die Gegenwart eines Engels erfahren wird. Besonders in religiösen Liedern ist immer wieder vom Schutz durch die geflügelten Gottesboten die Rede. Sie sind Ausdruck des Dankes für erfahrene Hilfe und wollen dazu anregen, über eigene Schutzengelerfahrungen nachzudenken. Viele Menschen haben Engel erfahren, ohne davon zu wissen. Deshalb fordert etwa Joachim Neander zu einem bewussten Nachdenken über beflügelnde Momente im eigenen Leben auf: „In wie viel Not hat nicht der gnädige Gott über dir Flügel gebreitet!" (EG 316.3). Auch Paul Gerhardts berühmtes Abendgebet „Breit aus die Flügel beide, oh Jesu, meine Freude" hat unzähligen Menschen Trost und Geborgenheit geschenkt und sie in Zeiten der Not durch das Leben getragen.

Von der Geborgenheit inmitten der Gefahr kann auch Jochen

Klepper berichten. Verheiratet mit einer Jüdin und mit Publikations-
verbot belegt, weiß er sein Leben dennoch „Unter dem Schatten
deiner Flügel geborgen". Seinen Tagebüchern der Jahre 1932–1942
stellt er ein Motto aus Psalm 57, 2 voran: „Sei mir gnädig, Gott, sei
mir gnädig; denn auf dich trauet meine Seele, und unter dem Schatten deiner Flügel habe ich Zuflucht, bis das Unglück vorüber gehe."

Zu den wenigen biblischen Engeln mit Flügeln gehören die Seraphim und Cherubim. Sie tragen jeweils drei Flügelpaare. Mit einem
bedecken sie ihren Leib, mit einem zweiten ihr Gesicht, und mit dem
dritten bewegen sie sich durchflutet von der Liebe Gottes. Die Frage, ob wir in der Darstellung von Engeln in Zukunft auf Flügel ver-
zichten sollten, ist eindeutig mit einem „Um Himmels willen, nein!"
zu beantworten. Engel brauchen keine Flügel, um Menschen zu besuchen, zu führen und zu beschützen. Viele Menschen aber brauchen
das Bild eines Engels mit Flügeln, weil in ihm das Geheimnis seiner
Nähe unvergleichlich lebensnah zum Ausdruck kommt. Wohl aus
diesem Grund ist auch kein Fall bekannt, dass ein Engel gegen diese
Form der Darstellung Einspruch erhoben hätte.

Deshalb sollten Eltern in der frühreligiösen Erziehung keineswegs
die immer wieder geäußerte Vorstellung der Kinder, ihnen würden
einst im Himmel Flügel wachsen, korrigieren. Auch der populär gewordene Spruch des Philosophen Luciano de Crescenzo: „Wir sind
Engel mit nur einem Flügel. Um fliegen zu können, müssen wir uns
umarmen" sollte nicht kritisch kommentiert, sondern in der heiteren Schwebe belassen werden.

## Fluggeschwindigkeit

Obwohl Engelfreundinnen bereits Anfang des 12. Jahrhunderts klargestellt haben, dass die Flügel der Engel niemals als Fluginstrumente
verstanden werden sollten, hält sich bis auf den heutigen Tag der Irr-
glaube, Engel bewegten sich wie Vögel durch die Luft. So hat das Ku-

ratorium für Verkehrssicherheit, Landesstelle Tirol, am Brenner-Pass große Schutzengeltafeln aufgestellt, auf denen ein Motorradfahrer in rasanter Schräglage abgebildet ist. Über ihm schwebt in altertümlicher Rüstung ein Engel. Auf der rechten unteren Ecke der Tafel steht die Mahnung: „Gib Deinem Schutzengel eine Chance!" Auch auf deutschen Automobilen findet sich der beliebte Aufkleber mit der Aufschrift: „Fahre nicht schneller, als Dein Schutzengel fliegen kann!"

Beide Formen der Verkehrserziehung sind vom Standpunkt der Engelforschung mit Entschiedenheit abzulehnen. Denn sie unterstellen, Engel hielten mit dem modernen Straßenverkehr nicht mehr mit, und untergraben somit das Vertrauen. Gewiss, die Himmlischen haben über Jahrhunderte nur Wanderer oder Läufer begleitet, die sich in vergleichsweise geringem Tempo bewegten. Daraus jedoch zu schließen, sie könnten heute von einem Auto- oder Motorradfahrer abgehängt werden, ist blanker Unsinn. Schon in früherer Zeit haben Engel Kinder aufgefangen, die im freien Fall von einem Berg stürzten, wie etwa die Gründungslegende des Benediktinerklosters Mariastein / Schweiz beweist.

In der sichtbaren Welt unseres Universums gilt die Lichtgeschwindigkeit als schnellste Form der Bewegung. Engel leben jedoch in der Ewigkeit. Sie sind nicht an die Gesetze von Raum und Zeit gebunden. Für Engel ist es überhaupt kein Problem, das Weltall mit seinem Radius von etwa 18 Milliarden Lichtjahren und über 100 Milliarden Sternensystemen zu durchmessen. Im Nu sind sie hinter dem Alpha Centauri oder der Großen Magellanschen Wolke; eben waren sie noch am Andromedaspiralnebel, da befinden sie sich bereits im Sculptor-System. Sie überwinden diese gewaltigen Entfernungen, weil sie schneller als das Licht fliegen können.

Auch das Universum der Gefühle, Gedanken und Erinnerungen in uns hat eine unvorstellbare Ausdehnung. Doch im Bruchteil einer Sekunde durchmessen wir den Weltinnenraum der Seele. Engel fliegen schnell wie die Gedanken. Das können wir uns gut vorstellen, weil wir es in uns selbst erfahren. In einem Augenblick tauchen Bilder aus verschiedenen Zeiten in uns auf: Kindheit, erste Liebe, die kleine Sigrid und der Tod von Fräulein Zellmann, Stürze und Krankheiten, Prüfungen, Ferienerlebnisse, Träume, Gedanken, Erinnerungen – das Geheimnis der Zeit ist aufgehoben in uns. Schutzengeltafeln und -aufkleber zeugen daher von grober Unkenntnis der Engelwelt.

## Fotografie

Gott hat eine unsichtbare und eine sichtbare Welt geschaffen. Engel sind Mittler zwischen diesen Welten. Wenn Engel erscheinen, wird das Unsichtbare in sichtbare Gestalt gehoben. Engel sind Lichtbilder von Gottes Gegenwart. Auch die Fotografie kann Unsichtbares ins Bild setzen. Sie wird dann zur Schnittstelle zwischen den Welten.

Der slowenische Fotograf und Filmemacher Evgen Bavcar erblindete durch die Explosion einer Mine. Das Bild der Engel aber trug er seit seiner Kindheit in sich. Die Kirche seiner Heimatgemeinde war den Engeln geweiht. Hinter der Kirche lag der Berg der Engel. Manchmal, im Spiel des Lichtes sah das Kind Flügel oder kurz aufscheinende Bewegungen. Das Bild des Schutzengels über dem Bett wurde nach der Erblindung zum inneren Bild und Begleiter im Dunkel der Nacht. Die Engelfotografien von Evgen Bavcar sind inszenierte innere Bilder des Blinden. Durch sie wird eine innere Wirklichkeit in Sichtbarkeit gehoben. Engel sind ja in der Tat Lichtgestalten. „Ohne sie gäbe es keine Bilder", schreibt Evgen Bavcar in seinem Buch „Engel unter dem Berg" (1996). „Ich wage zu hoffen, dass sie mich nie allein und schwach lassen werden angesichts der Finsternis und dass sie ihr Versprechen einer unendlichen Lichtheit halten werden."

Engel sind das Licht des ersten Schöpfungstages. Gott trennte das Licht von der Finsternis. So entstand die sichtbare Welt aus Licht und Schatten. Fotografen sind Lichtkünstler. Das Bild ihrer Engel lebt aus den Kontrasten. Wie der Fotograf Gerald Axelrod hat auch Isolde Ohlbaum auf vielen Friedhöfen Europas Grabesengel abgelichtet. Ihre Passion für Engel reicht weit in die Kindheit zurück. Im Alter von fünf Jahren sollte sie einen Engel spielen. Flügel aus Pappkarton wurden mit Goldfolie beklebt, ein langes, weißes Nachthemd mit goldenen Borten genäht und ein Stirnband mit einem Glitzerstern. Kurz vor ihrem ersten Auftritt bekam sie hohes Fieber. Ein anderes Mädchen spielte die Rolle. Über dem Bett der Tante befand sich das Bild eines Schutzengels mit großen Federflügeln, vor dem die kleine Isolde bei jedem Besuch stand, voller Gewissheit, dass auch über ihrem Leben so ein Engel schwebe. In den Poesiealben der Mädchen waren Engelbilder eingeklebt, am Tag der Konfirmation wurden Schutzengelbilder überreicht und als Belohnung im Religionsunterricht verteilt. Aus solchen Bildern wuchs ihr ein unerschütterliches Vertrauen in die unsichtbare Führung durch den Engel, der uns nicht im Stich lässt, wenn wir den letzten Gang gehen.

Die Engel der Kindheit mögen dem Blick des Erwachsenen kitschig und naiv erscheinen, doch aus ihnen kann sich ein Urvertrauen bilden, das durch die Licht- und Schattenseiten des Lebens trägt. „Ich habe sie deutlich erkannt, nur Kinder können so genau sein in der Wahrnehmung von Phänomenen, die unbedeutend erscheinen", sagt Evgen Bavcar über die Engel der Fotografie.

## Franz von Assisi

Die Legenden erzählen es: Es gibt Heilige, die können Engel mit den leiblichen Augen sehen, werden von ihnen ernährt, bekommen himmlische Botschaften übermittelt oder werden von ihnen in den Himmel getragen. Der heilige Franz aber überragt sie alle. Sein Leben ist selber Legende: Er konnte wie ein Engel schweben (Levitation) und wurde am 15. September 1225 in einen gekreuzigten Engel verwandelt. Seitdem gilt er als der seraphische Heilige. Der Ort seiner Umwandlung und der Stein, auf dem ihm der sechsflügelige Seraph erschien, sind noch heute zu sehen.

Am Anfang steht der Auszug des Sohnes. Franz trennt sich im Streit von seinem Vater, zieht ohne Besitz durch sein Heimatland und renoviert Kapellen. Eine von ihnen, Portiunkula genannt, liegt vor den Toren seiner Vaterstadt. Hier hört der Sohn eines Tuchhändlers die Engelchöre singen, hier hat er seinen Traum von der Himmelsleiter. Deshalb gründet er an dieser Stelle seinen Orden. Das erneuerte Kirchlein wird zum Zentrum seiner Bewegung. Auf der Schwelle zur Kirche stehen die berühmten Worte: „Dieser Ort ist heilig." Jakob hatte sie nach seinem Traum von der Himmelsleiter gesprochen. Franz schärft den Brüdern ein, Portiunkula niemals zu verlassen. „Solltet ihr durch eine Tür hinausgetrieben werden, so geht durch die andere wieder hinein; denn dieser Ort ist wirklich heilig und die Wohnung Gottes." Heute wölbt sich über der Kapelle die Basilika Maria von den Engeln (Santa Maria degli Angeli). Ihr zu Ehren wird am 2. August das Portiunkula-Fest gefeiert.

Franz lehrt und lebt die Versöhnung mit allem Lebendigen. Er geht auf den Wolf von Gublio und die Räuber zu, er sucht das Gespräch mit den Muslimen. Nur von einer Aussöhnung mit seinem Vater ist niemals die Rede. Hoch oben auf dem Berg Alverna (La Verna) ringt Franz mit der Frage nach den Grenzen der Versöhnung: Gibt es Wesen, die von der Liebe Gottes und seiner Engel nicht erreicht werden? Gibt es eine Wunde, die niemals heilt? Gibt es eine Dunkelheit, die kein Engel aufhellen kann? Wäre dann Christus nicht für alle gestorben? Origenes hatte sich den Bannspruch der Kirche zugezogen, als er zu hoffen wagte, dass Christus eines Tages auch die gefallenen Engel erlösen werde. Seine Lehre wurde im frühen 13. Jahrhundert wieder aktuell. Hildegard von Bingen und Wolfram von Eschenbach waren mit der Frage beschäftigt, wer einst die Lücken im Engelchor füllen werde, die der Sturz Lucifers und seiner Engel hinterlassen hatte. Franz bewegt sich auf gefährlichem Gebiet, als er im September 1224 während eines 40-tägigen Fastens zu Ehren des Erzengels Michael diesen Fragen nachgeht.

81

Bruder Pacificus hatte in einer Vision den leeren Thron Lucifers geschaut, auf dem Franz eines Tages Platz nehmen sollte. Am 15. September 1224 erscheint dem Heiligen ein gekreuzigter Seraph. Giotto wird diese Szene später auf seinen Fresken in der Basilika von Assisi festhalten. Durch den Seraph empfängt Franz die fünf Wundmale (Stigmata) Christi. Ein Leben lang hat er Christus mit der Seele gesucht. Jetzt verwandelt sich sein Leib in den Leib Christi. Er wird der Erlöser der gefallenen Engel. So jedenfalls sieht es der Franziskaner Ubertino von Casale, der im Sommer 1305 auf dem Alverna über den seraphischen Heiligen schreibt: „Ich begriff, dass dem hochheiligen Vater offenbart worden war, er sei in besonderer Weise in die Welt gesandt worden, um die Ruine des seraphischen Ranges wiederherzustellen. Denn es ist kein Zweifel, dass Lucifer diesem Rang angehört hätte, wenn er standgehalten hätte, und zwar als Ranghöchster. Deshalb nimmt man an, er habe eine große Verwüstung bei den ihm Unterstellten in diesem Rang angerichtet, die von den in Flammen stehenden Gliedern Jesu einmal wieder geheilt werden muss."

Unter den etwa 300 bekannt gewordenen stigmatisierten Heiligen ist Franz von Assisi der einzige, der die Wundmale von einem Engel erhält. Der Stein, auf dem der Seraph stand, bildet heute das spirituelle Zentrum der Kirche der Stigmata auf dem Alverna. Erneut Jakobs Vorbild folgend, lässt Franz durch Bruder Rufinus den heiligen Ort kennzeichnen. Der Stein wird gewaschen und mit Öl gesalbt. „Auf der ganzen Welt gibt es keinen heiligeren Berg", steht über dem alten Eingang zum Kloster auf dem Alverna. Keinen heiligeren Berg? Nicht der Sinai, wo Moses die Zehn Gebote aus der Hand Gottes erhielt? Nicht der Berg Tabor, wo Jesus verklärt wurde? Nicht Golgatha, der Berg der Kreuzigung und Erlösung? Der Engel in Gestalt eines gekreuzigten Menschen hatte Franz einige Mitteilungen gemacht, über deren Inhalt der Heilige Stillschweigen wahrte. Helmut Feld vermutet, die geheime Offenbarung habe der Frage der Erlösung der gefallenen Engel gegolten. Das würde erklären, warum der Alverna als Berg der Welterlösung, der Erlösung der Dämonen und der Versöhnung zwischen Vater und Sohn zum heiligsten aller heiligen Berge erklärt werden konnte.

# Friedensengel

So friedlich wie heute waren Friedensengel durchaus nicht immer. Nach dem Vorbild der antiken Siegesgöttin Nike / Viktoria (s. Kunst) wurden im 19. Jahrhundert Denkmäler zur Erinnerung an den Deutsch-Dänischen Krieg und den Krieg gegen Frankreich errichtet. Sie verherrlichten die Sieger. Nach den Opfern fragte niemand. Erst im Lauf des 20. Jahrhunderts wandelte sich Nike in einen Friedensengel. Ernst Barlach leistete zu diesem Perspektivenwechsel den entscheidenden Beitrag. Sein Friedensengel erinnert an die Opfer. Im Jahre 1927 ließ er ihn für den Dom von Güstrow in Bronze gießen. Der flügellose „Engel vom Kriegerdenkmal" trägt die Gesichtszüge von Käthe Kollwitz. Einen Abguss ließen die Nationalsozialisten einschmelzen. Eine Kopie des Originals ist heute in der evangelischen Kölner Antoniterkirche zu sehen.

Der Berliner Friedensengel wurde von dem Bad Pyrmonter Bildhauer Friedrich Drake entworfen und am 2. September 1873 in Anwesenheit des Kaisers feierlich enthüllt. Der Chor sang: „Nun danket alle Gott". Die Berliner Nike sollte an die glorreichen Taten der siegreichen Armee im Dänischen Krieg 1864, im Österreichischen Krieg 1866 und im Französischen Krieg 1870/71 erinnern. Auch der Münchener Friedensengel diente ursprünglich der Verherrlichung des Sieges über Frankreich. Am 10. Mai 1896, dem 25. Jahrestag des Friedensschlusses nach dem Deutsch-Französischen Krieg, wurde der Grundstein zu dem Denkmal gelegt. Heinrich Düll, Georg Pezold und Max Heilmaier fertigten es nach dem Vorbild einer kleinen, nur 50 Zentimeter hohen Figur aus dem ersten vorchristlichen Jahrhundert.

Der bayerische Friedensengel wurde 1998 im Auftrag des Baureferates der Landeshauptstadt München frisch vergoldet. Während eine Ausstellung im Münchener Stadtmuseum (17. Dezember 1999 bis 26. März 2000) den Blick in die Vergangenheit richtete und die Geschichte des Denkmals und der Engelverehrung in Bayern dokumentierte, mutierte der Friedensengel zum Werbeträger. Im Wirtschaftsteil der „Frankfurter Allgemeinen Zeitung" vom 14. November 2000 wirbt die Bayerische Landesbank mit dem renovierten Münchener Friedensengel für ihre Dienste: „Wenn Sie nicht allein auf Hilfe von oben zählen wollen, sprechen Sie mit uns. Denn mit unserer Unterstützung wachsen Ihren Visionen Flügel. Für Ihre großen Pläne öffnen wir wichtige Türen."

Der größte Friedensengel der Welt steht im hohen Norden Englands, südlich der Stadt Newcastle upon Tyne an der A 1. Wer immer den Weg in den Norden oder Süden des Landes wählt, gleichgültig, ob er die Bahn oder das Auto benutzt, kann den Engel aus einer Stahl-Kupfer-Mischung nicht übersehen. Täglich passieren über 90 000 Menschen den Friedensengel, jährlich über 33 Millionen. Die Flügel der 20 Meter hohen Figur sind mit einer Spannweite von 54 Metern größer als die einer Boeing 757 oder 767. Der 200 Tonnen schwere Friedensengel wurde von Anthony Gormley entworfen und am 15. Februar 1998 fertiggestellt. Seitdem trägt er den Namen „Engel des Nordens" – „The Angel of the North".

Dass von geläuterten Siegesgöttinnen auch heute noch Impulse ausgehen können, bewies die Umweltschutzorganisation Greenpeace. Im Mai 1997 wählten sich Greenpeace-Aktivisten den Münchener Friedensengel für einen Protest gegen die Umweltverschmutzung aus, stülpten ihm eine große Gasmaske vor das Gesicht und entrollten ein Plakat mit der Aufschrift „Stoppt Ozonsmog".

# Gabriel

Eine der wichtigsten und fruchtbarsten Zeiten für das Wirken der Engel ist das Frühjahr. Die ersten Schneeglöckchen blühen, bald keimen Krokusse und Narzissen. Überall wirken Wachstumskräfte, und die Engel des Frühjahrs sind mitten unter ihnen. Unter dem Sternbild des Steinbocks wird die Geburt des göttlichen Kindes gefeiert. Aber wie jedes andere Lebewesen ist es in einem langen Prozess gewachsen. Sollten wir uns nur über die geöffnete Blüte freuen dürfen und nicht über die Knospe? Gabriel ist der Engel des Frühjahrs (s. Engel der Jahreszeiten). Am 24. März, im Sternzeichen Widder, kam er zu Maria. Sie wurde schwanger, und das Kind wuchs unter ihrem Herzen.

Gabriel ist der Engel der Geburt. Ihm sind der Mond und der Montag zugeordnet. Mit Michael, Raphael und Uriel gehört er zu den vier Engelfürsten. Sein Name bedeutet „Mann Gottes". Martin Noth übersetzt „Gott hat sich stark gezeigt". Nach jüdischer Lehre gilt Gabriel auch als Hüter des Paradieses. Das ist kein Zufall, denn der Garten Eden ist der Uterus der Menschheit. Gabriel ist zuständig für den Schutz des Lebens und für Erziehungsaufgaben. Er war es, der dem Propheten Daniel göttliche Offenbarungen übermittelte und die drei Jünglinge aus dem Feuerofen rettete. Mit Michael und Raphael besuchte er Abraham und Sarah, um die Geburt des Sohnes Isaak anzukündigen. Der junge Joseph wurde von ihm mit himmlischer Weisheit unterrichtet. In der Natur bringt er die Früchte zur Reife. Das Christentum hat diese Aufgabenbereiche übernommen. Gabriel kündigt die Geburt des Erlösers an. Neben Lukas gilt er als Maler, der ein authentisches Bild von Maria der Nachwelt überliefert habe.

Er ist der Engel der Freude, der Engel der Gnade und der Engel der Inspiration. Auf zahlreichen Bildern wird er gemeinsam mit Raphael als Engel der Vollendung des Lebens dargestellt. Die Seelen der Verstorbenen trägt er in ein Wickeltuch gewickelt in den Himmel empor. So ist er auch der Engel der Auferstehung. Wegen seiner positiven Energie wurde Gabriels Beistand auch erbeten, wenn Menschen sich von dunklen Mächten bedroht fühlten. Das bezeugen viele Zaubersprüche und Beschwörungsformeln gegen Bedrängnis, Depressionen und Angstzustände. Viele Künstler stellen in Gabriel die weibliche Seite Gottes dar.

Auch der Islam hebt die außergewöhnliche Bedeutung Gabriels hervor. Gabriel war es, der den Propheten Mohammed stillte und der ihm später in der Höhle von Hira den heiligen Koran offenbarte. Warum Gabriel neben Michael der beliebteste aller Engel wurde, liegt auf der Hand: Gabriel ist die fruchtbringende Kraft Gottes. Sein Wirken zielt auf die positiven Energien. Allen Menschen, die neu geboren werden wollen, steht er zur Seite. Er schenkt ihnen Selbstvertrauen, Kreativität und die Kraft der Lebenserneuerung. Gabriel hilft den Müttern und Vätern, das Ungeborene anzunehmen. Er gibt dem Kind und seinen Eltern Wachstumskräfte. Menschen, die das Gefühl haben, ihr Leben sei in eine Sackgasse geraten, schenkt er neue Energien. Er beflügelt die Gottesfreunde und legt das göttliche Kind in die Krippe des Herzens.

# Gebet

Kinder und Engel beten gerne. Dies bezeugt Rose Ausländer, eine der großen Lyrikerinnen und Engelfreundinnen des 20. Jahrhunderts. „Vor vielen Geburtstagen / als unsere Eltern / den Engeln erlaubten / in unsern Kinderbetten zu schlafen – / ja meine Lieben / da ging es uns gut." Dem Gebet ruht ein Zauber inne. Es kann das Böse bannen, Seele und Körper heilen, besonders, wenn es von der Mutter oder einem anderen geliebten Menschen gesprochen wird. Zu den beliebtesten evangelischen Engelgebeten gehören Paul Gerhardts „Breit aus die Flügel beide", Dietrich Bonhoeffers „Von guten Mächten wunderbar geborgen" und der Schutzengelpsalm 91.

In den katholischen Kindergärten des Münsterlandes wurde noch Anfang der sechziger Jahre die pädagogische Hilfe des Schutzengels bei der moralischen Erziehung der Kinder ganz selbstverständlich erbeten. Die schwarze Pädagogik war noch nicht erfunden, die Kindergärtnerinnen hießen „Schwester Gudrun" oder „Tante Anneliese", und niemand nahm im Kindergarten St. Ida sein Frühstück ein oder machte sich auf den Nachhauseweg, ohne vorher ein Gebet gesprochen zu haben:

„Du mein Schutzgeist, Gottes Engel, weiche, weiche nicht von mir, leite mich durchs Tal der Mängel bis hinauf, hinauf zu dir. Lass mich stets auf dieser Erde deiner Führung würdig sein, dass ich stündlich besser werde, nie mich darf ein Tag gereun. Sei zum Kampf an meiner Seite, wenn mir die Verführung winkt; steh mir bei im letzten Streite, wenn mein müdes Leben sinkt. Sei in dieser Welt voll Mängel stets mein Freund, mein Führer hier; du mein Schutzgeist, Gottes Engel, weiche, weiche nicht von mir!"

Auch jüdische Kinder und Erwachsene kennen Engelgebete. So erinnert der jüdische Theologe und Liturgiewissenschaftler Jakob J. Petuchowski an das schöne jüdische Nachtgebet (11. Jahrhundert) der aschkenasischen (dem deutsch-polnischen Ritus folgenden) Juden, das – quasi als Schutzformel – die Anfangsbuchstaben der angesprochenen Engel ans Ende setzt:

„Im Namen des Herrn, des Gottes Israels:
beschem adonai, elohè yisra-el:
Zu meiner Rechten Michael,
mimini micha-el
und zu meiner Linken Gabriel,
umissemoli gabhri-el
und vor mir Uriel,
umillephanai uri-el
und hinter mir Raphael;

ume-scharai repha-el;
und über mir die Anwesenheit Gottes.
we'al roschi schekhinath el!"

U

G     M

R

Es gibt Gebete mit Worten, gesungene oder getanzte Gebete, das immerwährende Herzensgebet oder das Gebet des Schweigens. Beten ist für Engel keine fromme Übung oder bloße Pflichterfüllung. Oft merken sie gar nicht, dass sie beten. Dann betet Gott in ihnen. Das sind die glücklichsten Momente, in denen sie zwischen sich und Gott keine Grenze mehr spüren. „Dein Wille geschehe, wie im Himmel, so auf Erden" – heißt es im Vaterunser. Engel sind nicht nur Vorbilder im Gebet, sie sind auch jederzeit bereit, Gebetsunterricht zu geben. Der Engel des Gebetes heißt Salathiel („Anbetung Gottes"). Er liebt die Stille und ist zugegen, wenn Menschen auf Parkbänken, einer Wanderung oder bei Kerzenschein in ihrem Zimmer zur inneren Ruhe finden. Dann tritt er in den Innenraum des Herzens und beginnt ohne Worte zu beten.

## Gelassenheit

Was ist Zeit? Von Augustinus, Immanuel Kant, Martin Heidegger bis zu Hans Blumenberg haben große Geister über das Wesen der Zeit philosophiert. In Friedrich von Hagedorns Fabel „Der Zeisig" (1738) heißt es dagegen einfach: „Des Menschen Engel ist die Zeit". Die Zeit heilt – vielleicht nicht alle Wunden, aber sie schenkt einen neuen Blick auf das, was uns verwundet hat. Engel denken in anderen Zeiträumen als ihre Schützlinge. Daher sind sie gelassener, geduldiger und nachsichtiger als die meisten Menschen.

# Gottesgeburt

Wie wird Gott gegenwärtig? Wie wird er erfahrbar? Mechthild von Magdeburg und andere Mystikerinnen des Mittelalters sehnten sich nach der Gottesgeburt im Herzen und riefen voller Liebesverlangen den Engel Gabriel um Hilfe an: „Sage meinem lieben Herrn Jesus Christus, mein Herz ist voller Liebeskummer." Maria sah den Engel nicht als inneres Bild, sondern mit den leiblichen Augen. Wie reagierte sie auf die Ankündigung der Gottesgeburt? Welche Gefühle durchströmten sie, als der Heilige Geist über sie kam? Neben dem Evangelisten Lukas galt der Engel Gabriel als Maler, der ein authentisches Bild von Maria überliefert haben sollte. Daraus leiteten spätere Künstler das Recht ab, Marias Reaktion während der Verkündigung (Maria annunciata) als Gottesgeburt auszudrücken, durch Mimik und Gestik. Sie zeigen diese Reaktion in verschiedenen Stufen:

1. Filippo Lippis „Verkündigung" zeigt die Aufregung (conturbatio), die Maria bei den Worten des Engels ergriff. Mit der ausgestreckten Hand scheint sie den Engel abwehren zu wollen. Jungfrau und Mutter, das ist ein Paradox, hier kommt unser Verstand an seine Grenze.

2. Der Meister der Barberini-Tafeln zeigt die zweite Stufe der Annäherung an das Geheimnis der Inkarnation, das Nachdenken (cogitatio). Maria schließt die Augen und legt die rechte Hand auf ihr Herz.

3. Mit dem Nachfragen (interrogatio) reagiert Maria auf die Verkündigung des Engels. So zeigt es das Tafelbild des Alesso Baldovinetti.

Auf der 4. Stufe, der Unterwerfung (humiliatio), öffnet sie sich vollständig der Gottesgeburt in ihrem Herzen. In der Darstellung Fra

Angelicos kniet sie vor dem Engel und legt ihre Arme, gekreuzt wie die Flügel eines Seraphs, über ihre Brust.

Den Höhepunkt bildet die 5. Stufe, das Verdienst (meritatio). Sie setzt den geheimnisvollen Augenblick der Inkarnation ins Bild. Antonello da Messina hat diese höchste Stufe in seinem Bild „Virgo annunciata" (um 1473) ergreifend dargestellt. Es hängt heute in der Alten Pinakothek zu München. Wieder hat Maria die Arme in seraphischer Weise gekreuzt, als Zeichen, dass in ihr das Feuer Gottes glüht. Die verkrampften Finger, der geöffnete Mund, der starr ins Leere gehende Blick signalisieren höchste Erregung.

Nur Maria hat die Gottesgeburt leiblich erfahren. Die Gottesgeburt im Schoß der Seele aber steht jedem offen. „Heiliger Engel Gabriel, gedenke meiner!" Mit dieser Beschwörung hat ihn Mechthild von Magdeburg gebannt.

# Grabesengel

Die Grabesengel halten auf vielen Friedhöfen Wache und bezeugen den Glauben, dass die Menschen, deren Körper hier begraben liegen, nun im Licht der anderen Welt weiterleben. Vorbild aller Darstellungen von Grabesengeln sind die himmlischen Boten am leeren Grab Jesu. Meist sind sie weiblicher Gestalt, weil sie die Neugeburt der Verstorbenen andeuten. Sie sind in Bronze gegossen oder aus Stein gemeißelt. Sie beugen sich mit den Hinterbliebenen trauernd über die Gräber, falten die Hände zum Gebet, blasen die Posaune des Jüngsten Tages, spielen Harfe oder Laute.

Viele Engel lenken den Blick himmelwärts, halten die geöffneten Hände nach oben, strecken die Arme zum Himmel aus und weisen so den Weg der Seele zurück in ihre Heimat. Wie die Schutzengelbilder, so wurden auch die Grabesengel im 19. Jahrhundert als Gegenbewegung gegen den aufkommenden atheistischen Geist beliebt. Kleine betende Engel schmückten die Gräber von Kindern. Neben ihnen findet sich oft eine Steintafel mit der Aufschrift: „Ein Engel ist geboren worden". Auf den Friedhöfen wurden für die verstorbenen Kinder eigene Bezirke eingerichtet. Man nannte sie „Engelgarten" oder „Engelgottesacker", denn unschuldige Kinder, so glaubte man, kämen sofort in den Himmel. Deshalb nannte man den Gottesdienst für ein verstorbenes Kind „Engelamt". Auch Ledige, die zölibatär gelebt hatten, konnten auf dem Engelgottesacker beerdigt werden. Thomas Mann zitiert den Glauben an die Verwandlung des Menschen in einen Engel in der Schlussszene seines Romans „Die Buddenbrooks". Als Hanno stirbt, sagt sein Freund: „Ach er war ein Engel…" Die alte Sesemi Weichbrodt will es besser wissen: „Nun ist er ein Engel."

Am 13. März 1996 drang ein Wahnsinniger in die Schule der schottischen Stadt Dunblane und verursachte ein Blutbad. 16 Kinder und ihre Lehrerin starben. In dem unendlichen Schmerz und der grenzenlosen Trauer war den Angehörigen der Glaube, dass die Kinder von ihren Engeln begleitet werden und nun selbst zu Engeln geworden sind, eine Hilfe. Man nennt sie die „Engel von Dunblane". In zahlreichen Gedichten ist ihr Schicksal verewigt worden. „Oh dear God, please tell me why, / these innocent children had to die?" oder „For now Heaven must have sixteen little angels / And God will never be alone. / The joy is that they will always / Be together, / Playing from cloud to cloud."

Warum mussten die kleinen „Engel von Dunblane" sterben? Niemand weiß darauf eine Antwort. Warum hat Gott den Tod der Kinder und ihrer Lehrerin Gwenne zugelassen? Die Grabesengel schweigen wie wir und teilen unsere Tränen. Doch sie bezeugen, dass wir in jenen Stunden, Tagen und Wochen der Trauer nicht allein sind. Sie gehen mit uns durch das dunkle Tal. Der Engel an unserer Seite begleitet uns, nimmt unsere Hand, wenn wir allein nicht mehr gehen können.

# Heerscharen

Alle Jahre wieder, wenn in deutschen Kaufhäusern und auf Weihnachtsmärkten das Lied „O du fröhliche…" aus den Lautsprechern rieselt, ist von Heerscharen die Rede. Damit ist nicht das Heer der Weihnachtseinkäufer gemeint, sondern das himmlische Heer der Engel. „Himmlische Heere jauchzen dir Ehre" (EG 44.3): Während Engel das Lob Gottes erklingen lassen, schlürfen die Menschenkinder heißen Glühwein und erfreuen sich an den aus Holz gefertigten Engelmusikanten. Nur die wenigsten Besucher von Weihnachtsmärkten und Liebhaber des Engelorchesters aus dem Erzgebirge wissen, dass nach der Geburt Jesu „die Menge der himmlischen Heerscharen" (Lukas 2, 13) bei den Hirten auf dem Feld zu Bethlehem erschien.

Dass es sich bei den himmlischen Heerscharen um ein wehrtüchtiges himmlisches Einsatzkommando handelt, wird dabei gerne übersehen. Ursache ist – wie so oft in der spirituellen Welt – die Projektion eigener Wunschvorstellungen. Engel sollen nun einmal Pazifisten sein. Wir malen unser Wunschbild von einem friedlichen Engel an den Himmel. Warum eigentlich nicht? könnte man fragen. Wer will mir mein persönliches Bild vom Engel verbieten?

Gewiss, man kann sich auch Gott mit einem langen weißen Rauschebart und rotem Nikolausgewand vorstellen. Aber dieses Bild entspricht gewiss nicht der Wahrheit. Darum aber geht es. Gerade in der Weihnachtszeit fordern die himmlischen Heerscharen auf, Abstand von einer süßlichen Verkitschung und Verharmlosung der Engel zu nehmen. Wie in Militärkreisen üblich, unterliegt auch bei den himmlischen Heerscharen vieles einer strengen Geheimhaltung, so dass unsere Informationen über Truppenstärke, Hierarchie und Einsatzorte nur lückenhaft sind. Immerhin wissen wir, dass die himmlischen Heerscharen eine doppelte Aufgabe haben. Die erste ist das

Gotteslob. Dazu stehen sie vor Gott und preisen ihn mit Lobliedern und Tänzen. Als Schöpfer der Engel wird Gott auch „Herr Zebaoth" (vgl. EG 282.1) oder „Herr der Heerscharen" genannt. Die Heerscharen sind rechts und links neben seinem Thron gruppiert: „Ich sah den Herrn sitzen auf seinem Thron und das ganze himmlische Heer neben ihm stehen zu seiner Rechten und Linken." (1 Könige 22, 19).

Gott kann das militärische Oberkommando selbstverständlich delegieren. Oberbefehlshaber ist dann ein Führungsengel, dessen Name wohl aus Sicherheitsgründen geheimgehalten wird. Sein Titel lautet: „Fürst über das Heer des Herrn" (Josua 5, 14). Militärische Führungskräfte sind auch unter anderen Namen bekannt. In der Barockzeit trugen Generäle einen Federbusch am Helm. Da man sich den Erzengel Michael als militärischen Oberbefehlshaber vorstellte, wurde er der „Engel mit der Federkrone". Noch heute ist im Franziskanerkloster in Pilsen eine Statue des himmlischen Generals zu sehen.

Welche Lieder die himmlischen Heerscharen im einzelnen singen, unterliegt ebenfalls der Geheimhaltung. Zuverlässige Informationen besitzen wir jedoch über ihr Lieblingslied, das Trishagion: „Heilig, heilig, heilig ist Gott, der Herr der Heerscharen!" Es ist ein Gesang voller Ehrfurcht und Schauder vor der unfassbaren Größe Gottes.

Die himmlischen Heerscharen werden auch „himmlische Familie" (pamalja schäl ma'la) oder „Söhne Gottes" (bene elohim) genannt. Entsprechend stark ist ihr Zusammenhalt und ihr Gruppengeist. Am liebsten würden die Heerscharen nur ihre erste Aufgabe wahrnehmen. Doch zuweilen müssen sie ihre Wehrhaftigkeit und Kampfmoral auf Erden beweisen. Das ist ihre zweite Aufgabe. Dazu können sie als Truppe oder Einzelkämpfer auftreten. Die Zahl der himmlischen Heerscharen ist unvorstellbar groß (s. Zahl der Engel). Daniel, der selbst von einem Engel aus der Löwengrube befreit wurde (Daniel 6, 23), spricht von „zehntausendmal Zehntausende" (Daniel 7, 10), also 1 000 000 000 Engeln, zu denen noch „tausendmal Tausende" (10 000 000) Dienstpersonal kommen.

Himmlische Heerscharen treten in der Regel ausschließlich mit militärischen Führern in Kontakt. Es sind Treffen auf Kommandoebene. Himmlische Heerscharen verhandeln nicht mit menschlichen Militärführern, sondern erteilen Befehle oder stärken die Kampfmoral. So wird Josua vor der Einnahme der Stadt Jericho von dem „Fürsten über das Heer des Herrn" mental unterstützt. Der Engel erscheint dem jüdischen Militärführer mit einem bloßen Schwert (Josua 5, 13). Er ist äußerlich von einem menschlichen Krieger nicht zu unterscheiden, tritt also inkognito auf wie der Engel, der dem Richter Gideon erscheint. Auch David wird bei seinen militärischen Eroberungen in Palästina von den himmlischen Heerscharen unterstützt. Das gilt für seinen Kampf gegen den Riesen Goliath (1 Samuel 17, 45) wie die Eroberung Jerusalems (2 Samuel 5, 10). Die kampferprobten Engel wurden für ihn auch in musikalischer Hinsicht zum Vorbild. Bekanntlich war David ein begnadeter Harfespieler und Sänger. Viele Psalmen werden ihm zugeschrieben. So fordert David die himmlischen Heerscharen auf: „Lobet den Herrn, ihr seine Engel, ihr starken Helden, die ihr seinen Befehl ausrichtet, dass man höre auf die Stimme seines Wortes! Lobet den Herrn, alle seine Heerscharen!" (Psalm 103, 20f.; vgl. Psalm 148, 2).

Auch der jüdische Heerführer Judas Makkabäus bittet Gott in einer militärischen Notsituation um Beistand. Gott schickt daraufhin einen berittenen Engel in weißem Gewand mit goldenen Waffen, der als Heerführer die Israeliten zum Sieg führt (2 Makkabäer 11, 6–12). 12 600 Feinde werden in der Schlacht getötet. Die „Menge der himmlischen Heerscharen" (Lukas 2, 13) aus dem „Weihnachtsevangelium" dürfen wir uns als Friedenstruppe ähnlich den Blauhelmen der UNO vorstellen. Sie kam in friedlichem Auftrag als Begleitschutz des Gottessohnes Jesus. Der Berichterstatter Lukas teilt nicht mit, ob sie Waffen getragen haben. Es dürfte jedoch gewiss sein, dass sie im Bedarfsfalle das göttliche Kind vor Angreifern geschützt hätten, wie ja auch Jesus (s. dort) während seiner Gefangennahme auf die Existenz einer Elitetruppe von zwölf Legionen persönlicher Schutzengel verweist.

Obwohl die himmlischen Heere in unseren Krippendarstellungen eindeutig verniedlicht werden, ist die Frage, ob die Engel mit Posaunen, Flöten, Geigen oder Kesselpauken durch himmlische Krieger mit Lanzen und Schwertern ergänzt werden sollten, eindeutig mit einem „Nein!" zu beantworten. Die Geburt Christi bleibt das Fest des Friedens. Und gewiss werden eines Tages auch die Schwerter der himmlischen Heere zu Flugscharen umgeschmiedet werden.

# Hildegard von Bingen

Die Nonne vom Kloster Rupertsberg gehört zu den bekanntesten und populärsten Heiligen des Mittelalters. Ihre Bücher über Heilkunst, die Magie der Farben und Edelsteine, über die rechte Ernährung und die Kunst des Fastens sind weit verbreitet. Ihre Musik, die Hymnen und das Seelendrama „Ordo Virtutum" finden sich auf zahlreichen Tonträgern. Die Engel nehmen in Hildegards (1098–1179) Denken und in ihrer Spiritualität eine zentrale Rolle ein.

Seit ihrer frühen Kindheit hat die Benediktinerin „himmlische Gesichte". Doch wagt sie nicht darüber zu sprechen. Die Zeit, in der sie lebt, ist von reformerischen Bewegungen geprägt. Ein neuer Geist soll die alte Kirche durchwehen. Viele berufen sich auf Visionen (s. dort). Doch woher kommen die Gesichte? Sind sie vom Himmel inspiriert oder von der Hölle? Hildegard hat es als Frau doppelt schwer. Sie schweigt, unterdrückt die Stimme des Himmels in ihrer Seele und wird krank. Kein Wunder. Uns geht es nicht anders, wenn wir unsere Träume, Hoffnungen und Visionen nicht leben dürfen.

„Ich weigerte mich zu schreiben. Nicht aus Hartnäckigkeit, sondern aus dem Empfinden meiner Unfähigkeit, wegen der Zweifelsucht, des Achselzuckens und des mannigfachen Geredes der Menschen, bis Gottes Geißel mich auf das Krankenlager warf", schreibt sie später in ihrem Buch „Scivias" (Wisse die Wege). Erst 1141 im Alter von 43 Jahren findet sie den Mut, mit ihren Visionen an die Öffentlichkeit zu gehen. Auch hier erlebt sie Typisches. Das Lebensalter zwischen 35 und 50 Jahren ist eine wichtige Phase des „spirituellen Coming out". Endlich wächst der Mut, zu den eigenen Gefühlen und Erfahrungen zu stehen, endlich erstarkt der Wille, wesentlich zu werden! Unter Berufung auf den Propheten Jeremias, den Apostel Paulus und Johannes, den Lieblingsjünger Jesu, wagt auch Hildegard diejenige zu sein, die sie ist: ein Mensch mit dem großen Reichtum innerer Bilder.

Als Benediktinerin führt Hildegard ein „Engelleben", wie es der Ordensgründer verlangt hatte. Selbstverständlich kennt sie Benedikts Deutung von Jakobs Traum (s. Himmelsleiter) als Tugendleiter und die klassische Lehre von den neun himmlischen Chören der Engel des Dionysios Areopagita (s. dort). Hildegard entwirft keine neue Engellehre, sondern durchdringt mit glühender Seele und einer Leidenschaft des Geistes die Welt der Engel, meditiert sie in der Stille und setzt gelegentlich eigene Akzente. Man merkt es ihrer Sprache an. „Heilige Engel! Tiefgeneigt vor der Gottheit, lodernd in Sehnsuchtsgluten!" – das ist fast eine Selbstbeschreibung. Wenn wir uns auf die Welt der Engel einlassen, dann schwingt unser ganzes Wesen mit. Kein Wunder, denn auch in uns ist das Licht des Himmels verborgen und will leuchten wie ein strahlender Diamant in der innersten Kammer des Herzens. Den Engel erkennen, ist auch ein Wiedererkennen dieses Edelsteines der Seele.

Engel sind Lichtgestalten, sie singen den immerwährenden Lobpreis Gottes, sie sind Spiegel Gottes, geschaffen aus Licht am ersten Schöpfungstag. Sie sind die älteren Geschwister der Menschen, wie Hildegard am Beispiel der Geschichte vom verlorenen Sohn ausführt: Während der Mensch, verkörpert durch den verlorenen Sohn, Gott verlässt und in die Fremde geht, stehen die Engel treu an der Seite ihres Schöpfers. Doch war das nicht immer so. Hildegard fasst den Sturz der Engel so zusammen: „Als Gott sprach: Es werde Licht!, da entstand Licht der Vernunft. Das sind die Engel. Das sind jene Engel, die in Wahrheit Gott die Treue hielten, jene aber auch, die in die äußerste Finsternis ohne alles Licht gefallen waren, weil sie nicht wahrhaben wollten, dass das wahre Licht, das in Ewigkeit vor allem Ursprung in Klarheit weste, Gott sei, und weil sie etwas Ihm ähnliches ins Werk setzen wollten, dessen Existenz unmöglich war." Als Ersatz für die gefallenen Engel schafft Gott den Menschen. Ihm gibt er das Licht, das Lucifer und seine Engel in ihrer Rebellion gegen Gott missbraucht hatten. „So gab Ich den Glanz, der von dem ersten Engel wich, dem Menschen, Adam und seinem Geschlecht" (Scivias III.1).

Mensch und Engel sind Träger des göttlichen Lichtes. Von ihrer geheimnisvollen Verbundenheit berichtet Hildegard in ihrer berühmten Vision der neun himmlischen Chöre (Scivias I.6). Ihr Gesicht ist zu einem berühmten Meditationsbild geworden: Sie sieht die Engel das Geheimnis der göttlichen Mitte umkreisen und dabei in vielstimmiger Weise singen. Das Thema ihres Gesanges sind die Wunder, die Gott durch sie in den Seelen der Menschen wirkt. Hildegards Engel sind Widerhall, Resonanz und Spiegel von Gottes Werk. Ihr Dienst ist eine „Rückmeldung" von der Erde. Wenn sie die guten Taten der Menschen melden, dann verherrlichen sie damit Gott, denn er ist der Urheber alles Guten. Der vielstimmige Engelgesang ist ein Abbild der Harmonie, die nach Gottes Willen die gesamte Welt durchwalten soll.

## Himmelsleiter

Äpfel oder Birnen können mit einem Obstpflücker geerntet werden. Doch weiß jeder Gärtner, dass die schönsten, von der Sonne verwöhnten Früchte meist in luftiger Höhe an der Spitze des Baumes hängen. Wer sie erreichen und genießen will, der braucht eine lange Leiter. Ähnlich ist es mit den Früchten der Erkenntnis und der Weisheit. Sie schweben hoch über uns. Wer sie ernten will, benötigt eine philosophische Leiter. Nach der Ernte ist sie überflüssig geworden. Deshalb fordert der Philosoph Ludwig Wittgenstein in seinem Buch

„Tractatus logico-philosophicus" (1918) den Leser auf, die Leiter nach der Lektüre umzukippen: „Er muss sozusagen die Leiter wegwerfen, nachdem er auf ihr hinaufgestiegen ist."

Im Leben aber geht es anders zu als in Wittgensteins Welt. Wer erreicht wirklich die letzte Sprosse der Leiter? Jakob, der auf der Flucht vor seinem Bruder Esau einen Traum von der Himmelsleiter träumt, hat es am eigenen Leibe erfahren: Auf der Leiter des Lebens geht es einmal einige Sprossen hinauf, dann wieder hinab. Vielleicht auch deshalb steigen die Engel, die er im Traum schaut, auf der Himmelsleiter hinauf und hinab.

Die Himmelsleiter des Glaubens verbindet die Welt des Menschen mit dem Himmel. Der heilige Steinkreis, in dessen Mitte sie aufgestellt ist, wird auch „Pforte des Himmels" (Genesis 28, 17) und „Haus Gottes" (Bethel) genannt, eine Bezeichnung, die in christlicher Zeit auf viele Kirchengebäude übertragen wurde. So steht beispielsweise über dem Eingangsportal des alten Zisterzienserklosters von Loccum: „Hier ist das Haus Gottes und die Pforte des Himmels." Der Jude Jakob wäre sicherlich erstaunt, wenn er diese allegorische Deutung seines Traumes sähe. Im Judentum wurde Jakobs Traum durchaus kritisch gesehen. Man hörte aus ihm eine Anspielung auf die babylonischen Himmelspyramiden (Zikkurate) heraus. Babylonische Priester stiegen über ihre zahlreichen Stufen hinauf, um dem Himmel nahe zu sein und den Göttern in luftiger Höhe zu opfern. Auch erblickten Rabbiner in den Engeln auf der Leiter Vertreter der Völkerengel (s. dort), die den Versuch einer Rebellion gegen Gott unternahmen. Sie stiegen hinauf, um Gott vom Thron zu stürzen. Da kann man nur sagen: „Vorsicht auf der Himmelsleiter!" (Eike Christian Hirsch).

Auch die häufig gestellte Frage: „Warum brauchen Jakobs Engel eine Leiter, wo sie doch fliegen können?" führt in die Irre. Engel benötigen für ihre Mittlerdienste zwischen Himmel und Erde keine Leiter, aber Jakob wird sie auf seinem weiteren Glaubensweg hilfreich sein, und die Engel werden ihm zur Seite stehen. Noch liegt der Träumer auf dem Boden, doch bald wird er im Licht eines neuen

Tages aufbrechen und zum „Gotteskämpfer" (s. Ringkampf mit Engeln) werden.

Jakobs Himmelsleiter wurde im Laufe der Jahrhunderte nicht nur von vielen Märtyrern und Mystikern, von ungezählten Nonnen und Mönchen beschritten. Auch wir selber besteigen sie immer wieder. Sie spiegelt unseren Glaubensweg ins Licht. Hunderte von Malern haben sie ins Bild gesetzt als einen Stufenweg des Glaubens, Musiker haben von diesem „stairway to heaven" gesungen. Sie alle griffen dabei auf zwei spirituelle Deutungen der Himmelsleiter in der christlichen Tradition zurück. Die eine ist die sogenannte Perpetua-Leiter, die andere die Benedikt-Leiter.

Perpetua gehörte zu den Opfern einer Christenverfolgung in Karthago. Sie starb 203 nach Christus, von wilden Tieren zerfleischt, in der Arena. Bis kurz vor ihrem Tod hat sie noch Tagebuch geführt, so dass wir einen sehr seltenen autobiografischen Bericht besitzen. In der Nacht vor ihrem Martyrium sah sie „eine eherne Leiter von gewaltiger Höhe, die bis zum Himmel reichte und die so eng war, dass immer nur ein einzelner hinaufsteigen konnte; und an den Seiten der Leiter waren alle Arten von Eisenwerkzeugen befestigt. Es gab dort Schwerter, Lanzen, Haken, Messer und Wurfspieße, so dass, wer saumselig war und beim Hinaufsteigen sein Augenmerk nicht nach oben richtete, zerfleischt wurde und sein Fleisch an den Eisenwerkzeugen hängen blieb. Und am Fuß der Leiter lag ein Drache von gewaltiger Größe, der denen, die hinaufsteigen wollten, aufzulauern und sie vom Aufstieg abzuschrecken pflegte."

Für die Märtyrer war der Tod ein Zeichen der Glaubenstreue, das Ende des vergänglichen irdischen Lebens und der Anfang des ewigen Lebens. Das Martyrium wurde zur Pforte des Himmels. Die frühen Christen feierten deshalb den Todestag der Märtyrer als ihren Geburtstag (dies natalis). Perpetuas Geburtstag ist der 7. März. Die Symbole in ihrem Traum zeigen deutlich die Gefahren auf der Himmelsleiter: Da der Weg beschwerlich und voller Leiden ist, könnte die Märtyrin ihrem Glauben untreu werden. Der Drache am Fuß der Himmelsleiter symbolisiert den Teufel. Im weiteren Verlauf des Traumes wird Perpetua, ihr Name bedeutet „die Beständige", dem Satan auf den Kopf treten und über ihn hinweg ins Paradies steigen, wo sie Gott in der Gestalt eines alten Schäfers schaut.

Die wirkungsvollste spirituelle Auslegung des Traumes von der Himmelsleiter hat der Vater des abendländischen Mönchstums vollzogen. Benedikt von Nursia deutete im siebten Kapitel seiner Ordensregel die Himmelsleiter als einen zwölfstufigen Weg der spirituellen Einübung in die Engeltugend der Demut. Benedikt sah in den Engeln ein Vorbild. Die Mönche und Nonnen forderte er deshalb auf, ein Engelleben (vita angelica) zu führen. Wie die Engel im Himmel, so versammeln sich die Benediktiner und Benediktinerinnen in ihren Klöstern, um das Gotteslob zu singen. „Bedenken wir also", schreibt Benedikt, „wie wir uns verhalten sollen unter den Augen Gottes und seiner Engel, und stehen beim Singen der Psalmen so, dass unser Denken und unser Herz im Einklang mit unserer Stimme sind" (RB 19, 6–7). Die Engel erstatten Gott auch jederzeit Bericht über den geistlichen Weg der Seele. Die aufgerichtete Himmelsleiter deutet dabei die Richtung an. Der Blick soll sich himmelwärts richten. Jeder Sprosse der Himmelsleiter ordnet Benedikt eine Tugend zu. So wird aus der Himmelsleiter eine Tugendleiter. Zu den zentralen Tugenden gehören Glaube, Liebe, Hoffnung, Geduld, Tapferkeit, Gerechtigkeit, Bescheidenheit – die Reihe wird bis auf den heutigen Tag fortgesetzt und gibt auch Menschen außerhalb der Klostermauern eine Orientierung und Lebenshilfe.

Im Mittelalter wurde die Tugendleiter in zahlreichen Erbauungsbüchern reich illustriert. Die berühmteste findet sich in einem Manuskript aus dem 12. Jahrhundert, dem „Hortus Deliciarum" (Garten der Freuden). Benedikt hatte die Holme der Leiter als Leib und Seele des Menschen gedeutet. Auf dem linken Holm der Tugendleiter aus dem „Hortus Deliciarum" befindet sich eine Inschrift, die nicht nur Jakob gefallen hätte, sondern allen Trost spendet, die bei so viel aufwärtsstrebender Tugendhaftigkeit voll Sorge sind, sie könnten den Boden unter den Füßen verlieren: „Wer herabfällt, kann den Aufstieg wieder aufnehmen, dank dem Heilmittel der Buße." Nun wissen wir auch, warum die Engel auf der Himmelsleiter erscheinen. Denn wer sonst sollte uns in allen Stürzen des Lebens sanft auffangen und wieder auf den Boden stellen, damit wir von neuem den Aufstieg wagen?

## Himmlische Buchführung

Der Vatikan besitzt eine eigene Bank, Wirtschaftsspezialisten und Anlageberater, allerdings keine eigene Währung. Die Buchführung geschieht in der in Italien üblichen Währung. Der Ausdruck „himmlische Buchführung" bezeichnet jedoch nicht die Finanzverwaltung des Vatikans. Die Finanzgeschäfte des Heiligen Stuhles erregen immer wieder Anstoß. Doch zu Unrecht. Schließlich müssen Spendengelder und Kirchensteuern verwaltet, gut angelegt und vermehrt werden, damit der Heilige Stuhl z. B. seinen diakonischen Aufgaben in der ganzen Welt nachkommen kann. Zudem muss er Rücklagen zur Renovierung von Kirchen und Kunstschätzen bilden. Im Himmel gibt es jedoch weder sakrale Gebäude noch Armenspeisung. Auch wäre die Vorstellung von einer himmlischen Währung völlig abwegig. Zu verwerfen ist auch der Gedanke, die Bezeichnung „himmlische Buchführung" bezöge sich auf die Finanzverwaltung des Himmels: Engel sind keine Buchhalterseelen.

Wie viele Begriffe aus der Welt der Engel, so bedarf auch die „himmlische Buchführung" einer Erklärung. Die Sprache des himmlischen Wörterbuches muss wie jede Fremdsprache gelernt werden. Dazu sind Vokabelkenntnisse nötig. Unter „himmlischer Buchführung" sind die Aufzeichnungen über die guten und die bösen Taten der Menschen zu verstehen, die von den Engeln durchgeführt werden. Nach dem Volksglauben sind jedem Menschen zwei Engel zugeordnet. Der Engel zur Rechten notiert die guten, der Engel zur Linken die bösen Taten. Das Verzeichnis der guten Taten wird auch „Buch des Lebens" genannt. Denn am Jüngsten Tag, wenn die Menschen vor ihrem Richter stehen, werden die Bücher des Lebens aufgeschlagen (Offenbarung 20, 12). Dann wird die auf Erden verborgene Wahrheit des Lebens sichtbar. Von den vielen Schreiberengeln, die mit der himmlischen Buchführung beauftragt sind, ist nur der Engel Vrevoel namentlich bekannt.

Auch der Islam kennt die Engel der himmlischen Buchführung. Sie werden auf vielen Bildern mit Federkielen in der Hand gezeigt, wie sie sich tief über Schriftrollen bücken. Diese Vorstellung ist natürlich zeitgebunden. Moderne Bilder von Schreiberengeln zeigen sie vor Computerbildschirmen sitzend. Für jeden Menschen legen sie dabei eine Datei an.

Mit der Geburt eines Menschen erfolgt der Eintrag in das Buch oder die Datei des Lebens. Die Frage, wie lange die Daten im Himmel gespeichert werden, wird unterschiedlich beantwortet. Einige gehen davon aus, dass die Unterlagen mit dem Tod eines Menschen gelöscht werden, andere rechnen mit einer Aufbewahrungsdauer bis zum Letzten Gericht (vgl. Exodus 32, 33; Lukas 10, 20; Offenbarung 3, 5). In jedem Fall darf festgestellt werden: Die himmlische Buchführung ist nicht für die Ewigkeit. Sie verzeichnet, was Menschen während ihres irdischen Lebens tun oder lassen. Nach christlicher Lehre erfolgt der Eintrag in die himmlischen Register mit der Taufe. Deshalb heißt es in einem Kirchenlied: „Nun schreib ins Buch des Lebens, Herr, ihre Namen ein, und lass sie nicht vergebens dir zugeführet sein" (EG 207.1). Darauf im Gegenzug zu schließen, die Namen ungetaufter Kinder wären unter den Engeln unbekannt, ist falsch. Jeder Mensch wurde von Gott gewollt, jeder ist ein geliebtes Kind Gottes, und über jeden wachen die Engel der himmlischen Bücher. Sie sind nicht identisch mit dem Schutzengel.

Das Vorbild der himmlischen Buchführung führte zu einer weiteren Gedächtniskultur, die über Jahrhunderte das Abendland prägte und unzähligen Menschen Trost spendete. Auch in den Klöstern wurden Bücher des Lebens (liber vitae) geführt. Die Mönche handelten nach dem Vorbild der Engel. In die Bücher des Lebens schrieben sie Namen der Verstorbenen, damit ihrer am Todestag gedacht werden konnte. Noch heute werden in den Klöstern überall auf der Welt vor dem Mittagessen die Namen der heimgegangenen Brüder oder Schwestern des Ordens vorgelesen.

Die himmlische Buchführung ist Vorbild einer Gedächtniskultur (memoria), ohne die es auf Erden keine Weitergabe der großen Werke der Philosophie, Musik, Literatur oder Kunst gäbe. Ohne sie wären wir geschichtslose Wesen. Die Geschichte der Völker hat – wie die Geschichte eines jeden einzelnen Lebens – auch dunkle Seiten. So darf der Schatten der Vergangenheit nicht verschwiegen werden, der einst aus den Aufzeichnungen des Engels zur Linken hervortreten kann. Die himmlische Buchführung dient der Findung der Wahrheit, der Herrschaft der Gerechtigkeit und der Schärfung des Gewissens.

So klar verteilt die Arbeitsweise der Engel auf den ersten Blick wirkt, so schwierig, ja bisweilen unmöglich erscheint sie bei der Betrachtung von Einzelfällen. Leicht zu beurteilen, sagt Pater Franz OFM, ein Kenner der katholischen Engellehre, sei die bewusste böse Tat. Darunter sind Sünden zu verstehen, die in der alten Beichtpraxis als „die drei W" bezeichnet wurden: 1. Es muss etwas Wichtiges sein. 2. Der Mensch muss wissen, dass er eine Sünde begangen hat. 3. Er muss das Böse gewollt haben. Wichtigkeit, Wissen und Wollen wären also die Bewertungskriterien für die Eintragung in das Buch der bösen Taten. Nur wenn „die drei W" zusammenkämen, läge die Voraussetzung für einen Eintrag in das Buch der schlechten Taten oder Sünden vor.

Doch selten geht es im Leben so eindeutig zu. Wie oft wollen wir das Gute tun, und unter der Hand gerät es uns zum Bösen! Dann stehen andere Fragen im Raum: Diskutieren die beiden Engel im Streitfall über die Bewertung einer Tat oder die Folgen einer Unterlassung? Gibt es die Möglichkeit, noch zu Lebzeiten den Eintrag in das Buch der Sünden zu tilgen? Hier, so Pater Franz, sei eindeutig festzustellen: Engel sähen in voller Klarheit die Wahrheit eines Menschen. Diskussionen seien daher unnötig. Auch zähle unter ihnen der gute Wille für die gute Tat. Und selbstverständlich habe der Mensch die Möglichkeit, Einfluss auf seinen „Kontostand" zu nehmen. Nach der Lehre der katholischen Kirche haben Gebet, das gute Werk, das Lesen der Heiligen Schrift, die Bitte um Vergebung und die Buße eine sündentilgende Wirkung. Im Bild gesprochen: Der Mensch könne folglich zur Löschung von Daten aus seiner himmlischen Datei beitragen. Dies geschehe zur großen Freude des zuständigen Engels. Denn der Gedanke, ein Engel könne sich an dem Strafregister eines Menschen weiden, sei völlig abwegig. Beide Engel wollten nur das Gute, und sie wünschten auch dem Menschen, dessen gute und böse Taten sie verzeichnen müssen, nur Gutes. Es bestehe überhaupt kein Zweifel darüber, dass jeder Engel, der eine böse Tat verzeichnen müsse, unendlich traurig sei. Seine Aufgabe sei ja nicht die Rache, sondern die Findung der Wahrheit. Der Idealfall der himmlischen Buchführung für den Engel zur Linken wäre ein unbeschriebenes Buch. Gibt es dergleichen? Pater Franz ist gewiss: Heilige haben auf dem Konto der bösen Taten nichts stehen.

## Homosexualität

„Alle Engel sind männlich", behauptete der Schriftsteller Hanns Henny Jahnn. Seit dem 11. Dezember 1994 erinnert am Frankfurter Klaus-Mann-Platz ein Mahnmal an die Verfolgung und Ermordung homosexueller Männer und Frauen im Nationalsozialismus. Es ist der „Frankfurter Engel". Er wird auch der „Engel mit den gestutzten Flügeln" genannt. Rosemarie Trockel hat ihn nach einem Vorbild aus dem 19. Jahrhundert entworfen. Es handelt sich um einen 132 Zentimeter hohen Engel, der ursprünglich im Windschutz (Wimperg) über dem Hauptportal des Kölner Domes gestanden hatte. Das Original wurde im Krieg zerstört, allerdings hatte sich das von Peter Fuchs um 1893 angefertigte Gipsmodell erhalten.

Dass ihm die Flügelspitzen abgebrochen waren, erschien Rosemarie Trockel wie ein Hinweis auf die Situation schwuler Männer und Frauen. Aus dem einst katholischen Domengel ließ sie einen Metallguss für den schwulen Engel anfertigen. Anschließend schlug sie dem Engel den Kopf ab und setzte ihn leicht versetzt wieder auf, doch so, dass die Spuren der Abtrennung sichtbar blieben – ein Zeichen der Abweichung, Verschiebung und Verrückung, das die Anerkennung der Jury und der Sponsoren, darunter Dirk Bach, Alfred Biolek und Michael Föster-Düppe, fand. Der Frankfurter Engel ist ein Schutzengel der Opfer, keine Siegesgöttin.

Dass auch Schwule und Lesben Schutzengel haben, steht außer Frage. Ob sich jedoch ein Engel vom Kölner Dom als Vorlage für ein Mahnmal zur Verfolgung homosexueller Männer und Frauen eigne, fragte sich nicht nur Detlev Meyer in seinem Beitrag zur Einweihung des Denkmals. Während der Jesuit Friedhelm Mennekes die Zärtlichkeit des schwulen Engels lobte, forderte Detlev Meyer einen Racheengel mit flammendem Schwert und unversöhnlichem Zorn, einen Boten der Vergeltung, zwanzig Meter hoch, der das Fürchten lehrt: „Ihr tut uns nichts mehr, ihr bringt keine Lesbe mehr um, keinen Schwulen, so soll das Denkmal tönen, und bibbernd sollen die Heterosexuellen in seinem bedrohlichen Schatten frösteln."

# Ikonen

Bilderfluten stürzen jeden Tag auf uns ein. Aber wissen wir, was ein Bild ist? Das Bild mit der Darstellung einer Person wurde bis zur Renaissance nicht als Kunstwerk verstanden. Ein Engelbild stellte nicht etwa einen Engel dar, sondern es war der Engel. „Man wollte im Bildnis den Eindruck der Person gewinnen", schreibt Hans Belting in seinem Buch „Bild und Kult. Eine Geschichte des Bildes vor dem Zeitalter der Kunst" (1990), man wollte „das Erlebnis der persönlichen Begegnung haben."

Engelikonen gelten noch immer als heilig und wundertätig. Sie werden verehrt, man fällt vor ihnen wie vor einem lebendigen Engel auf die Knie, küsst das Bild, weil man glaubt, von ihm gehe eine übernatürliche Macht aus. In den Ostkirchen werden Engelikonen von den Priestern in einem liturgischen Weiheakt verwandelt (konsekriert). Deshalb ist nicht der Maler, sondern der Priester der Urheber der heiligen Bilder. Nikolai Leskow hat in seiner Erzählung „Der versiegelte Engel" dem Glauben seiner russischen Heimat ein Denkmal gesetzt.

Die berühmtesten Ikonen der russisch-orthodoxen Kirche sind die Muttergottes von Vladimir und die „Troica" (Tempera auf Holz, 142 × 114 cm) des Malermönches Andrej Rublev (1360/70–1427 oder 1430). Die Dreifaltigkeitsikone wurde von Rublev um 1425 als Patroziniumsikone der Hauptkirche des Dreifaltigkeitsklosters in Sergiev Posad bei Moskau gemalt. Sie hängt heute in der Tretjakov-Galerie in Moskau. Rublevs Leben ist von Andrej Tarkowski verfilmt worden. 1988 wurde der Malermönch heilig gesprochen.

Rublev malt die drei Engel im Hain Mamre als Abbild der Dreieinigkeit. Sie sitzen um einen Tisch versammelt. Aber nicht Kuchen, Kalbfleisch, Butter und Milch sind aufgetischt (Genesis 18, 6–8), sondern ein Kelch mit Wein. Schon Irenäus, Justin, Origenes, Ambrosius und Augustin hatten in den drei Engeln eine vorchristliche Offenbarung von Vater, Sohn und Heiligem Geist sehen wollen. Abrahams Tisch, an dem sie gegessen hatten, wurde zuerst als Reliquie in der Michaelskapelle des kaiserlichen Palastes von Konstantinopel verehrt. Später stand er im südlichen Seitenschiff der Hagia Sophia. Eine Ikone mit den drei Engeln war als sichtbarer Kommentar zur Reliquie neben dem Tisch Abrahams aufgestellt.

Rublevs Engel strahlen vollendete Harmonie und unergründliche Tiefe aus. Zwei Engel halten Blickkontakt, der dritte senkt in Gedanken versunken sein Haupt. Der Engel in der Mitte weist mit der rechten Hand auf den Wein, das Blut Christi. Das Thema der Ikone ist die Wandlung, die Gegenwart Christi im Kult. Engelikonen deuten ein Geheimnis an: Der verborgene und unsichtbare Gott ist in ihnen anwesend. In tiefem Schweigen, so lehren die Engel, soll auch der Mensch diesem Mysterium begegnen. Um den Weg der Annäherung zu erläutern, greift der große russische Engelforscher Serge Boulgakov in seinem Buch „Jakobs Leiter" auf das Bild der Himmelsleiter zurück. Die höchste Stufe der Anbetung wird in der Orthodoxie „Prepodobnyi" genannt. Wladimir Lindenberg übersetzt diesen Heiligkeitsgrad mit „so weit als möglich engelgleich".

## Internet

Engel, so lehrt Thomas von Aquin, können „in dem einen Augenblick an einem Orte und in dem anderen Augenblick an einem anderen Orte sein, ohne dass eine Zwischenzeit vorhanden wäre". Einigen Heiligen wird sogar die Gabe der Bilokation nachgesagt: Problemlos sind sie an zwei Orten gleichzeitig. „All das können wir nun auch", meint der Philosoph und Zeitforscher Manuel Schneider. „Auch wir sind von einem Augenblick zum nächsten woanders, ohne die Zwischenräume auch nur wahrzunehmen, geschweige denn durchmessen zu müssen. Unsere eigenen virtuellen Erfahrungen, dass nämlich Raum und Zeit keine fixen Begrenzungen darstellen, decken sich somit auf überraschende Weise weitgehend mit Vorstellungen des christlichen Mittelalters."

In der Tat! Mit dem Computer überwinden wir engelgleich die größten Räume. Ein nie endender Strom von Mitteilungen durchflutet unsere Welt. Mit Hilfe der Funknetze und eines Handys können wir jederzeit Kontakt zu Gesprächspartnern in den fernsten Regionen der Erde aufnehmen. In Bruchteilen von Sekunden erreicht uns eine E-Mail aus Chudschand/Tadschikistan oder Peshawar/Pakistan. Unsichtbare Sensoren melden jede unserer Bewegungen. Wo wir gehen und stehen, ob wir wachen oder schlafen, durchdringen uns unzählige Radio-, Fernseh- und Funkwellen. Wir leben in einem Netzwerk von Botschaften.

Selbst der Vatikan, sonst eher der Tradition verpflichtet, ist nicht nur „am Netz", sondern setzt himmlische Akzente in der Telekommunikation. Die drei Server des Heiligen Stuhles heißen Gabriel, Raphael und Michael. Ihnen steht der Kirchenvater Isidor von Sevilla als Schutzpatron des Internets zur Seite. Den Menschen hilft die Nürnberger Firma Engel EDV-Systeme bei allen Problemen im Umgang mit den neuen Medien. Folgt man der Weihnachtskomödie „E-Mail an Gott" (1999), so ist auch Petrus neuerdings vernetzt. Der neunjährige Samuel sucht seinen verschollenen Vater und wendet sich per E-Mail an Gott. Petrus sendet ihm daraufhin den Engel Rita.

Die Technik eröffnet einen neuen Zugang zu dem Geheimnis der Engelwelt. Manuel Schneider spricht sogar von einer „Überführung der Theologie in Technologie" und einer „Wiedergeburt der Engel aus dem Geist der Medien". Vorsicht, kann man da nur sagen. Gerade jetzt sind ein nüchterner Blick auf die virtuellen Intermundien und eine Rückbesinnung auf die alte Gabe der Unterscheidung der Geister gefordert. Im Unterschied zum Himmel hat das Internet kein eigentliches Zentrum, das den Engeln eine spirituelle Mitte und damit eine moralische Ausrichtung gibt. In dieser virtuellen Welt ist alles möglich und gleichwertig. Wie am ersten Schöpfungstag müssen Licht und Finsternis noch geschieden werden. Auch hat sich im Internet noch keine himmlische Hierarchie der Engel gebildet. Die Engel des Internets fliegen nicht nur munter durcheinander, sie dulden auch Geister in ihren Reihen, die nun wahrlich keine Engel sind. So musste sich im Mai 1998 der damalige Geschäftsführer von Compuserve Deutschland vor dem Amtsgericht München wegen der Verbreitung von Kinder- und Tierpornografie verantworten. In „Napster", der musikalischen Großtauschbörse des Internets, werden auch rechtsextreme Musikangebote verbreitet, darunter Titel, die zu Mord und Totschlag auffordern.

Offenkundig tummeln sich auch unter den Internetbenutzern dunkle Gestalten. In einem Bericht über neue Schweizer News-Websites wird von Journalisten berichtet, die fremde Nachrichtenquellen hemmungslos ausbeuten und ohne Quellenangabe veröffentlichen. Die Schlussfolgerung der „Neuen Zürcher Zeitung": „Auch im Cyberspace gibt es keine Engel" (17. November 2000) ist jedoch missverständlich. Die Engel des Internets müssen sich noch zu einer heiligen Ordnung formieren und vor allen Dingen die schwarzen Schafe aus ihren Reihen bannen. Auch im Internet wird es einen Engelsturz geben.

# Islam

Die spirituelle Nähe der Muslime zu den Engeln kann bereits dem arabischen Wort „Islam" entnommen werden. „Islam" bedeutet „Hingabe an (den Willen) Gottes" – genau dies lehrt das Vorbild der Engel aller Religionen. Der Islam kennt eine Fülle von Engeln. Gabriel und Michael werden namentlich im Koran genannt, allerdings nicht der Todesengel Izrail (Asrael) und Israfil, der Engel mit der Posaune. Beide spielen in der Volksfrömmigkeit eine erhebliche Rolle. Israfil, so glauben Muslime, werde mit einem Posaunenstoß auf dem Jerusalemer Tempelberg das Endgericht ankündigen.

Nach islamischer Lehre wurden die Engel aus Licht geschaffen. Sie sind älter als die Menschen. Als Gott den Menschen geschaffen hatte, forderte er die Engel auf, vor ihm niederzufallen. Satan (Schaitan, Iblis) weigerte sich und wurde deshalb aus dem Himmel verstoßen. Über den Grund seiner Weigerung gibt es unter muslimischen Gelehrten verschiedene Deutungen. Einige vermuten Hybris und offene Rebellion, der Mystiker Al Halladsch dagegen sieht in der Verweigerungshaltung den Beweis für die vollkommene Liebe dieses Engels. Monotheistischer als Gott selbst, wollte Satan allein vor Gott niederknien, nicht jedoch vor dem staubgeschaffenen Adam. Für diese Liebe nahm Satan selbst seine Verbannung in Kauf. Auch Ahmad Ghazzali und Fariduddin Attar erkennen in Satan den vollkommenen Monotheisten und Liebenden. Für den persischen Mystiker Rumi ist Satan dagegen eine tragische Gestalt, „verloren, hoffnungslos und einsam", wie Annemarie Schimmel in ihrer Geschichte des Sufismus „Mystische Dimensionen des Islam" schreibt.

Der in Persien geborene Gelehrte Zakariyya ibn Muhammad ibn Mahmud Abu Yahya al-Qazwini (1203–1282), kurz Al-Qazwini, hat das gesamte Wissen seiner Zeit, soweit es ihm zugänglich war, zusammengestellt. Sein Werk „Die Wunder des Himmels und der Erde" gibt Einblicke in die bis heute gültigen Vorstellungen über die Welt der muslimischen Engel. Zuerst einmal: Es gibt nichts auf der Welt, das keinen Engel hätte. Das Sandkorn und der Regentropfen, die Wolken und Winde, die Berge und Wüsten, die Mineralien und Pflanzen – alles ist von den Engeln durchdrungen.

Die mächtigsten und edelsten Engel sind die „Träger des Gottesthrones". Sie loben Gott ohne Unterbrechung und bitten ihn um Vergebung für alle Gläubigen. Die vier „Träger des Gottesthrones" unterscheiden sich in ihrer äußeren Erscheinung und ihrer Aufgabe. Einer hat eine menschliche Gestalt. Er legt Fürsprache für die Versorgung der Menschen ein. Der zweite mit der Stiergestalt kümmert sich um die Versorgung des Viehs. Der dritte mit der Gestalt eines Adlers legt Fürsprache für die Versorgung der Vögel ein, und der vierte in der Gestalt eines Löwen kümmert sich um die Versorgung der Raubtiere. Juden kennen diese vier Gestalten aus einer Engelvision des Propheten Ezechiel (1, 10), Christen wiederum sind sie als Evangelistensymbole vertraut.

Die Cherubim sind ausschließlich mit dem Gotteslob beschäftigt. Der Engel der Himmelsbewegung heißt ar-Ruh (Geist). Er sichert die kosmische Ordnung, die Bewegung der Sterne und Spiralnebel. Israfil ist an der Erschaffung der Menschen beteiligt. Mit einem Auge blickt er ständig auf Gottes Thron und erwartet seine Anweisungen. Dann bläst er Geist in die Körper ein. Israfil hat vier Flügel von gewaltiger Größe. Einer füllt den Osten, ein anderer den Westen aus. Mit dem dritten Flügel bekleidet er den Raum vom Himmel bis zu der Erde, und mit dem vierten verhüllt er sich vor der Heiligkeit Gottes. Zwischen seinen Augen befindet sich eine Tafel aus Edelstein. Auf ihr werden mit einer himmlischen Feder die Befehle Gottes notiert.

Gabriel (Dschibrail) ist der Engel der Offenbarung. Er stillte den Propheten Mohammed (s. dort) und überbrachte ihm den heiligen Koran. Er wird auch „Pfau der Engel" genannt, denn auf jedem seiner sechs Flügel befinden sich wiederum hundert Flügel. Als Mohammed ihn in der eigentlichen Gestalt sehen wollte, warnte ihn Gabriel vor seinem erhabenen Anblick. Doch der Prophet beharrte auf seinem Wunsch und fiel sogleich in Ohnmacht, als sich ihm Gabriel in wahrer Größe zeigte. Später kommentierte dieser Engel: „Wie wäre es wohl, wenn du Israfil sähest, wie der Thron Gottes auf seiner Schulter ist, wie seine Füße die Grenzen der untersten Erde durchdrungen haben und wie er sich doch als klein herausstellt angesichts der Größe Gottes des Erhabenen, so dass er nicht anders als ein kleiner Sperling erscheint."

Michael ist damit betraut, die Körper mit dem Lebensnotwendigen und die Seelen mit Weisheit und Erkenntnis zu versorgen. Der Todesengel Izrail holt die Seelen der Verstorbenen ab und bringt sie in den Himmel oder die Hölle. Er war König Salomo freundschaftlich verbunden und pflegte ihn jeden Donnerstag bis Sonnenuntergang zu besuchen. Gegenüber Salomo offenbarte er Einzelheiten seiner Arbeit als Todesengel. Die Seelen der verstorbenen Gläubigen trage er auf seiner rechten Hand, die in einem mit Moschus getränkten Seidenhandschuh stecke, in den Himmel (Illiyun). Ungläubige dagegen werden mit der Linken und einem Teerhandschuh zur Hölle (Siddschin) gebracht.

Nach islamischer Vorstellung gibt es sieben Himmel, über die sieben Engelchöre herrschen. Sie preisen Gott ohne Unterbrechung. Die Engel der sieben Himmel unterscheiden sich durch ihre äußere Gestalt: Über den ersten Himmel herrscht Ismail. Seine Engel haben die Gestalt von Rindern. Über den zweiten Himmel herrscht Michael. Seine Engel haben die Gestalt von Adlern. Saydiyail herrscht über den dritten Himmel mit Engeln in der Gestalt von Geiern. Die Engel des vierten Himmels haben die Gestalt von Pferden. Ihr Oberhaupt ist Salsail. Der Engel Kalkail, Herrscher des fünften Himmels, steht Engeln in der Gestalt schöner Frauen (Huris) mit großen schwarzen Augen vor. Über den sechsten Himmel herrscht Samachail. Seine Engel haben die Gestalt von Kindern. Die Engel des siebten Himmels sehen aus wie Menschen. Ihr Vorsteher ist Rubail.

Der Islam kennt auch Schutzengel. Sie werden nach ihrer Aufgabe „die Bewahrenden" genannt. Über die Anzahl der Schutzengel eines Menschen gehen die Meinungen der Gelehrten auseinander. Allgemein werden vier Schutzengel angenommen, zwei für die Betreuung am Tag, zwei für den Schutz während der Nacht. Einer steht zur Linken und notiert die bösen Taten, der zweite zur Rechten schreibt die guten Taten auf. In Zweifelsfällen hat der Engel zur Rechten das Sagen, oder er kann den Kontostand ausgleichen. Auch die aus islamischer Sicht Ungläubigen und Unbeschnittenen haben Schutzengel. Der heilige Koran hält die Aufgabe der Schutzengel ausdrücklich fest. Sie notieren sämtliche Taten eines Menschen und führen penibel ihre Akten. Weil Gott jedoch barmherzig ist, kennt der Islam viele Möglichkeiten, die Sündenschulden auf dem Konto der himmlischen Buchführung (s. dort) zu tilgen. Nach einer begangenen Sünde wartet der Schutzengel sechs Stunden mit der Eintragung der Sünde in das Buch des Lebens, genügend Zeit für die tätige Reue des Menschen. Wer rechtzeitig binnen der Sechs-Stunden-Frist bereut und um Vergebung bittet, dessen Sünde wird nicht angerechnet.

Aber auch bereits notierte Sünden können durch gute Werke ausgeglichen werden. Dies geschieht so: Die guten Taten werden vom Engel zur Rechten neunfach gewertet. Dadurch entsteht bei einigermaßen korrektem Verhalten schnell ein Überschuss auf dem Haben-Konto, der zum Ausgleich des Minus-Kontos der bösen Taten herangezogen werden kann. Selbst nach dem Tod können eventuell bestehende Defizite an guten Taten noch ausgeglichen werden durch die Gnade Gottes. Gott schickt nämlich zwei Engel aus dem himmlischen Heer in das Grab zu dem Verstorbenen, von wo aus sie Gott loben, preisen und verherrlichen. Ihre guten Werke werden dem Verstorbenen am Tag der Auferstehung gutgeschrieben. Bei dieser Fülle der Gnade, so könnte man annehmen, dürfte die muslimische Hölle am Ende der Zeiten leer sein. Doch das ist ein Irrtum.

Denn aus den Heerscharen weiterer Engel sind die Grabesengel Munkar und Nakir hervorzuheben. Al-Qazwini beschreibt sie als rauhe Burschen, die den Verstorbenen über seine persönliche Beziehung zum Propheten Mohammed befragen. Für Nichtmuslime sicherlich ein heikler Punkt. Denn wer nicht bekennt, dass Gott eins ist (und nicht etwa dreieinig) und Mohammed sein Prophet, dem versetzen sie einen Schlag mit einem Eisenhammer. Der Islamwissenschaftler Navid Kermani zitiert dagegen den Spruch: „Es ist wichtiger, ein guter Mensch zu sein, als ein guter Muslim." Auch Christen und andere Monotheisten haben demnach Zugang zum Himmel.

Neben den Grabesengeln gibt es weitere Gruppen von Engeln, die sich unablässig um das Wohl der Muslime kümmern. Eine Gruppe, „die wandernden Engel", begleiten ständig die wandernden Derwische oder halten sich an Versammlungsorten auf, wenn dort Gott gepriesen wird. Andere sind damit beschäftigt, alles Übel von den Menschen fernzuhalten. Neben seinen Schutzengeln, so meinen einige Muslime, habe jeder Mensch 160 solcher Dienstengel. Das ist in Anfechtung und Gefahr gut zu wissen.

# Jeanne d'Arc

„Ich habe einen Engel gesehen, und die Botschaft lautete, die Regierung muss gestürzt werden", sagte Hauptmann Solo nach seinem Putschversuch am 28. Oktober 1997 dem britischen Sender BBC (vgl. FAZ vom 29. Oktober 1997). Der Armeeoffizier glaubte sich von einem namentlich nicht weiter genannten Engel beauftragt, die „Operation Wiedergeburt" im afrikanischen Staat Sambia durchzuführen. Er wolle die Korruption beseitigen. Der Putschversuch scheiterte. Hatte Hauptmann Solo die Engelvision folglich erfunden, sich eingebildet – oder war er einfach verrückt?

Im 15. Jahrhundert behauptete Jeanne d'Arc, ihr sei der Erzengel Michael erschienen und habe sie beauftragt, Frankreich mit dem Schwert zu verteidigen. Der Erzengel Michael ist seit seinem Kampf gegen die gefallenen Engel als militärischer Führer bekannt. Er wurde von den Ottonen ebenso angerufen wie von dem französischen König Karl VII. Woran hätte man die Echtheit der Engeloffenbarung erkennen können?

Im Rückblick fällt das Urteil leicht. Heute ist das Bauernmädchen Johanna die unbestrittene Nationalheilige Frankreichs. In der Kathedrale von Reims steht eine lebensgroße Statue der Johanna von Orléans, ihr Geburtshaus ist eine berühmte Wallfahrtsstätte. In über 20 Filmen von Méliès (1900), über Cecil B. De Mille (1917), Carl Theodor Dreyer (1927), Victor Fleming (1948), Otto Preminger (1957) bis Robert Bresson (1961) ist ihr Wirken nacherzählt worden. Ihr kurzes Leben endete am 30. Mai 1431 jedoch nicht im Triumph, sondern auf dem Scheiterhaufen. Das Inquisitionsgericht von Rouen verurteilte sie als Hexe, Hure und Zauberin, weil es ihrem Bericht von der Engelerscheinung nicht Glauben schenkte.

Jeanne d'Arc wird am 6. Januar 1412 in Domrémy/Nordfrankreich geboren. Frankreich und England führen Krieg. Jeanne, die sich selbst „la Pucelle" (Jungfrau) nennt, erfährt seit ihrem 13. Lebensjahr immer wieder Engeloffenbarungen. Glockengeläut scheint dabei eine stimulierende Wirkung gehabt zu haben. Denn zur Zeit der Vesper (s. Angelus) zog sich die Jungfrau jeden Abend ins Dämmerlicht der Dorfkirche zurück, nachdem sie vorher angeordnet hatte, die Glocken mindestens eine halbe Stunde läuten zu lassen. Eines Tages fordert sie der Erzengel Michael auf, den französischen König beim Kampf gegen die Engländer zu unterstützen und Frankreich zu retten. Seit der Zeit ist sie, wie es Friedrich Schiller in seiner romantischen Tragödie „Die Jungfrau von Orleans" einfühlsam nachempfindet, durchflammt vom „Mut der Cherubim". Im Alter von 17 Jahren tritt sie in Männerkleidung vor Karl VII. und bietet ihren Einsatz in der Schlacht an. Nach eingehender theologischer Befragung und gynäkologischer Untersuchung der virgo intacta zieht sie nach Orléans und befreit die besetzte Stadt. Auf dem Heerbanner sind Engel abgebildet. Sie stehen Christus, dem Herrn der Welt, im Kampf zur Seite. Am 17. Juli 1429 führt sie Karl VII. nach Reims, wo er in der Kathedrale zum König gekrönt wird. „Edler Herr" sagt sie, „jetzt ist Gottes Wille vollbracht." Karl VII. aber verhindert nicht, dass Jeanne d'Arc wenig später als Opfer höfischer Intrigen den Engländern ausgeliefert wird.

Der Historiker Heinz Thomas behauptet in seiner Biografie „Jeanne d'Arc. Jungfrau und Tochter Gottes" (2000), die Jungfrau habe eindeutig unter Magersucht gelitten, schließt deshalb aber nicht das Eingreifen Gottes durch einen Engel aus: „Warum sollte ein allmächtiger Gott … zur Ausführung seiner Pläne nur auf Menschen zurückgreifen, die unter ihresgleichen als gesund und normal gelten?"

Hätte das Inquisitionstribunal die Echtheit der Engeloffenbarung eindeutig erkennen können? Ein Hinweis ist ihre lange Geheimhaltung und die typische Engeltugend der Demut. Jeanne d'Arc rühmt sich nicht ihrer Engeloffenbarungen und sucht nicht ihren eigenen Erfolg. Als ihr Auftrag mit der Krönung des Königs erfüllt ist, tritt sie aus dem Licht der Öffentlichkeit. Am 7. Juli 1456 hebt Papst Calixtus II. das Urteil des Inquisitionsgerichtes auf. Papst Benedikt XV.

spricht die Retterin Frankreichs am 16. Mai 1920 heilig. Heute ist sie die Patronin Frankreichs sowie der Städte Rouen und Orléans. Als Schutzherrin der Telegrafie und des Rundfunks soll sie darüber wachen, dass Nachrichten in französischer Sprache immer der Wahrheit entsprechen.

Als über ihr die Flammen zusammenschlagen, so berichtet der Arzt Guillaume de La Chambre, ruft Jeanne d'Arc zum letzten Mal den Erzengel Michael an. Wie der Hauptmann unter dem Kreuz Jesu, so schaut hier der Geheime Rat des englischen Königs die Wahrheit: „Wir sind alle verloren, denn eine heilige Person ist verbrannt worden." Einen Engel erkennt man oft erst, wenn er vorübergegangen ist. Jeanne d'Arc zeigt, dass niemand die Offenbarung des Himmels auf Dauer unterdrücken kann. Das ist ein großer Trost in scheinbar aussichtslosen Lagen.

# *Jesus*

„Warum brauchen wir Engel? Wir haben doch Jesus Christus!" Nicht nur von reformierter und lutherischer Seite wird gelegentlich dieser etwas ruppige Vorwurf erhoben. Wir könnten uns die Entgegnung leicht machen und erwidern: Ihr täuscht euch! Niemand „hat" Jesus wie einen Besitz. Aber das wäre nicht der Punkt. Hinter dem vermeintlichen Einwand verbirgt sich einmal die Sorge, das Zentrum des Christentums könnte durch eine allzu große Liebe zu den Engeln verdeckt werden, zum anderen ein gewisser Unmut nach dem Motto: „Was sollen wir denn noch alles glauben?!"

Deshalb ist eindeutig festzuhalten: Kein Christ wird zum Glauben an Engel verpflichtet. Weder Martin Luther noch ein Papst oder Konzil hat jemals behauptet, zum Christentum gehöre ein Bekenntnis zu den Engeln. Gott sei Dank! Wer will, kann auch ohne Engel selig werden. Jesus aber wusste sein ganzes Leben lang die Engel an seiner Seite.

Gabriel (s. dort) kündigt Jesu Geburt (Lukas 1, 26–38) an, die Menge der himmlischen Heerscharen (s. dort) kommt zu den Hirten auf dem Feld bei Bethlehem (Lukas 2, 7–20), ein Engel erscheint dem Joseph im Traum und rät ihm und seiner kleinen Familie zur Flucht nach Ägypten (Matthäus 2, 13). Nach der Versuchung durch den Satan dienen die Engel Jesus (Matthäus 4, 1–11). Vor Jesu Tod schickt Gott einen Engel vom Himmel in den Garten Gethsemani (Lukas 22, 39–46), damit er Jesus stärke. Die Engel stehen am leeren Grab (Lukas 24, 1–12), sind Zeugen der Himmelfahrt (Apostelgeschichte 1, 4–14) und werden Jesus bei der Wiederkehr am Ende der Zeiten begleiten (Matthäus 25, 31–46).

Als Wegbegleiter treten die Engel besonders in Grenzsituationen wie Geburt, Versuchung, Angst und Sterben in Erscheinung. Wie jedem Menschen, so sind auch Jesus Engel als Wegbegleiter zur Seite gestellt. Daneben verfügt er als Sohn Gottes über zusätzliche „Engeltruppen" oder himmlische Heerscharen, die jederzeit seinem Befehl folgen würden. Er hat jedoch von der Möglichkeit eines militärischen Eingriffes in das politische Geschehen abgesehen, wie die Gefangennahme im Garten Gethsemani eindeutig zeigt. Als der Verräter Judas mit dem Hohenpriester kommt, zückt ein Jünger Jesu, wahrscheinlich Petrus, sein Schwert und schlägt dem Knecht Malchus ein Ohr ab. Jesus wendet sich gegen den bewaffneten Widerstand, heilt die Wunde und sagt: „Meinst du, ich könnte meinen Vater nicht bitten, dass er mir sogleich mehr als zwölf Legionen Engel schickte?" (Matthäus 26, 53).

Ausgehend von dieser Äußerung Jesu haben Kirchenväter zahlreiche Versuche unternommen, die genaue Zahl der „Engeltruppe" Jesu zu errechnen. Sie gingen dabei von der römischen Legion mit einer Truppenstärke von 6000 Mann aus und kamen auf die Zahl von 72 000 Engeln Jesu. Diese Berechnung ist jedoch nicht nur falsch, sondern auch irreführend. Einmal redet Jesus von „mehr als zwölf Legionen Engel", womit gesagt werden soll, die Zahl seiner Engel ist im Vergleich zu den wenigen Soldaten des Hohenpriesters unvorstellbar groß, zum anderen spricht Jesus wohlbedacht im Konjunktiv.

Er könnte seinen Vater bitten, aber er verzichtet darauf. Wesentlich für Jesu Verhältnis zu den Engeln ist sein absolutes Vertrauen in ihre Gegenwart. In seiner berühmten Schutzengelpredigt (Matthäus 18, 10) stellt er unmissverständlich fest, dass jedes Kind einen Engel hat.

Nach Jesu Tod und Auferstehung haben die ersten Christen und Christinnen darüber nachgedacht, ob er vielleicht selbst ein Engel gewesen sei. Joseph Barbel hat in seiner Dissertation „Christos Angelos" (1941) das Material ausführlich diskutiert. Für Engel und Jesus Christus gilt: Beide sind Boten Gottes. Sie unterscheiden sich jedoch durch ihre Natur. Engel sind wie die Menschen von Gott erschaffen worden, Jesus Christus ist zugleich wahrer Mensch und wahrer Gott.

Brauchen Christen also Engel, wo sie doch durch Christus allein (solus Christus) erlöst sind? In der Weihnachtsgeschichte zeigt Lukas anschaulich das Zusammenspiel beider Boten Gottes. Jesus wird im Stall zu Bethlehem geboren, und gleichzeitig kommen die Engel zu den Hirten, weisen sie auf die Geburt hin und führen sie dadurch zur Krippe. Schöner kann man nicht zeigen, wie Engel Menschen in Bewegung bringen.

## Judentum

Ende August 1897 veranstaltete Theodor Herzl in Basel den ersten Zionistenkongress, um die Schaffung eines säkularen Judenstaates zu erörtern. „In Basel habe ich den Judenstaat gegründet", schrieb Herzl in sein Tagebuch. „Vielleicht in fünf Jahren, jedenfalls in fünfzig, wird es jeder einsehen." Genau 51 Jahre später wurde die Baseler Vision Wirklichkeit. Die offizielle Postkarte zum 5. Kongress von 1901 zeigt einen Engel mit mächtigen Schwingen. Die rechte Hand legt er tröstend auf die Schulter eines alten Juden, der trauernd am Boden hockt, mit der Linken weist er ins Morgenrot einer neuen Zeit.

Die ersten Nachrichten von Engeln stammen aus dem Judentum. Aus dieser Quelle schöpfen auch Christen und Muslime. Bis auf den heutigen Tag ist die Alltagsfrömmigkeit von dem Glauben an die Gegenwart der Engel bestimmt. Jeden Freitagabend feiern fromme Juden in der Synagoge den Beginn des Sabbats. Nach dem Bericht einer beliebten talmudischen Sage wird die Familie anschließend auf ihrem Weg nach Hause von Engeln begleitet. Dort angekommen, begrüßt der Hausherr die Engel des Hauses mit dem berühmten mystischen, oft zu chassidischen Melodien gesungenen Gedicht: „Schalom alejchem – Frieden mit euch, Engel des Friedens".

Der Glaube, dass jedes Haus und jede Wohnung nicht nur eine eigene Atmosphäre, sondern auch einen eigenen Engel hat, wirkte weit über das Judentum hinaus. So begrüßt Friedrich Hölderlin in seinem Gedicht „Heimkunft" die Engel des Hauses:

„Engel des Hauses, kommt! in die Adern alle des Lebens,
Alle freuend zugleich, teile das Himmlische sich!"

Das hebräische Wort für Engel lautet „malak" (Plural „malakim"). Es bedeutet „mit einem Auftrag senden". Engel werden aber auch nach ihrem Aussehen als „Männer" oder nach ihrer Aufgabe als „Heer Jahwes", „Heer des Himmels" (s. Heerscharen), als „Söhne Gottes" (bene ha'elohim), „Söhne des Himmels" (bene schamajim), „Heilige" (qedoschim), „die Göttlichen" (elim) oder „Wächter" (irin) bezeichnet.

Abraham, Isaak, Jakob (s. Himmelsleiter, Ringkampf mit Engeln), Moses (s. dort) und viele andere Väter des Judentums hatten Engelerfahrungen gehabt. Die Nachrichten ließen jedoch viele Fragen offen. Wie hießen die drei Engel, die Abraham besuchten? Wann wurden die Engel erschaffen? Sind Engel wie die Juden beschnitten? In Gelehrtenkreisen machte man sich dazu Gedanken. Die alten Texte schwiegen hier diskret. Doch gerade das Verschwiegene fordert die Neugier und den Forscherdrang heraus. Rabbiner und Gelehrte begannen die zahlreichen Notizen über Engelerscheinungen zu systematisieren und die Lücken der Überlieferung zu füllen. So fanden Rabbiner unterschiedlicher Epochen heraus, dass Eva von dem Engel Gadriel verführt wurde. Die drei Engel, die Abraham besuchten, waren Michael, Gabriel und Raphael (s. dort). Engel begleiten den frommen Juden nicht nur auf dem Nachhauseweg von der Synagoge, sie hüten nicht nur das Haus, sondern sind praktisch überall anzutreffen. Ihre Zahl muss folglich gigantisch groß sein. Damit sie nicht mit heidnischen Götzen verwechselt werden, endet ihr Name in der Regel auf der Silbe „el" (Gott).

Schachaqiel ist der Wolkenengel, Schathqiel der Engel der Stille. In höchster Not hilft Zadkiel, bei einer Brandkatastrophe Seraphiel. Es gibt Engel des Windes und des Erdbebens, Engel über Hagel und Heuschrecken, Engel des Lebens und des Todes, Engel der Zeugung und der Geburt.

Ein jüdisches Sprichwort sagt: „Wo zwei Rabbiner zusammenkommen, da gibt es drei Meinungen." Kein Wunder, dass es im Judentum keine einheitliche Engellehre gibt. Die Meinungen sind vielfältig und teilweise widersprüchlich. So sagen einige Rabbiner, die Engel seien geschlechtslos, während andere von beschnittenen Engeln sprechen, die eindeutig männlichen Geschlechtes (s. Sexualität) sein müssen. Einige behaupten, Engel seien unsterblich, andere wiederum wissen vom Tod der Engel. Rabbi Jehuda berichtet von Gottes Plan einer Erschaffung des Menschen, der auf den Widerspruch einiger Engel stößt. Der Babylonische Talmud (in der Übersetzung von Lazarus Goldschmidt) beschreibt Gottes Reaktion: „Da langte er mit seinem kleinen Finger zwischen sie und verbrannte sie" (Sanhedrin IV, V, Fol. 38b). Ein Midrasch berichtet von „Augenblicksengeln" und sagt, Gott schaffe täglich neue Engel und lasse sie am gleichen Tag auch wieder vergehen.

Unterschiedliches wird auch über den Zeitpunkt der Erschaffung und die Ernährungsweise der Engel berichtet. Einige Rabbinen lehren, die Engel seien am ersten, andere am zweiten Schöpfungstag ins Leben gerufen worden. Einig sind sie sich jedoch darin, dass Engel bereits vor der Erschaffung des Paradieses und des Menschen existierten. Die Aufforderung Gottes am sechsten Schöpfungstag: „Lasset uns Menschen machen!" (Genesis 1, 26) wird gleichfalls von der Mehrzahl der Gelehrten auf Gott und seine Engel bezogen. Kontrovers diskutiert wird allerdings die Ernährungsfrage. Einige sagen, Engel essen himmlisches Manna, andere, sie ernährten sich vom Anblick Gottes, dem Glanz der Schekina.

Unbestritten ist, dass jeder Mensch, auch der Nichtjude, einen Schutzengel hat. Doch über die Zahl der Schutzengel eines Menschen gibt es schon wieder kontroverse Anschauungen. Die Angaben schwanken zwischen eins und zwei. Nach anderer Auffassung steht jedem Menschen ein guter und ein böser Engel zur Seite. Der eine notiert die guten, der andere die bösen Taten. Eine weitere Auffassung spricht von dem Schutzengel als einer Art himmlischem Doppelgänger des Menschen. Er verkörpere das Ebenbild des ihm anvertrauten Menschen.

Unterschiedlich sind auch die Angaben über die Engelgruppen. Es gibt Vierer-, Sechser- und Siebenergruppen. Um den Thron Gottes stehen Uriel (im Norden), Gabriel (im Osten), Michael (im Süden) und Raphael (im Westen), andere Rabbinen nennen die Sechsergruppe Michael, Gabriel, Metatron, Jophiel, Uriel und Jephephia. Eine Vierergruppe herrscht über das Weltall. Der Engel Galgalliel über die Sonne. Ihm stehen 96 Engel zur Seite. Andere Quellen sprechen von 15 000 Engeln, die tagsüber den Sonnenwagen ziehen und nachts von 1000 Engeln abgelöst werden. Über den Mond wachen Ophaniel mit seinen 88 Dienstengeln, über die Tierkreisbilder Rahatiel mit 72 Engeln. Über sämtliche anderen Sterne des Universums ist Kokbiel gesetzt. Ihm stehen 36 500 000 000 Engel zur Bewegung der Sterne zur Verfügung. Michael ist wohl unstrittig der höchste Engel Israels und im Spätjudentum der Schutzpatron des erwählten Volkes, während über die Völker der Erde spezielle Völkerengel von Jahwe gesetzt sind (s. Völkerengel).

Nach einer jüdischen Lehre gibt es sieben Himmel. Paulus berichtet (2 Korinther 12, 2) von seiner Entrückung in den dritten Himmel. Über die sieben Himmel herrschen Michael, der auch

„großer Fürst" und „Wächter Israels" genannt wird (7. Himmel), der „Engel des Feuers" Gabriel (6. Himmel), Schathquiel (5. Himmel), Schachaqiel (4. Himmel), Barakiel und seine Strafengel (3. Himmel), Badariel (2. Himmel) und Pachadiel mit seinen berittenen Engeln (1. Himmel). Über die sieben Planeten Metatron, Hadriel, Nuriel, Uriel, Sasgabiel, Haphkiel und Mehaphkiel. Den Engelfürsten, die über die sieben Himmel herrschen, sind jeweils 49 6000 Myriaden (10 000) Dienstengel zugeordnet. Die Zahl 496 entspricht dem Zahlenwert von „malkuth" (Königreich). Das wären pro Himmel 49 600 000 000 Engel, also insgesamt 347 200 000 000 Engel zuzüglich der sieben Engelfürsten.

Bei aller Lust an der Zahlenspekulation haben die Engellehren der Rabbinen eine gewollte „Unschärferelation". Meinungen, Lehren und Erfahrungen werden bewusst neben- und gegeneinander gestellt in der Absicht, die Flamme des fortwährenden Gespräches über die Zeiten zu nähren. Martin Buber hat in dem „dialogischen Prinzip" das Wesen des Judentums erkennen wollen. Vielleicht kommt es in den jüdischen Engellehren am schönsten zum Ausdruck.

# Carl Gustav Jung

Carl Gustav Jung wuchs in einem reformierten Pfarrhaus auf. Während Sigmund Freud den Glauben an Gott und seine Engel als frommes Wunschdenken ablehnte, war sein Schweizer Gegenspieler von der Existenz der höheren Welten überzeugt. Er lehrte, dass sich Engel durch das Unbewusste offenbaren. Deshalb sei die Stimme der Engel nicht mit der eigenen Seelenmelodie oder einer Projektion des Unbewussten gleichzusetzen. Die Seele sei eine Art „Empfangsorgan" für die Botschaft der Engel. Der Vergleich mit der modernen Technik kann Jungs Vorstellung veranschaulichen. Um eine Nachricht mit dem Fernseher, Radio, Telefon oder Computer empfangen zu können, bedarf es eines Decoders. Auch das Unbewusste verfügt über solche Empfangsstationen. Jung nennt sie Archetypen. „Ich nehme die Vorgänge des Hintergrundes einigermaßen wahr, und darum habe ich die innere Sicherheit", erklärt Jung seiner Schülerin Aniela Jaffé. „Als Kind fühlte ich mich einsam, und bin es noch heute, weil ich Dinge weiß und andeuten muss, von denen die anderen anscheinend nichts wissen oder meistens auch gar nichts wissen wollen. Einsamkeit entsteht nicht dadurch, dass man keine Menschen um sich hat, sondern vielmehr dadurch, dass man ihnen die Dinge, die einem wichtig erscheinen, nicht mitteilen kann, oder dass man Gedanken für gültig ansieht, die den anderen als unwahrscheinlich gelten."

Jungs früheste Engelerfahrung reicht bis in die Kindheit zurück. Seine Mutter pflegte mit ihm jeden Abend vor dem Einschlafen das beliebte Abendgebet „Breit aus die Flügel beide, o Jesu, meine Freude, und nimm dein Küchlein ein" von Paul Gerhardt (vgl. EG 477.8) zu sprechen. Das gab ihm Trost und beunruhigte ihn zugleich, denn aus den weiteren Versen sprang ihm die Ahnung einer dunklen Macht entgegen, die er Jahrzehnte später mit der Metapher „Schatten" bezeichnen sollte. „Will Satan mich verschlingen, so lass die Englein singen: ,Dies Kind soll unverletzet sein.'" Mit dem „Küchlein" war das Küken gemeint. Die Mutter aber sprach mit ihrem Schweizer Dialekt das Wort wie „Chüechli" (kleine Kuchen) aus. Die vermeintliche Leidenschaft des Satans für kleine Kuchen verwunderte das Kind weniger, als Jesu Heißhunger auf Süßes. Das Bild des Gottessohnes bekam eine unheimliche Seite.

Auch die zweite Begegnung mit einem Engel wird durch eine Krisensituation ausgelöst. Nach der Trennung von Freud beginnt er 1913 mit einer Selbstanalyse. Die Ergebnisse schreibt und malt er auf die Seiten eines in rotes Leder gebundenen Foliobandes. Später wird es das „Rote Buch" genannt. In ihm hat Jung seinen Schutzengel abgebildet. Der griechische Name „Philemon" (Liebender) bringt das Wesen des Schutzengels treffend zum Ausdruck. Jung hat ihn als weißbärtigen alten Mann mit weit ausgebreiteten Flügeln dargestellt. Ihm zu Füßen liegt der Satan in Gestalt einer Schlange. Das

„Chüechli" ist nun in reines Licht gewandelt, ein Symbol der Seele, die Philemon schützend in seinen nach oben geöffneten Händen hält. Der „Liebende" wird zu Jungs Seelenführer (Psychagoge). „Er war mir das, was die Inder als Guru bezeichnen", sagt Jung rückblickend. Der Vergleich ist nicht ganz stimmig, denn Jung kennt keine lebenslange Bindung an den Engel als Seelenführer. Seine Aufgabe kann durch andere Mächte und Gestalten im Laufe des Lebens abgelöst werden. Der Engel ist für Jung ein Wegbegleiter auf Zeit. Ähnlich hat es Hermann Hesse empfunden, der nach einer psychoanalytischen Behandlung durch den Jung-Schüler Josef Bernhard Lang den Roman „Demian" schrieb und in der Titelfigur seinem eigenen Seelenführer ein Denkmal setzte.

Ein Leben lang hat C. G. Jung über das Wesen der Engel nachgedacht. Seiner Meinung nach sind Engel keine Personen. Sie haben keinen eigenen Willen, sondern sind reine Nachrichtenübermittler oder Emanationen Gottes. „Die Engel sind ein sonderbares Genus. Sie sind gerade das, was sie sind, und können nichts anderes sein: an sich seelenlose Wesen, die nichts anderes darstellen als Gedanken und Intuitionen ihres Meisters."

Wenn Engel keinen freien Willen haben, dann sind sie 1. nicht zu einer freien Entscheidung fähig, können 2. folglich nichts Böses tun und tragen 3. für die Folgen ihres Tuns keine Verantwortung. Wie ist dann aber der Engelsturz zu erklären? In seinem Buch „Antwort auf Hiob" deutet Jung den Satan als die andere Seite des Schöpfers. Licht und Schatten, Engel und Teufel sind für ihn zwei Aspekte des geheimnisvollen Gottes. „Das Unerwartete und das Unerhörte gehören in diese Welt. Nur dann ist das Leben ganz. Für mich war die Welt von Anfang an unendlich groß und unfasslich."

# Katholizismus

Die katholische Kirche hat ihre Lehre von den Engeln in Lehrsätzen (Dogmen) festgehalten, denen Lehrentscheidungen zugrunde liegen (vgl. „Kompendium der Glaubensbekenntnisse und kirchlichen Lehrentscheidungen", hg. von Heinrich Denzinger und Peter Hünermann). Beinahe sämtliche Lehrentscheidungen bezüglich der Engel beziehen sich auf die gefallenen Engel. Hier stellt die Kirche heraus, dass auch sie ursprünglich als gute Engel erschaffen wurden und freiwillig gegen Gott rebellierten, folglich dafür auch zur Verantwortung gezogen werden. Papst Leo I. sagt, „dass die Substanz aller geistigen und leiblichen Geschöpfe gut ist und dass es keine Natur des Bösen gibt… Daher wäre auch der Teufel gut, wenn er in dem, als was er gemacht wurde, verbliebe" (Denzinger 286). Gegen den Kirchenvater Origenes, der eine Rettung aller Geschöpfe am Ende der Zeiten lehrte (Apokatastasis panton), betont die Kirche die Ewigkeit der Höllenstrafe für den gefallenen Engel. Von großer Bedeutung für die Frage nach dem Wesen der Engel sind die Bannsprüche (Anathematismen) der 1. Synode von Braga (Portugal) am 1. Mai 561. Mit einem Anathema wird belegt, „wer glaubt, die menschlichen Seelen oder die Engel seien aus der Substanz Gottes" (Denzinger 455). Der Engel ist ein Geschöpf Gottes. Sein Wesen ist jedoch nicht göttlicher Natur. In ihm und im Menschen gibt es keinen göttlichen Funken. Diese Lehre steht in radikalem Widerspruch zu vielen modernen esoterischen Bildern vom Menschen. Sie wird noch einmal auf dem Vierten Konzil im Lateran (1215) bestärkend wiederholt.

Konzilien sind Reaktionen auf religiöse Tendenzen in der katholischen Welt. Sie finden nur bei Klärungsbedarf statt. So stehen im Hintergrund der genannten Konzilien die Lehren der Manichäer, Albigenser, Katharer und anderer Gruppen, die einen großen Einfluss auf christliche Vorstellungen ausgeübt haben und noch heute ausüben (s. Persische Engel).

Der Präfekt der Römischen Glaubenskongregation, der oberste Glaubenswächter der Katholiken, Joseph Kardinal Ratzinger, sagt in seinem Buch „Gott und die Welt", dass es zum biblisch begründeten Wissen der Kirche gehört, dass Engel Ausdruck der Größe und Güte des Schöpfergottes sind: „Sie sind damit auch eine unmittelbare lebendige Umgebung Gottes, in die wir hineingezogen werden sollen" (105). Der Glaube an Schutzengel „ist ein Glaube, der sich in der Kirche gebildet hat und der sehr gut begründet ist" (ebd.).

Unter den Menschen, die wie John Henry Newman (1801–1890) oder Erik Peterson (1890–1960) zum katholischen Glauben übertraten, gibt es auffallend viele Engelfreunde. Daraus sollte jedoch nicht geschlossen werden, es gäbe außerhalb der katholischen Kirche für Engelfreunde kein Heil. Auch die Bekenntnisschriften der evangelisch-lutherischen Kirche stellen den Dienst der Engel nicht in Frage. Selten ist das Urteil beider Kirchen so einmütig wie in der Engelfrage: Engel sind für alle Menschen da.

## Kirchen

Schon früh werden den Engeln Heiligtümer und Kultstätten errichtet, zuerst in Höhlen, wie auf der Insel Patmos und in Chonae (Colossae), dann weithin sichtbare Kirchen auf Bergeshöhen. Den Engeln geweihte Gebäude gehen immer auf eine Vision zurück. Als Gründer der Engelheiligtümer dürfen also die Engel selbst bezeichnet werden. Unter den ersten Christen war es dabei nicht anders als heute: Menschen, die sich auf eine Engelerscheinung berufen konnten, wurden bewundert, beneidet oder als Spinner und Irrlehrer (Kolosser 2, 18) abgetan.

Im Zentrum der frühen christlichen Engelverehrung stand der Erzengel Michael. In der Zeit der Christenverfolgung suchte die Gemeinde seinen Beistand. Überall in Kleinasien entstanden ihm geweihte Kultstätten. Der wichtigste Ort der Verehrung war Chonae/ Phrygien. Hier befand sich in vorchristlicher Zeit ein therapeutisches Zentrum, wo Menschen körperliche und seelische Heilung fanden. Es war dem Gott Asklepios (Äskulap) geweiht und wurde Asklepieion genannt. Seine Rolle wurde von Michael übernommen. Aus dem Asklepion wurde ein Michaelion. Michael, der Engel mit dem Schwert und Sieger über den Drachen, galt als großer Heiler. Wer in eine Michaelshöhle kam, suchte Entspannung, gute Träume und Heilung im Schlaf, er trank das Michaelswasser und nahm sich einen Vorrat nach Hause mit.

Die erste Engelkirche wurde zu Ehren Michaels von Kaiser Konstantin errichtet. Hoch oben auf dem Berg Hestia am Bosporus baute er ein Michaelion, nachdem ihm der Engel selbst den Platz gewiesen hatte. So erzählt es die Gründungslegende, die Sozomenus in seiner „Kirchengeschichte" (um 440) als erster aufzeichnet. In dieser Michaelskirche erschien der Engel regelmäßig und vollbrachte zahlreiche Heilungswunder oder gab den Hilfesuchenden im Traum Hinweise auf die richtigen Medikamente zur Behandlung ihrer Leiden. Im Laufe der Zeit wurden in der Gegend von Konstantinopel über 15 Michaelskirchen errichtet. Kaiser Konstantin sah in dem Erzengel ein politisches Vorbild und ließ sich sogar in der Rolle des Erzengels als Drachentöter darstellen.

Das erste Michaelsheiligtum in der Westkirche des Römischen Reiches wird gleichfalls in einer Höhle errichtet. Es ist bis heute einer der wichtigsten Kultorte dieses Engels und liegt am Monte Gargano in Apulien. Der deutsche Kaiser Ludwig II. übernahm 870 das Patronat über die Höhle. Von diesem Zeitpunkt an war sie der zentrale Pilgerort der deutschen Kaiser. Besonders unter den Ottonen und während der ersten Jahrtausendwende suchten die politischen Führer hier Rat.

Michael persönlich hatte am 8. Mai 493 die Höhle am Monte Gargano in Besitz genommen. Der Bauer Garganus ist ihm begegnet, als er einen ausgebrochenen Stier suchte, der sich hier versteckt hatte. Garganus lebte in Sipontum am Fuß des Monte Gargano, dem heutigen Manfredonia an der apulischen Küste. Von ihm hat der Berg den Namen. Er hatte eine unermessliche Schar Rinder und Schafe. Eines Tages trennte sich ein Stier von der Herde und stieg auf den Gipfel des Berges, so berichtet Paulus Diaconus in seiner „Homiliae de Sanctis" (Migne, PL 95, Sp. 1522). Der Hirt suchte und fand ihn schließlich vor dem Eingang der Höhle. Erregt zückt er einen Pfeil und schießt auf das Tier. Der Pfeil aber trifft nicht den Stier, sondern wird auf geheimnisvolle Weise auf den Schützen zurückgelenkt.

Beim Ortsbischof holen die Zeugen des Vorfalles Erkundigungen ein, was das Wunder wohl bedeuten möge. In der folgenden Nacht erscheint Michael dem Bischof und klärt ihn auf: „Ihr sollt wissen, dass jener Mensch durch mich von seinem Pfeil getroffen worden ist. Ich bin Michael, der Erzengel, und es hat mir gefallen, an diesem Ort auf Erden zu wohnen. Also wollte ich durch dieses Zeichen kundtun, dass ich selber dieses Ortes Hüter und Wächter sein will." Heute befindet sich in der Höhle des Monte Sant'Angelo eine Kirche. Bereits Ende des 5. Jahrhunderts setzten Wallfahrten zum Monte Gargano ein. Damit gehören Engelwallfahrten zu den ältesten Pilgerreisen der christlichen Welt.

Ein weltweit bekannter Sakralraum, der Engeln gewidmet ist, findet sich in Rom, in der Engelsburg (Arx sancti Angeli, Castel Sant' Angelo). Das festungsartige Gebäude wurde außerhalb der Stadt am rechten Tiberufer im Jahre 136 n. Chr. als Mausoleum der römischen Kaiser errichtet. Papst Gregor I. (590–604), selbst ein glühender Engelfreund, sah während einer Prozession zur Abwendung der Pest den Erzengel Michael über der kaiserlichen Grablege schweben. In der Hand hielt dieser ein flammendes Schwert und steckte es, als Zeichen des Endes der Pest, in die Scheide. Papst Bonifaz IV. (608–615) ließ über dem Mausoleum die Engelskirche errichten. Die berühmte Statue zeigt Michael, wie er sein Schwert in die Scheide steckt. Sie stammt wohl noch aus byzantinischer Zeit und nicht, wie gelegentlich zu lesen, aus dem Jahre 1527.

Engelskirchen entstehen in Cornwall (Sanct Michels Mouth), auf den Inseln vor der irischen Küste (Skellig Michel), am Rande des Eismeeres (Archangelsk) – bald kann sie niemand mehr zählen. Man errichtet sie auf den Menhiren von Carnac / Bretagne und in der Normandie. Hier erscheint Michael am 16. Oktober 708 dem Bischof Aubert von Avranches im Traum und teilt ihm mit, dass er auch in Frankreich ein Heiligtum zu seinen Ehren besitzen möchte. So entsteht der Mont-Saint-Michel (Mons sancti Michaelis in periculo maris). Zum Fest der Weihe am 16. Oktober 709 überbringt Michael sogar persönlich eine Kontaktreliquie aus dem Monte Gargano, einen Purpurschleier. 966 wird auf dem Mont-Saint-Michel eine Benediktinerabtei gegründet. In über 150 Orten Frankreichs entstehen Michaelsheiligtümer, und König Ludwig XI. stiftet am 1. August 1469 den „Orden des heiligen Michael" (s. Jeanne d'Arc).

Auch in Deutschland werden Michaelskirchen gebaut. Schließlich war Bonifatius, dem iroschottischen Missionar der Germanen, der Engel Michael im Jahre 725 erschienen. Michael, so erzählen es die Legenden, habe bei den Ungarnschlachten an der Unstrut (933) und auf dem Lechfeld (955) den Deutschen zur Seite gestanden. Heinrich I. und Otto I. lassen die Reichsfahne mit einem Michaelsbild während der Schlachten vorantragen. Michael wird Kriegsherr, Exorzist und Beschützer der Toten. Deshalb werden ihm auf den Friedhöfen und im Westwerk der Kirchen Kapellen geweiht. Die erste Michaelskirche auf deutschem Boden wird 913 in Hamburg errichtet, die bedeutendste kurz nach der Jahrtausendwende in Hildesheim. Sie ist heute in die UNESCO-Liste des Weltkulturerbes der Menschheit aufgenommen.

Bischof Bernward, der Erzieher Ottos III., ließ sie nach dem Vorbild der neun himmlischen Chöre der Engel errichten und veranlasste zu ihrer Ausgestaltung die berühmten Bronzegüsse, darunter die Christustür. Auf ihr hat der Engelfreund Bernward in der Gegenüberstellung von zentralen Szenen aus dem Alten und Neuen Testament fünf Engel als Lebensbegleiter des Menschen in Bronze gießen lassen. Es sind: 1. Der Engel der Geburt, 2. Der Engel des verlorenen Paradieses, 3. Der Engel der Unterweisung, 4. Der Engel der Versöh-

nung und 5. Der Engel, der uns aufrichtet. Die Hildesheimer Engelkirche wurde von Bernward zu seiner eigenen Grablege bestimmt.
Über Jahrhunderte beteten Benediktiner auf dem Michaelishügel für
das Seelenheil des Stifters und aller Menschen, die ihrer Seelsorge an-
vertraut sind. Auf dem Gelände des alten Klosters, das durch englische Fliegerbomben völlig zerstört wurde, steht heute das 1225 gegründete Gymnasium Andreanum. Unter einer Statue des Erzengels,
die sich auf dem alten Klosterportal erhalten hat, spielen heute die
Kinder. In der Engelkirche feiern sie ihre Schulgottesdienste.

Auch die Verehrung der Schutzengel fand Ausdruck in der Kir-
chenarchitektur. In der Eichstätter Schutzengelkirche der Jesuiten
etwa stellt ein Freskenzyklus von 1770 die zahlreichen Wirkungsbe-
reiche der Engel dar. Noch in der ersten Hälfte des 18. Jahrhunderts
wurde die Kirche der Englischen Fräulein (s. dort) in Burghausen
den Schutzengeln geweiht. Eigentlich aber ist jede Kirche eine Engelkirche. Denn Augustin hatte in seinem Buch „Über den Gottesstaat" Engel und Menschen mit zwei Volksgruppen verglichen. Beide gehören zum Reich Gottes. Engel sitzen oben im Himmel und
preisen Gott, während die Menschen in der Kirche das Gotteslob anstimmen. Aus der Sicht des Kirchenvaters ist der Gottesdienst eine
Art „Simultanveranstaltung" zur himmlischen Liturgie. Jede Kirche
zeigt an: Dies ist ein heiliger Raum und der Himmel auf Erden.
Mensch und Engel vereinigen sich im Gesang.


# *Kunst*

Das Bild des Engels ruht tief in unserer Seele. Jeder kann sich davon
leicht überzeugen. Man gebe einem kleinen Kind ein Blatt Papier,
Wachsmalkreide und bitte es, einen Engel zu malen. Mit viel Liebe
und strahlenden Augen wird es ein wunderschönes geflügeltes Wesen zeichnen – egal, ob es religiös erzogen worden ist oder nicht.
Aber dürfen Engel überhaupt dargestellt werden? Gilt auch in der

christlichen Welt das jüdische Bilderverbot? Tatsächlich haben die alten Kirchenväter jahrhundertelang über diese Frage gestritten. Viele Engelbilder sind von reformatorischen Eiferern zerstört worden. Dabei ist die Sachlage eindeutig: Gott selbst wurde nach christlichem Glauben als Mensch sichtbar. Deshalb ist der Mensch das rechtmäßige Bild Gottes, deshalb malen nicht nur Kinder die Engel in Menschengestalt. In uns und unseren Engeln offenbart sich das Geheimnis Gottes. Diesem Geheimnis spüren auch die Engelbilder nach.

Engel sind nicht nur auf unendlich vielen Bildern dargestellt worden, sie sind selbst das, wofür sie stehen: Bilder des Himmels, der auf die Erde kommen will. Wir finden sie auf Mosaiken, als Buchmalereien und Tafelbilder. Sie werden als Schutzengel und Seelenführer dargestellt, wohnen der Krönung Mariens bei, halten Wache am leeren Grab, bezeugen die Himmelfahrt. Sie stellen den himmlischen Hofstaat, kämpfen gegen die gefallenen Engel, überbringen Visionen, singen und musizieren, halten Kerzen, beten vor dem Tabernakel.

Wann beginnt die erste Darstellung von Engeln? Die ersten bildlich dargestellten Engel sind Verkündigungs- und zugleich Grabesengel. Sie bezeugen das Geheimnis der Auferstehung. Die frühen Engelbilder zeigen die Engel noch ohne Flügel. Der Verkündigungsengel im Cubiculum der Priscilla-Katakombe/Rom (ca. 250 n. Chr.) ist ein unbärtiger Mann mit Pallium. Er geht mit ausgestreckter rechter Hand nach links auf eine Frau zu. Wahrscheinlich ist es Maria. Sie wendet sich nach links. Neben dieser Szene befinden sich Malereien von der Jonas- und der Lazarusgeschichte. Auf einem Sargdeckel (ca. 320 n. Chr.) in den Grotten der Peterskirche/Rom steht wiederum ein bartloser junger Engel mit Pallium vor einem Feuerofen. Diese äußerst beliebte Szene ist eine Übertragung der Geschichte von den drei Männern im Feuerofen (Daniel 3) auf die Unterwelt. Sie verkündigt den Glauben der frühen Christen an die Auferstehung aus den Flammen des Totenreiches.

Die ersten geflügelten Engel befinden sich auf einem Kindersarkophag aus Sarigüzel (Archäologisches Museum Istanbul). Er wird auf das Jahr 380 n. Chr. datiert. Die jugendlich zarten Engel strahlen eine himmlische Schönheit aus. Sie sind barfüßig, tragen eine lange, kurzärmelige Tunika und ein flatterndes Pallium. Zwischen sich halten sie einen Lorbeerkranz mit Christusmonogramm. Etwa gleichzeitig sind die Engel aus S. Ambrogio/Mailand zu datieren. Sie halten den Siegeskranz über König David. Ab 430 n. Chr. werden geflügelte Engel überall im Römischen Reich dargestellt. So auf den Mosaiken des Triumphbogens der Kirche S. Maria Maggiore/Rom oder auf den Holztüren von S. Sabina/Rom. Dass erst jetzt geflügelte Engeldarstellungen auftauchen, hat einen guten Grund. Man wollte zuvor sicher gehen, dass die Engel nicht mit den zahlreichen geflügelten Wesen der antiken Welt verwechselt werden.

Hermes, der Götterbote, trug Flügelschuhe. Der kleine Liebesgott Amor (Eros) und die Genien, der Todesgott Thanatos, die Sirenen als Seelengeleiterinnen ins Jenseits, die etruskische Todesgöttin Vanth und auch der Schlaf (Hypnos), der als Bruder des Todes galt, wurden mit Flügeln dargestellt. Auf Grabmälern wurde die unsterbliche Seele (Psyche) durch Flügel gekennzeichnet, und in Samothrake stellte man eine Skulptur der Siegesgöttin Nike (Victoria) auf (2. Jahrhundert v. Chr.). Heute steht sie im Louvre, der Kopf ist leider verlorengegangen. Vor allen Dingen in Rom spielte die Verehrung der Siegesgöttin eine zentrale Rolle. Im großen Senatssaal befand sich ein Victoria-Altar, vor dem zu jeder Sitzung der Politiker Wein und Weihrauch geopfert wurden. Erst als Konstantin II. den Victoria-Altar im Jahre 357 n. Chr. entfernen ließ, war der Weg für die bildhafte Darstellung der Engel mit Flügeln frei.

Jetzt schmücken Engel die Kaiserbilder und werden über Taufbecken dargestellt. Im Laufe der Jahrhunderte kehren beliebte biblische Motive stets wieder: die Vertreibung aus dem Paradies, die drei Engel, die Abraham besuchen, die Tröstung Hagars in der Wüste, die Errettung Isaaks, Jakobs Traum von der Himmelsleiter und sein Kampf mit dem Engel am Jabbok, Moses vor dem brennenden Dornbusch, die Visionen der Propheten oder Michaels Kampf gegen den Drachen.

In der Romanik werden Engel in Stein gemeißelt wie das berühmte Kapitell „Der Traum der Könige" aus der Kathedrale von

Autun zeigt. Durch die franziskanische Mystik erfährt die Engeldarstellung einen gefühlvollen Ausdruck. Sie dürfen sich über die Geburt Jesu freuen oder weinen bei seiner Grablegung (Cimabue), sie bekommen weibliche Züge (Giotto) und werden als Mädchen- und Kinderengel (14. Jahrhundert) dargestellt. Musizierende Kinderengel (s. Putten) sitzen neben der Muttergottes im Himmel (Stephan Lochner) oder spielen mit dem Jesuskind. Im Zentrum der Darstellung steht immer wieder die Verkündigung des Engels Gabriel vor Maria (s. Gottesgeburt). Bis in die Gegenwart ist das Bild des Engels überreich bezeugt. Es gibt kaum einen Künstler, der sich nicht mit dem Engelmotiv auseinandergesetzt und dabei immer neue Aspekte freigesetzt hätte. Zu nennen wären etwa F. W. Bernstein, Gabriele Domay, Beate Heinen, Anselm Kiefer, H. A. Schult, Arnulf Rainer, Gisela Röhn, Erika Maria Wiegand, Niki de Saint-Phalle oder Andy Warhol. Engelausstellungen gibt es von New York („Chasing Angels" in der Cristinerose Gallery, 1995), Erfurt („Send me an angel" in der Galerie am Fischmarkt, 1997) bis nach Engelskirchen („Die Engel der Sixtina" im Rheinischen Industriemuseum, 1998).

Die Engelforschung betrachtet die Kunstgeschichte mit spirituellem Spürsinn. Sie fragt auch nach dem lebensgeschichtlichen Hintergrund der Maler: Wie kommt auch ein moderner Künstler dazu, Engel zu malen oder zu gestalten? Zwei Beispiele mögen für viele ungenannte stehen. Im Sommer 1888 weilt Paul Gauguin zum zweiten Mal in der Künstlerkolonie von Pont-Aven/Bretagne. Er ist verheiratet, fünffacher Vater, arbeitet im Finanzwesen und malt in seiner Freizeit. Innerlich ist er zerrissen, ringt um seine wahre Berufung. Welchen Weg soll er gehen? Darf er sich von seiner Familie trennen, um in der Südsee allein seiner künstlerischen Berufung nachzugehen? In Pont-Aven malt er, wie viele Maler vor ihm, das Bild von Jakobs Kampf mit dem Engel. Es wird sein Kampf. Er ist Jakob, der mit dem Engel der Berufung ringt. Während der Arbeit spürt er die Kraft, die ihm zuwächst, die Kraft der Entscheidung. Ein großer Segen wird ihm zuteil. Voller Dankbarkeit will er das Bild in der Ortskirche aufstellen. Der Pfarrer lehnt das Geschenk ab. Heute hängt es,

133

wie alle Werke Gauguins unbezahlbar, in der National Gallery von Edinburgh. Nach der Vollendung des Bildes besucht Paul Gauguin seinen Freund Vincent van Gogh in Arles. Sie wollen das Fest der Geburt Jesu gemeinsam begehen. Vincent van Gogh spürt die Kraft, die Gauguin nach seinem Kampf mit dem Engel erfüllt. Er zückt sein Messer, geht auf den Freund los und schneidet sich anschließend selbst ein Ohr ab. Am 4. April 1891 bricht Paul Gauguin nach Tahiti auf.

Die andere Berufung eines Künstlers durch einen Engel geschieht 1905 in St. Petersburg. Das Werk Marc Chagalls zeigt zahllose Engelgestalten in allen Farben und Formen. Viele Menschen im 20. Jahrhundert haben durch Chagall einen neuen Zugang zu den himmlischen Welten gefunden. Die wenigsten wissen jedoch, dass Chagalls Begeisterung für die himmlischen Heerscharen die Folge einer echten Engelerscheinung ist. Im Jahre 1905 lebte Chagall als mittelloser Künstler in St. Petersburg. Er ist so arm, dass er sich kein Zimmer mieten kann. Selbst das Bett muss er mit einem Arbeiter teilen. Eines Tages hat er auf dem Bett liegend eine Vision. Die Zimmerdecke öffnet sich und ein geflügeltes Wesen schwebt hernieder. „Es rauschen die schleifenden Flügel. Ein Engel!" Geblendet vom gleißenden Licht, kann der Künstler die Augen nicht öffnen. „Nachdem er alles durchschweift hat, steigt er empor und entschwindet durch den Spalt in der Decke, nimmt alles Licht und Himmelblau mit sich fort. Dunkel ist es wieder. Ich erwache." Chagall hat seine Engelvision in dem Bild „Die Erscheinung" (1917/18) dargestellt.

Warum Kinder und Künstler die Engel lieben und von ihnen in besonderer Weise geliebt werden, liegt auf der Hand. Engel sind Künstler, Geister voller Kreativität und Inspiration. Hochsensibel setzen sie die Wirklichkeit der höheren Welten für uns Menschen ins Bild, lassen das Geheimnis durchscheinen, geben ihm Gestalt. Engel sind Bilder Gottes und wie die Engelbilder der Kinder und Künstler ein wohltuender Balsam für die Seele.

# Los Angeles

In der himmlischen Stadt der Engel werden einst alle Menschen friedlich miteinander leben. Dieser Ausblick scheint angesichts der sozialen Spannungen, die es bereits in jeder Kleinstadt gibt, recht kühn. Die Großstädte der Erde wären so etwas wie der Ernstfall einer Erprobung dieser Utopie. Denn in ihnen mischen sich die Kulturen, Religionen und Traditionen. Das Leben pulsiert hier vielfältiger als anderswo, bunter, bereichernder, aber auch kontrastreicher, widersprüchlicher, unübersichtlicher, schwieriger und gewalttätiger. Alles ist gleichzeitig. Gibt es noch eine Wahrheit in der Vielfalt der Meinungen?

Früher erschienen Engel auf Bergen, in Höhlen, in der Wüste, auf freiem Feld bei den Hirten und nicht im Palast des Cäsars oder auf dem Marktplatz von Athen oder Alexandrien. Vielleicht, weil es einfacher ist, einzelne Menschen oder kleine Gruppen zu gewinnen? Oder weil beim Einzelnen der Friede beginnt? Jeder Mensch hat einen Engel. Heißt das: Jeder Mensch lebt seine eigene Wahrheit? Sind die Engel der Städte ein kunterbuntes Völkchen, so individuell wie ihre Menschen? Oder schwebt auch über den Städten ein Chor von Engeln? Eine Einheit in der Vielzahl der Stimmen? Engel verknüpfen Welten und brechen Mauern des Denkens ein. Die Stadt ist für sie eine Herausforderung. Großstädte sind ihnen besonders willkommen.

Im Jahre 1749 gab der Franziskanerpater Junipero Serra (1713–1784) seinen Lehrstuhl in Palma/Mallorca auf. Auf der Suche nach einer Stadt der Engel kam er in die „Neue Welt" und gründete Los Angeles. Die Stadt mit dem Engelnamen liegt im Zentrum des franziskanischen Missionsgebietes. Ein Blick auf die Landkarte Kaliforniens sagt alles: San Francisco, San Buenaventura, San Antonio, Santa Clara, Carmel, San Diego und vor allen Dingen die Städte mit den

Engelnamen San Gabriel, San Miguel und San Rafael. Über 15 Millionen Menschen leben heute allein im Umkreis von Los Angeles. Die Filmwelt Hollywoods, Flugzeug- und Raumfahrtindustrie, Elektrotechnik und Ökonomie prägen ebenso das Leben wie Rassenprobleme, Armut und Gewalt. Los Angeles ist keine Stadt der Engel geworden, aber eine Stadt für Engel. Sie führen die Menschen durch die Hölle, das Fegefeuer und den Himmel der Großstadt.

Regisseur Lawrence Kasdan hat den Engeln von Los Angeles in seinem Film „Grand Canyon – Im Herzen der Stadt" (1992) ein Denkmal gesetzt. Der wohlhabende Anwalt Mack gerät in eine Grenzsituation. Es ist Nacht. Mack streift mit seinem Wagen ziellos durch Los Angeles. Ausgerechnet in einem Schwarzen-Ghetto bleibt er mit einer Panne liegen und gerät ins Visier einer Bande Jugendlicher. Dem schwarzen Automechaniker Simon gelingt es, die gefährliche Situation zu entschärfen. Damit beginnt diese Geschichte vom Wirken der Engel im Moloch Los Angeles.

1997 drehte Brad Silberling den Film „Stadt der Engel" (City of Angels) mit Nicolas Cage als Engel Seth und Andre Braugher als Engel Cassiel. Seth verliebt sich in die Herzchirurgin Maggie (Meg Ryan), wird Mensch und erlebt einige bezaubernde Tage mit der Geliebten. Auf einem Wochenendausflug zum Lake Tahoe kommt Maggie bei einem Unfall ums Leben. Trotz des tragischen Schlusses ist auch dieser Film ein Hymnus auf das Leben in Los Angeles und eine Liebe, die den Tod überdauert. Die Engel der Städte sind auf ihre Aufgaben gut vorbereitet. Zwar hat sich das Gesicht der Welt im Laufe der Jahrhunderte gewandelt, die Aufgabe der Engel aber ist die gleiche geblieben. In den Grenzsituationen des Lebens und der Liebe sind sie mehr denn je gefragt.

„Ich suche allerlanden eine Stadt", bekannte Else Lasker-Schüler, „die einen Engel vor der Pforte hat." Städte für Engel gibt es überall auf der Welt, eine Stadt der Engel existiert jedoch nur im Himmel. Johannes schaute sie in einer Vision, umgeben von einer hohen Mauer mit zwölf Pforten (Offenbarung 21, 12). Auf jedem dieser Tore steht ein Engel. Wie kaum ein zweiter Text der Bibel hat diese

Vision eines neuen Lebens in Freiheit und Gerechtigkeit die sozialen und politischen Utopien des Abendlandes und die Sehnsüchte der Auswanderer nach Amerika beflügelt. Doch keine irdische Stadt konnte jemals den Himmel auf die Erde holen. Aus der Stadt der Engel erklingt Zukunftsmusik. Deshalb wird das himmlische Jerusalem in den christlichen Kirchen am Ende des Kirchenjahres besungen. Das berühmteste Lied (EG 147.3) wurde von Philipp Nicolai (1556–1608) gedichtet:

„Von zwölf Perlen sind die Tore
an deiner Stadt; wir stehn im Chore
der Engel hoch um deinen Thron.
Kein Aug hat je gespürt,
kein Ohr hat mehr gehört
solche Freude.
Des jauchzen wir und singen dir
Das Halleluja für und für.“

Die Stadt der Engel ist Zukunftsmusik, eine himmlische Utopie friedlichen Zusammenlebens in Ballungsräumen. Alle Tränen sind abgewischt. Es gibt weder Schmerz noch Tod, weder Tag noch Nacht. Keine Sonne und keinen Mond. Keine Tempel und keine Kirchen. Leben pulsiert in einem ständigen Austausch von Mitteilungen. Die Menschen bilden eine kreative Gemeinschaft aus vielen Nationen und Religionen. Manchmal leuchtet schon heute das ferne Licht aus der kommenden Stadt der Engel auf – auch in Los Angeles / Kalifornien.

# Lübecker „Woche der Engel"

Manchmal träumen Geistliche, ein Engel der Inspiration käme auf die Erde, die Kirchenbänke wären wieder gefüllt und die Menschen wieder fromm. Weil aber Engel nicht auf Bestellung kommen, beschlossen vier Lübecker Pastoren und eine Pastorin, Engel zu spielen, damit der Gottesdienstbesuch in Deutschlands hohem Norden steigt. Am 18. März 2000 spielten sie für einen Tag Engel und ließen sich von ihren Kirchtürmen abseilen. Zuvor hatten sie an einer acht Meter hohen Kletterwand unter Anleitung des Alpenvereins trainiert. Pastoren seien in Bewegung, kommentierten die Geistlichen nach ihrem Abstieg. Die Veranstalter der Lübecker „Woche der Engel" hatten dazu mit einem Lichtnetz aus Laserstrahlen die sieben großen Kirchtürme Lübecks verbunden.

Ob die Engel im Himmel an diesem Netzwerk aus Licht Gefallen fanden, wissen wir nicht. Lübecks Kirchenbänke bieten auch nach der „Woche der Engel" noch viel freien Platz. Nun denken Engel in anderen zeitlichen Dimensionen als wir Menschen. Jahrhunderte sind für sie wie ein Tag, der Bruchteil einer Sekunde wie die Ewigkeit. Wer darf also verlangen, dass sich die Lübecker Verhältnisse noch zu unserer Lebenszeit ändern werden?

Der Moment, wo Engel in unserem Leben erscheinen, wird Kairos, angehaltene Zeit oder verdichtete Zeit genannt. Er wird uns wie das Lächeln eines Geliebten geschenkt. Vielleicht haben die Engel im Himmel über die Lübecker Pastoren gelächelt, vielleicht gelacht, vielleicht sich lustig gemacht. Immerhin ließen die Geistlichen nichts unversucht, um sie herauszufordern. Diese Verhaltensweise empfahl Franz Kafka im Umgang mit Engeln. Er nannte sie den kategorischen Imperativ seiner Heiterkeit: „Verhalte dich so, dass die Engel zu tun bekommen!"

# Luther, Martin

Engel – ist das nicht etwas Katholisches? Es gibt unter den evangelischen Christen gelegentlich besorgte Stimmen, die so fragen. Hat Martin Luther nicht klargestellt, dass allein der Glaube, die Gnade und die Bibel im Zentrum stehen sollen? Wohl wahr!, hätte Luther selbst geantwortet. Eben weil die Engel an über 300 zentralen Stellen der Bibel vorkommen, gehören sie zum christlichen Glauben. Wer aber liest Luther oder die Bibel?

Martin Luther war ein glühender Verehrer der Engel. Er begann seinen Tagesablauf mit der Bitte um den Beistand der Engel und beendete ihn mit einer Anrufung der himmlischen Geister. Seine Engelgebete sind als „Luthers Morgensegen" (EG 815) und „Luthers Abendsegen" (EG 852) in das Evangelische Gesangbuch (EG) aufgenommen worden. Der Familienvater Luther spricht von den Engeln stets in einem zärtlichen Ton. Er nennt sie die „lieben Engel" oder die „frommen heiligen Engel". Am Michaelistag predigt er regelmäßig über die unsichtbaren Freunde der Menschen und erzählt seinen kleinen Kindern recht anschaulich von den Aufgaben der Engel:

Jedes Kind hat einen Schutzengel. Während der Nacht sitzt er am Bett des Kindes und verscheucht alle Gedanken, die seinen Schützling beunruhigen könnten. Er sorgt für gute Träume und ruhigen Schlaf. Seine Dienstkleidung ist weiß. Auch während des Wickelns ist der Schutzengel anwesend. Wie schnell könnte das Kleinkind vom Wickeltisch fallen, wenn er nicht aufpasste! Auch während der Mahlzeiten ist er anwesend und sorgt für eine problemlose Nahrungsaufnahme und Verdauung. Die lieben Engel versehen diese Dienste mit Freuden. Natürlich ersetzen Engel die Fürsorge der Eltern und Lehrer nicht, doch weiß Luther als Familienvater, dass ohne die Mitarbeit des Schutzengels wohl kein Kind unbeschadet erwachsen werden könnte. Denn wie oft stürzen Kinder, stoßen sich, werden krank oder haben Angst vor dem Dunkel der Nacht und anderen Gefahren!

„Wo wir gehen und stehen, sind wir zwischen Engeln und Teufeln." Luther glaubte nicht nur an die Existenz des Teufels, er hatte ihn sogar selbst mehrfach gesehen. Dabei machte er folgende Erfahrung: Je mehr er über das Dunkle und Unheimliche nachdachte, je stärker er den Kampf aufnahm und – psychoanalytisch gesprochen – versuchte, diesen Schatten der Seele zu integrieren, desto stärker verhärteten sich die Fronten. Die beste Waffe gegen den Teufel war seiner Erfahrung nach die Nichtbeachtung. Lasse dich von dem Teufel nicht verrückt machen! Lass ihn links liegen! So rät er einem einfachen Pfarrer. Dieser hatte den Reformator aufgesucht, weil er sich vor einem angeblichen Poltergeist im Pfarrhaus ängstigte. Der rumpelte und pumpelte und schmiss Geschirr aus dem Küchenregal. Luther konnte den Pfarrer beruhigen: Er brauche keine Angst zu haben. Mit Sicherheit sei es kein Poltergeist, der ihn angreife, sondern nur der Teufel.

Nur der Teufel? Martin Luther hatte eine praktische Formel für den Umgang mit den Anfechtungen des Widersachers, die ihm Trost in allen Lebenslagen war: „Wo zwanzig Teufel sind, da sind gewiss auch hundert Engel. Wenn das nicht so wäre, dann wären wir schon längst zugrunde gegangen." Das Verhältnis Engel–Teufel beträgt also 5 : 1. Echte Lutheraner und andere Engelfreunde können also unbesorgt durchs Leben gehen.

Der Schutzengel ist ein absolut zuverlässiger Begleiter in jeder Lebenslage, und auch im Sterben verlässt er seinen Menschen nicht. „Denn ebenderselbe Engel muss mich empfangen und heben, wenn ich in den Schlaf sinke, der mich empfängt und hebet, wenn ich sterbe." Mensch und Engel schreiten Hand in Hand durch die Pforte des Todes und gehen den Weg zurück ins Paradies. Dort wird der Mensch selbst in einen Engel verwandelt werden. Wie lange dauert dieser Prozess der Verwandlung? Wie lange wird der Verstorbene auf die Auferstehung warten müssen? Auch bei diesen Grenzfragen gibt Luther eine klare Auskunft: „Sobald die Augen sich schließen, wirst du auferweckt werden. Tausend Jahre werden sein, als wenn du ein halbes Stündchen geschlafen hättest. Gleich wie wir, wenn wir des

Nachts den Stundenschlag nicht hören, nicht wissen, wie lange wir geschlafen haben, so sind noch viel mehr im Tode tausend Jahre schnell hinweg. Ehe sich einer umsieht, ist er ein schöner Engel." Diese Auskunft lässt an Deutlichkeit nichts zu wünschen. Mit ihr können wir getrost leben und sterben.

# Magie

Juden und Christen schrieben die Engelnamen über den Türsturz ihrer Häuser, ritzten sie auf Bergpässe oder malten sie auf Papyrus, das Papier der alten Welt. Diesen Zauberpapyri wurden magische Kräfte in der Abwehr böser Geister oder Gedanken zugesprochen. Man legte sie Kranken unter das Kopfkissen, trug sie in die Kleidung eingenäht am Körper, mischte sie dem Vieh in die Nahrung oder schickte sie einem Freund, der Ärger mit den Nachbarn hatte, zur Hilfe. Auch die Namen der drei Erzengel wurden für diesen magischen Abwehrzauber häufig benutzt. Richard Reitzenstein, ein Kenner der persischen Engelwelt, hat auf die vielen Zauberpapyri hingewiesen, die sich überall in der Welt in den großen Museen erhalten haben. Die Abkürzung G-R-M (Gabriel-Raphael-Michael) oder G-R-M-U (Gabriel-Raphael-Michael-Uriel) galt über zwei Jahrtausende als sicheres Abwehrmittel gegen alle bösen Geister, ungebetene Gäste und heimtückische Krankheiten.

# Maria

Unter allen Engeloffenbarungen ist sie die außergewöhnlichste: Keine ist inniger erzählt, keine hat so tief die Frömmigkeit und das Gebetsleben (s. Angelus) geprägt, so unendlich viele Darstellungen in der Kunst (s. dort) gefunden, ist so häufig besungen und in Versen nachempfunden worden wie Marias Begegnung mit dem Erzengel Gabriel (s. dort). Engel begleiteten ihr Leben auf Schritt und Tritt. Schon früh erzählt das Jakobusevangelium (s. Apokryphen) über die wunderbare Geburt der Jungfrau und hat damit den Festkalender der Kirche maßgeblich inspiriert. Ihre Eltern Anna und Joachim erhalten von einem Engel die Ankündigung der Geburt. Am 8. Dezember steht das Fest der Unbefleckten Empfängnis auf dem Liturgischen Kalender. Am 8. September wird das Fest von Marias Geburt gefeiert.

„O was muss es die Engel gekostet haben,
nicht aufzusingen plötzlich, wie man aufweint,
da sie doch wussten: in dieser Nacht wird dem Knaben
die Mutter geboren, dem Einen, der bald erscheint."

Rainer Maria Rilke (s. dort) hat in seinem „Marienleben" (1912) die wichtigsten Stationen des Lebenslaufes nachempfunden: Maria wurde im Alter von drei Jahren zum Tempel gebracht, um hier unter der Obhut der Priester aufzuwachsen. Ihre Nahrung empfing sie ausschließlich aus der Hand eines Engels. Nach der wunderbaren Empfängnis steht ihr ein Engel bei, als Joseph voller Argwohn auf sie blickt. Bei Rilke darf dieser Engel sogar brüllen: „Zimmermann, merkst du's noch nicht, dass der Herrgott handelt?" Als die Verfolgung der Kinder durch König Herodes beginnt, weist ein Engel der Jungfrau und ihrer kleinen Familie den Weg ins ägyptische Exil. Und selbstverständlich sind die Engel zugegen, als Maria stirbt. Rilke will sogar wissen, dass Gabriel ihr im Sterben beisteht.

Aber stirbt die immerwährende Jungfrau überhaupt? Sie stirbt wie jeder Mensch und wie ihr Sohn. Aber ihr Leib verwest nicht im Grab. Schon früh wird ihre Himmelfahrt besungen und von Malern ins Bild gesetzt. Die katholische Kirche feiert am 15. August das Fest Mariä Aufnahme in den Himmel und sieben Tage später, am 22. August, ihre Inthronisation zur Himmelskönigin. Die Engel setzen ihr die Krone aufs Haupt. Maria ist die Königin der Engel. Inmitten ihrer Engel begrüßt sie als Mater gloriosa im Schlussteil von Goethes „Faust II" die in den Himmel aufstrebende Seele Fausts. Nach ihrer Himmelfahrt tragen die Engel das Haus der Maria, in dem sie die Botschaft des Engels Gabriel empfing, von Nazareth nach Loretto/Italien. Hier entsteht die Lauretanische Litanei (Gotteslob

143

769), eine Anrufung der Gottesmutter und Königin der Engel (Regina angelorum).

Als Pius XII. am 1. November 1950 das Dogma von der leiblichen Aufnahme Mariens in den Himmel (Assumptio Mariae) verkündigte und ein Papst dabei – zum ersten und bisher einzigen Mal nach der Dogmatisierung der Unfehlbarkeit selbst – die Unfehlbarkeit in Anspruch nahm, ging ein Sturm der Entrüstung durch die protestantische Welt. Warum eigentlich? Der Papst bestätigte nur, was sich in der Volksfrömmigkeit seit Jahrhunderten Bahn gebrochen hatte: Maria sei als „Unbefleckte Gottesgebärerin und immerwährende Jungfrau" nach der Vollendung ihres irdischen Lebenslaufes „mit Leib und Seele in die himmlische Herrlichkeit aufgenommen worden". Vier Jahre später führte Pius XII. am 11. Oktober 1954 das – gegenwärtig auf den 22. August verlegte – Fest Maria Königin (Ad caeli Reginam) ein und verteidigte den Titel einer Himmelskönigin mit dem Hinweis auf Gabriel, denn „Gabriel selbst" habe „zum ersten Mal das königliche Amt Mariens mit himmlischem Munde" verkündigt.

Warum wurde die Königin der Engel so außerordentlich populär? Gewiss, sie ist die Mutter des Erlösers. Aber auch Menschen, die sich nicht zum Christentum bekennen oder nicht katholisch sind, können sich ihr nicht entziehen. Vielleicht hat Martin Luther eine Antwort gefunden, als er seine eigene Faszination beschrieb: Maria hat sich den Worten des Engels geöffnet und damit eine Möglichkeit gezeigt, die tief in jedem Menschen schlummert. Wir können die Türen unseres Herzens öffnen und die Botschaft des Engels einlassen: Das göttliche Kind will in jedem Menschen geboren werden.

# Michael

Der Name des Engels Michael ist eine rhetorische Frage und zugleich eine Kampfansage gegen alle dunklen Mächte der sichtbaren und unsichtbaren Welt, die meinen, sie könnten sich im Himmel oder auf Erden als Götter aufspielen: „Wer ist gleich Gott?" (Quis ut deus?) Die Antwort soll lauten: Natürlich keiner! Wirklich keiner? Michael gilt als der höchste aller Engel. Keiner ist wie er über alle Maßen in den Himmel gelobt worden. In Johann Sebastian Bachs Kantate zum Michaelsfest „Es erhub sich ein Streit" wird er sogar als „unerschaffener Michael" und damit als gottgleich gepriesen.

Schon unter den Juden ragte die Gestalt Michaels im Laufe der Zeit immer höher aus der Menge der himmlischen Heerscharen heraus. Nach jüdischer Lehre herrschte er über den siebten, den höchsten Himmel. Er ist der Engel der Gerechtigkeit, der die Vergehen der Völker aufschreibt, und er steht den 70 Völkerengeln vor. Im Judentum ging man davon aus, dass nach dem Turmbau zu Babel die ursprüngliche Einheit der Sprache in 70 Weltsprachen zerfiel. Als mächtigster aller Völkerengel ist Michael zugleich der Völkerengel Israels. Michael kennt die Weltformel, nach der Gott die sichtbare und die unsichtbare Welt erschaffen hat. Er vertreibt Adam und Eva aus dem Paradies, hilft Eva bei der Geburt Kains, schenkt Adam göttliche Offenbarungen, besucht mit Gabriel und Raphael den Stammvater Abraham. Er war es, der mit Jakob am Jabbok rang, der das Volk Israel durch die Wüste führte, Moses unterrichtete und ihm die Zehn Gebote überreichte. Er überbrachte Salomo den Siegelring, mit dem er alle männlichen und weiblichen Geister bannen und Jerusalem erbauen konnte. Schließlich erscheint er dem Propheten Daniel (Daniel 10, 13), um dann im Christentum seine Karriere fortzusetzen.

Michael und seine Engel bekämpfen den rebellischen Teufel (Offenbarung 12, 7–9) und stoßen ihn aus dem Himmel. Unter den Christen wird er als sechsflügeliger Seraph verehrt. Bald gilt er als Engel einzelner christlicher Völker. Zuerst der Langobarden, dann

145

der Franken und schließlich der Deutschen. Im Laufe der Jahrhunderte wird Michael zum Schutzpatron für beinahe sämtliche Berufe. Wo immer ein Bezug zu seinen Zuständigkeitsbereichen hergestellt werden konnte, war man froh, den starken Helden als unsichtbaren Helfer an der Seite zu wissen. Manchmal war die Begründung für sein Patronat jedoch recht weit hergeholt. So hieß es, er sei der Schutzpatron der Kuchen- und Pastetenbäcker, der Waffelbäcker und der Oblatenhersteller, weil er den Teufel in den Höllenpfuhl geworfen habe. Wegen seiner Waffen, dem Schwert und der Lanze, hat er das Patronat über die Degen- und Säbelfechter. Zu seinen Attributen Waffeln und Waffen kam die Waage, mit der Michael die Seelen der Verstorbenen wägt. Sie machte ihn zum Patron der Apotheker, Kolonialwarenhändler und aller Menschen, die mit Waagen arbeiten. In ländlichen Gegenden wird er zur Abwehr von Feuersbrünsten angerufen, Amulette mit seinem Bildnis schützen vor bösem Blick, Depressionen, epileptischen Anfällen und dämonischer Versuchung.

Im Mittelalter waren die sogenannten Michaelsbriefe äußerst beliebt. Man setzte sie gegen jede Art von Bedrohung durch Einbrecher, Feuersbrunst, Unfälle oder Krankheiten ein. Wie die Himmelsbriefe (s. Mormonen) in anderen Religionen, so war auch der Michaelsbrief der Legende nach vom Himmel gefallen und zwar genau auf den Mont-Saint-Michel. Bischof Aubert von Avranches, dem der Engel in einem Traum im Jahre 708 erschienen war (s. Kirchen), hatte ihn zum späteren Unwillen der römischen Synode von 745 verbreiten lassen. Er enthielt eine Segensformel, die in ganz Europa verbreitet wurde. Diese Michaelsbriefe wurden unter das Kopfkissen gelegt, in den Mantel eingenäht oder dem Vieh ins Futter gemischt. Auch Wallfahrtsmünzen, sogenannte „Michaelstaler“, waren seit 1624 im Umlauf. Neben Johannes wurde Michael zu einem beliebten Vornamen. Aus ihm entwickelte sich der Spottname „deutscher Michel“ (s. dort). Schüler, die verspätet zum Unterrichtsbeginn erschienen, hießen „Klotzmichel“.

Zahlreiche Orden nannten sich nach dem Engel, so der portugiesische Ritterorden „Vom Flügel des heiligen Michael" (12. Jahrhundert), der französische „Orden des heiligen Michael" (1. August 1469) oder der deutsche Michaelsorden, den Kurfürst Joseph Clemens von Bayern am 29. September 1693 in der Kapelle beim Lusthaus in Berg am Laim gründete. Der Michaelsorden besteht noch heute und zählt etwa 200 Mitglieder. Zu dieser Gemeinschaft gehören auch die über 200 Barmherzigen Schwestern aus dem benachbarten Kloster. Die „Erzbruderschaft vom heiligen Erzengel Michael" wurde am 9. März 1860 durch Papst Pius IX. anerkannt. Sie verschreibt sich vor allen Dingen der Verteidigung des Papstes. Auch im Luthertum findet sich eine Gebetsgemeinschaft, die sich auf das Patronat des Erzengels beruft. Die „Evangelische Michaelsbruderschaft" sieht ihre Aufgabe in der Pflege der Tagesgebetzeiten.

Nicht nur für die Bruderschaften ist der 29. September ein Höhepunkt im christlichen Jahr. Der Michaelstag war lange Zeit ein wichtiger Zeitabschnitt im Alltagsleben des Volkes. Hier waren Schulden zu begleichen, das Gesinde konnte die Stelle wechseln, die Familie kam zu großen Festen zusammen, die Michaelsgans kam auf den Tisch, Kinder zogen von Haus zu Haus und sammelten Äpfel, Nüsse und andere Gaben. Auf der Insel Bornholm fanden Gelage statt, bei denen die Michaelsminne, ein starkes alkoholisches Getränk, reichlich getrunken wurde.

Überall in Europa entstanden Michaelshöhlen und -kirchen (s. Kirchen). Und natürlich waren Kontaktreliquien des wehrhaften Engels heiß begehrt: Behänge vom Altar der Felsenkirche am Monte Gargano oder auch Teile des Felsens. In Valenciennes glaubte man das Schwert des Engels zu besitzen und in der romanischen Michaelskapelle bei Kleebronn wurde sogar eine Feder des Engels verehrt. Eduard Mörike ironisiert die Legende aus der Zeit der Germanenmission durch Bonifatius in seinem Gedicht „Erzengel Michaels Feder". Im Kampf gegen den Satan des Unglaubens stand dem iroschottischen Mönch der Erzengel Michael zur Seite. Nach erfolgreicher Missionstätigkeit suchte Bonifatius ein persönliches Gespräch mit dem Engel. Dieser hatte aber keine Zeit, da neue Aufgaben ihn riefen. Als er sich in die Lüfte erhebt, greift ihm Bonifatius ins Gefieder und zieht ihm eine goldene Feder aus den Schwingen:

„Der Mann Gottes stund sehr verblüfft,
Ihm war, wie er mit dem Erzengel rang,
Eine Feder, gülden, schön und lang,
Aus dem Fittig in der Hand geblieben.
Flugs tät er sie in Mantel schieben,
Ging eine Strecke fort und sann:
Was fang ich mit der Feder an?"

In der neu gegründeten Michaelskapelle findet sie einen würdigen Ort der Verehrung. Kann ein Engel mit dieser Ämterhäufung heute noch ein Vorbild sein? Gehen von ihm noch immer beflügelnde Gedanken aus? Vielleicht muss man alles vergessen, was über den Engel berichtet wurde und nur auf die Anfrage lauschen, die aus seinem Namen erklingt: Wer ist wie Gott? Sie richtet sich an die Forscher, die in den Laboratorien Mischwesen herstellen, mit menschlichen Klonen experimentieren, an Militaristen und religiöse Fundamentalisten. Michael war immer ein politischer Engel. Er zeigt, dass Engel nicht zu allem „Ja und Amen" sagen, dass sie eine Grenze ziehen, die niemand überschreiten darf. Herauszufinden, wo diese Grenze liegt, ist jeder Generation neu aufgetragen.

## Missverständnisse

Wenn der Himmel in der Morgenfrühe rot aufleuchtet, heißt es: „Die Engel backen Brot". Hier liegt eindeutig ein Missverständnis vor, denn Engel essen kein Brot (s. Nahrung der Engel). Unangemessen ist auch das Sprichwort: „Halte jeden für einen Engel und schließ die Sachen vor ihm wie vor einem Diebe!" Hier wird das Urvertrauen in die Engel massiv untergraben. Auch missbilligt die Engelforschung das Sprichwort: „Jung ein Engel, alt ein Teufel". Gerade die vielen Engel in Menschengestalt (s. dort) und unzählige Nonnen und Mönche zeigen, dass man ein ganzes Leben lang ein Engelleben führen kann. Zustimmung findet dagegen das Sprichwort „Wenn Engel reisen, lacht der Himmel!" Der lacht freilich auch, wenn die Sonne einmal nicht scheint.

# Mohammed

„La ilaha illa Ilah, Muhammadun rasulullah!" Das islamische Glaubensbekenntnis, die Schahada, bezeugt, dass es außer Gott keinen Gott gibt. Mohammed ist sein Prophet. Der Islam (s. dort) hat die Engellehre der großen monotheistischen Schwesterreligionen Judentum und Christentum erweitert. Unter den vielen muslimischen Engeln ist Gabriel (Dschibrail) der wichtigste. Eine arabische Legende berichtet: Als die Mutter des Propheten kurz nach seiner Geburt starb, kamen zwei Engel mit einem Korb voll Schnee vom Paradies, um den Säugling zu waschen. Sie fanden Mohammed bereits beschnitten vor und reinigten ihn äußerlich und innerlich mit dem Paradiesesschnee. Nach diesem Ritual erschien Gabriel vom Himmel und stillte den Propheten jeden Morgen und jeden Abend – allerdings nicht mit der Brust, sondern durch den Finger. Als Mohammed abgestillt war und keine Muttermilch mehr benötigte, verließ ihn seine himmlische Amme für einige Zeit.

Jahrzehnte später, Mohammed hatte eine reiche Witwe geheiratet und war ein erfolgreicher Geschäftsmann geworden, zog er sich für eine Weile ins Gebirge von Hira zurück. Hier in der Abgeschiedenheit der Berge meditierte er über seine Zukunft und suchte eine Antwort auf die Frage nach dem, was wirklich im Leben trägt. Nach einiger Zeit erschien ihm in einer Höhle der Engel Gabriel und teilte mit, er sei zum Propheten einer neuen Religion bestimmt worden. Ähnlich den Propheten des Alten Testamentes wehrte sich Mohammed anfangs gegen seine Berufung, gewiss aus Demut und dem

149

Gefühl, dieser gewaltigen Aufgabe nicht gewachsen zu sein. Erst nach dreimaligem Ringen mit dem Engel (s. Ringkampf mit Engeln) fügt sich Mohammed und tritt in den Dienst Gottes.

Im Laufe der kommenden Jahre empfängt Mohammed schrittweise den Text des Korans, des heiligen Buches der Muslime. Die neue Religion, der Islam, breitet sich in Windeseile über die Arabische Halbinsel und Nordafrika aus. Heute bekennen sich auf der Welt über eine Milliarde Menschen zu der Botschaft, die Gabriel übermittelt hatte.

Mohammeds Erfahrung ist uns vertraut. Wir suchen den Engel der Neugeburt, doch wenn er wirklich erscheint, durchdringen uns viele Fragen. Der Zweifel stellt sich dem ersehnten Ruf des Engels entgegen. Sind wir der Aufgabe gewachsen? Was werden Freunde, Familie und Kollegen sagen, wenn wir der Spur des Engels folgen und ein neuer Mensch werden? Manchmal muss uns der Engel der Geburt zu unserem Glück zwingen.

# Mormonen

Die Mormonen bilden eine Glaubensgemeinschaft mit einem eigenen heiligen Buch, das „Buch Mormon" genannt wird. Der Legende nach wurde es einst dem Propheten Joseph Smith von dem Engel Moroni überreicht.

Im Alter von 15 Jahren fühlte sich Joseph Smith durch die vielen Wahrheitsansprüche der Religionen und Glaubensgemeinschaften spirituell verunsichert. Auf der Suche nach Orientierung erschienen ihm während eines Spazierganges im Wald zwei Engel. Das geschah im Frühjahr des Jahres 1820. Voller Ehrfurcht fiel er auf die Knie und stellte nach einer Weile die Frage, die nicht nur ihm auf dem Herzen liegt: Welche Religion ist die wahre? Welcher Religion soll ich mich anschließen? Die Antwort der Engel war eindeutig: Keiner! Alle haben Unrecht!

Drei Jahre später, am 21. September 1823, erfolgt die eigentliche Berufungsvision. Der Engel Moroni erscheint im Schlafzimmer des Propheten. Joseph Smith beschreibt ihn genau: „Während ich so im Begriffe war, Gott anzurufen, bemerkte ich, wie in meinem Zimmer ein Licht erschien, das immer stärker wurde, bis der Raum schließlich heller war als am Mittag. Gleich darauf wurde an meinem Bett eine Gestalt sichtbar, und der Betreffende stand in der Luft, denn seine Füße berührten den Boden nicht. Er hatte ein loses Gewand von außergewöhnlicher Weiße an, weißer als alles, was ich auf Erden je gesehen hatte. Ich glaube nicht, dass etwas Irdisches so überaus weiß und hellleuchtend gemacht werden kann. Seine Hände waren unbedeckt, auch seine Arme, bis knapp über dem Handgelenk; ebenso waren seine Füße nackt und auch die Beine bis knapp über den Knöchel, Haupt und Hals waren auch nicht bedeckt. Ich konnte erkennen, dass er außer diesem Gewand keine andere Kleidung trug, denn es war offen, und ich sah seine Brust."

Mit anderen Worten: Der Engel Moroni war bis auf ein weißes Gewand völlig nackt. Für die Mormonen ist die Botschaft des Engels von entscheidender Bedeutung. Er offenbart dem Propheten Smith den Fundort des Heiligen Buches der Mormonen. Das „Buch Mormon" erzählt von der Auswanderung jüdischer Stämme nach Amerika. Sie verstehen sich als das wahre erwählte Volk. In Utah haben sie sich niedergelassen. Ihre Hauptstadt ist Salt Lake City. Die Mormonen nennen sich „Kirche Jesu Christi der Heiligen der Letzten Tage". Sie haben 10 Millionen Mitglieder in 150 Ländern der Welt. Die Zahl der Mitglieder in Deutschland beträgt rund 36 000. Ihre zentralen Versammlungsorte sind die Tempel in Freiberg/Sachsen und Friedrichsdorf/Taunus.

Ihre missionarischen Aktivitäten sind auch in deutschen Städten während der Sommermonate zu sehen. Wie die Engel, so betreiben die Mormonen eine Art himmlischer Buchführung. In sämtlichen Standesämtern und Kirchenarchiven der Welt suchen sie nach Namen, um ihre Stammbäume zu vervollständigen. In den Panzerschränken von Salt Lake City ruht das größte Namenarchiv der Welt.

Wer in diesem „Buch des Lebens" verzeichnet ist, hat die Chance, beim Jüngsten Gericht gerettet zu werden.

Viele Amerikaner bezeichnen ihre Heimat als „Gottes eigenes Land". Der Engel der Mormonen aber fügt sich allzu willig dem amerikanischen Lebensgefühl und Erwählungsglauben. Als amerikanischer Völkerengel hat er dennoch nicht Karriere gemacht.

# Moses

Um Moses ranken sich Legenden wie um jeden großen Mann. Und wie allen Großen werden ihm Schattenseiten angedichtet. Wer war dieser Moses? Ein hoher ägyptischer Würdenträger und Anhänger der von Pharao Echnaton begründeten monotheistischen Religion? So behaupten Sigmund Freud in seiner psychoanalytischen Demontage „Der Mann Moses und die monotheistische Religion" (1939) und der Ägyptologe Jan Assmann in seiner Studie „Moses der Ägypter" (1998). Freud sah in Moses einen ehrgeizigen Ägypter, der gerne Religionsstifter werden wollte und sich dazu ein Volk aussuchte, das er nach seinem Willen formen konnte. Freud glaubte, es habe in der frühen Menschheitsgeschichte einen schrecklichen Vorfall gegeben, dessen Folgen tiefe Spuren in dem Unbewussten der Völker hinterlassen habe. Einige Söhne aus der Urhorde hätten den Aufstand gegen ihren Vater gewagt. Daraufhin hätte der Urvater seine Söhne zur Strafe kastriert. Moses habe nun die Beschneidung in Israel durchgesetzt, um an das uralte Trauma zu erinnern. Die Beschneidung sei eine Warnung und ein machtpolitisches Mittel. Denn den kleinen Schnitt könne er jederzeit auch wenige Zentimeter tiefer ansetzen und alles Männliche in Israel verstümmeln.

Die Bibel weiß von diesen Kastrationsdrohungen nichts. Sie erzählt von einem Findelkind, das am Hofe Pharaos aufwuchs, einem Knaben, den die Mutter auf dem Wasser aussetzte, um sein Leben vor den Verfolgern zu retten. Sie wird darauf vertraut haben, dass der Engel der Zukunft ihr Kind nicht verlässt. So war es in der Tat: Der Engel wich Moses niemals von der Seite. „Und der Engel des Herrn erschien ihm in einer feurigen Flamme aus dem Dornbusch" (Exodus 3, 2), und auf dem Berg Sinai erhielt er durch die Weisung von Engeln (Apostelgeschichte 7, 53) die steinernen Tafeln mit den Zehn Geboten. Damit das Gesetz einen würdigen Aufbewahrungsort fände, ordnete Moses den Bau einer tragbaren Bundeslade aus Akazienholz an. Er ließ sie mit Gold überziehen. In ihr war auch Platz für einen Thron, der von Cherubim (Exodus 25. 18 ff.) bewacht wurde.

Moses ist der erste, aber nicht der einzige Prophet Israels, der von einem Engel berufen wurde. Jesaja und Ezechiel folgen ihm. Beide begegnen feurigen Himmelsboten. Der Seraph nähert sich Jesaja mit einer glühenden Kohle vom Altar Gottes (Jesaja 6, 6). In Ezechiels Berufungsvision erscheinen Engel in einer Wolke von loderndem Feuer, begleitet von Fackeln und Blitzen. Sie brennen wie feurige Kohlen (Ezechiel 1. 4.13).

Dürfen wir die Erscheinung des Engels im brennenden Dornbusch auch auf uns beziehen? Vielleicht spiegelt sie ein heiliges Feuer, das in jeder Seele entflammt werden kann. Feuer ist wie alle echten Symbole mehrdeutig. Es wärmt und verzehrt zugleich, schenkt Einblick in das Geheimnis Gottes und verhüllt seine Gestalt zugleich, spendet Wärme und hält zugleich auf Distanz. Manchmal begegnen auch wir einem Engel der Offenbarung. Heiliges kündigt sich durch ihn an und beansprucht Raum in unserem Leben. Der Engel der Offenbarung verlangt Gehorsam. Er fragt nicht, was uns „die Sache bringt", sondern beruft uns, stellt uns in seinen Dienst.

Moses zog mit dem auserwählten Volk 40 Jahre durch die Wüste. Er hatte ein Ziel vor Augen: ein Land der Freiheit, des Friedens, der Fruchtbarkeit. Doch als er die Grenze des Gelobten Landes erreichte und die Früchte seiner langen Bemühungen vor Augen hatte, kam der Engel des Todes. Moses musste sterben. Nach seinem Tod, so erzählen es wieder jüdische Legenden, stritten Michael und der Satan um den Leichnam des Gottesmannes. Keine Frage, wer den Kampf gewann. Auch der Name des Engels, der mit fünf weiteren hohen

Engeln den Leib des Propheten an einer unbekannten Stelle beer-
digte, wurde schnell bekannt. Er heißt Jephephia („Schönheit Gottes"). Sein sprechender Name zeigt, dass niemand Angst vor Sterben
und Tod haben muss. Denn die Seele des Verstorbenen wird nicht im
Dunkel der Erde bleiben, sondern zur Schönheit Gottes hinaufgetra-
gen werden. Deshalb ist der Beistand Jephephias allen Trauernden
eine große Hilfe.

Der Engel der Offenbarung, der sich Moses im brennenden Dornbusch gezeigt hatte, kennt keinen gesegneten Ruhestand mit Ren-
ten- und Pensionsanspruch. Er ist das Feuer, das nie verlischt – auch
nicht in der Stunde des Todes. Während die Menschen noch trauern,
hat er die Seele des Verstorbenen schon ins Flammenmeer der Liebe
Gottes geführt. Denn sein Blick weist in die Zukunft. Dort liegt das
gelobte Land der Ewigkeit.

# Musik

Der Gesang und die Musik der Engel (s. Chöre der Engel; Sphärenmusik) gelten vielen menschlichen Chören als Vorbild. Gelegentlich
erscheinen sogar musizierende Engel auf Erden wie jener Engel mit
der Geige, der den heiligen Franz von Assisi während der Fastenzeit
erfreute. Die heilige Cäcilia konnte stets die Engel sehen und ihre
Musik hören. Auch deshalb gilt sie als Schutzpatronin der Musiker,
Sänger und Instrumentenbauer, besonders aber der Kirchenmusiker.

Stärker als das Wort gilt vielen Menschen die Musik als angemes-
senes Ausdrucksmittel für die Engelerfahrung. Denn der Engel berührt eine tiefe Schicht der Seele, die im Grenzbereich des Sagbaren
liegt. Engellieder wollen die Seele erheben und ihr jene Leichtigkeit
des Schwebens schenken, die den himmlischen Chören nachgesagt
wird. Unübertrefflich ist dies Johann Sebastian Bach mit der 19. Kantate „Es erhub sich ein Streit" gelungen. Der Titel nimmt das Motiv
des Kampfes, den Michael einst gegen die gefallenen Engel führte,

auf. Der Hörer wird durch die dramatische Auseinandersetzung geführt und dann in ein Wohlgefühl des Getragenseins entlassen, das lange in der Seele nachschwingt. Bach greift Worte des Schutzengelpsalms auf: „Denn er hat seinen Engeln befohlen über dir, dass sie dich behüten auf allen deinen Wegen…" Andere Komponisten sind ihm mit der Vertonung von Psalm 91 gefolgt, am überzeugendsten und innigsten vielleicht Felix Mendelssohn Bartholdy (1809–1847).

Im Barock komponierte Dietrich Buxtehude die Kantate „Befiehl dem Engel, dass er kommt". Georg Friedrich Händel besang den „Engel, ewig licht und schön", Gustav Mahler wusste: „Es sungen drei Engel einen süßen Gesang". Claude Achille Debussy schuf „Le Angélus" und Erik Satie „Les Anges". Richard Wagner bekennt im ersten seiner „Wesendonck-Lieder" in schlechtem Reim: „Ja, es stieg auch mir ein Engel nieder, / und auf leuchtendem Gefieder / führt er, ferne jedem Schmerz, / meinen Geist himmelwärts!" Franz Lehárs „Zarewitsch" weiß: „Du hast im Himmel viel Englein bei dir…" und Bing Crosby und Grace Kelly singen vom Engel der Liebe: „… for you and I have a guardian angel with nothing else to do, but to give to me and to give to you love for ever true". Auch Max Reger komponierte für die Liebenden: „Daz iuwer min engel walte!" Die bedeutendste lebende Interpretin von Engelliedern ist die Sopranistin Christine Marén.

Luigi Cherubini (1760–1842) trug einen Engelnamen und komponierte auf Wunsch der Prinzessin von Chimay, deren Gast er 1808 war, eine „Messe de St. Cécile". Carl Engel (1883–1944), Hans Engel (1894–1980), Joel Engel (1868–1927) und Johann Jakob Engel (1741–1802) traten trotz ihres Namens nicht als Komponisten von Engelliedern hervor. Dafür schrieb Paul Hindemith ein „Engelkonzert" („Mathis der Maler", 1934/35).

Zu den modernen Komponisten, die sich mit dem Thema „Engel" intensiv beschäftigen, gehören Olivier Messiaen und Karlheinz Stockhausen. Stockhausens sechsteiliger Zyklus „Licht" nimmt das Sechstagewerk der Schöpfung zum Vorbild für eine Komposition, die durchdrungen ist vom Wirken der Engel und Dämonen. In einem

Gespräch mit der Wochenzeitung „Die Zeit" (22. August 1988) sagt Stockhausen, er sei „fest in der inneren Erfahrung, dass ich immer einen Engel bei mir habe und dass ich geführt werde, ganz gleich, was passiert."

Noch der Entdeckung harren die vier Kurzopern „Engel" von Jochen Berg und Ulrich Gumpert. Hans-Jürgen Hufeisens Flötentöne dagegen sind erfolgreich. Er hat unter dem Titel „Das Engelkonzert. Eine himmlische Flötenmusik" (1992) zwölf Instrumentalstücke komponiert, von denen einige von Engeln inspiriert sein sollen. „Diese Melodie hat mir mein Engel eingehaucht", sagt Hufeisen über das erste Stück mit dem Titel „Mein Engel". Die Titel anderer Stücke lauten „Der Engel von Paris", „Die Flügel des Schutzengels", „Ein Augenblick mit Uriel" oder „Die tanzenden Seraphim".

Vielleicht ist aus diesem Grund in den letzten Jahren auch das Bedürfnis nach sakralem Tanz enorm gestiegen. Bewährte Choreografien hat Maria-Gabriele Wosien erstellt. Ihre Bücher „Tanz als Gebet", „Tanz – Symbole in Bewegung" und „Tanz – Bilder des Weges" geben vielfältige Anregungen für Engeltänze. In dem getanzten „Cherubinischen Hymnus" wird erfahrbar, wovon die Cherubim vor dem Thron Gottes singen: „Lasst uns nun ablegen alle Sorgen dieser Erde!" Auch das moderne Ballett widmet sich den Engeln. Hier sind etwa Wolfgang Rihms „Seraphin" (1994) oder Jochen Ulrichs Tanzstück „Quartette: Angels and Insects" (1997) zu nennen.

Schon Augustinus soll darauf hingewiesen haben, dass musikalische Empfänglichkeit verbunden mit tänzerischem Geschick und rhythmischem Gefühl eine wichtige Voraussetzung für die Aufnahme in den Himmel ist: „Mensch, lerne tanzen, sonst wissen die Engel nichts mit dir anzufangen!" Die meisten Menschen schmunzeln über diesen Ausspruch, und das ist gut so. Allzu ernst sollte er nicht genommen werden. Denn wo blieben im Himmel die Unmusikalischen, diejenigen, die schon in der vierten Klasse eine Fünf im Fach Musik hatten, die Brummbässe und Nichttänzer – eben die meisten Männer?

156

# Nahrung der Engel (Engelbrot)

Am 6. September 1993 schrieb Wolfgang Kempf in der „Bild"-Zeitung: „Engel essen gerne Bratkartoffeln". Einen Tag später kommentierte die Berliner „Tageszeitung" ironisch: „Ob's stimmt? Klar stimmt's! Stand schließlich in der ‚Bild'!" Wie – um alles in der Welt – kommt ein Journalist zu der Behauptung, Bratkartoffeln seien die Nahrung der Engel?!

Gewiss, das bekannte italienische Weihnachtslied „Arivato l'ambasciadore" erzählt von Engeln, die in kalter Winterzeit zu den Kindern herniedersteigen, und es fordert dazu auf, den Himmelsboten auch etwas Gutes zu tun und ihnen eine warme Mahlzeit zu bereiten: „Gebt dem Engel zwei warme Pantoffeln / und 'n Teller mit Bratkartoffeln / und dazu ein Spiegelei, / Schinkenspeck dabei." Von diesem heiteren Lied jedoch auf die Ernährungsweise der Engel zu schließen, zeugt von wenig Gespür für das Wesen und die Bedürfnisse der Geistwesen.

Auch essen Engel mit Sicherheit nicht das in Italien „Engelbrot" (pane di angeli) genannte Gebäck oder die Süßspeise „Engelsröte", ein Dessert aus 150 g körnigem Frischkäse, 150 g Sahne, 1 Glas Preiselbeeren, 200 ml trockenem Rotwein und Borkenschokolade. Überflüssig zu betonen, dass Engel keinen Cognac trinken, auch wenn die Dünste, die bei der Lagerung von Cognac aus dem Fass entweichen, der „Anteil der Engel" genannt werden. Wenn sich an einem klaren, kalten Herbstmorgen der Himmel glühendrot färbt, sagt man: „Die Engel backen Brot." Doch ist diese bildhafte Redewendung, wie viele Worte aus dem himmlischen Wörterbuch, nicht wörtlich zu nehmen. Das Wörterbuch des Himmels muss mit spirituellem Spürsinn gelesen werden.

So steht hinter der Frage nach der Ernährung der Engel mehr als gemeinhin angenommen wird. Schließlich berichtet die Bibel an verschiedenen Stellen von essenden und trinkenden Engeln. Als Abraham von den drei Engeln im Hain Mamre besucht wird, fällt er ehrfürchtig vor ihnen nieder und wäscht ihnen anschließend den Staub der Straße von den Füßen. Dann nehmen die Engel vor Abrahams Zelt unter einem Baum Platz. Abraham und Sarah tischen ihnen Kuchen, Kalbfleisch, Butter und Milch auf, „und sie aßen" (Genesis 18, 8). Engel mögen offenbar keinen Ziegenbraten, denn der Engel des Herrn, der Manoach die Geburt seines Sohnes Simson ankündigt, weigert sich, den ihm angebotenen Ziegenbraten zu essen (Richter 13,16). Deshalb sind sie noch lange keine Vegetarier, wie die Begegnung mit Abraham beweist.

Der Bericht vom Besuch der Engel im Hain Mamre ist eindeutig. Dennoch sollte er nicht zu dem voreiligen Schluss führen, sämtliche Engel äßen Kuchen, Kalbfleisch, Butter und tränken Milch. Es könnte sein, dass sie nur zum Schein an der Mahlzeit teilgenommen hätten und dass es Abraham und Sarah nur so vorkam, als hätten die Engel menschliche Speise zu sich genommen. Ein weiterer biblischer Bericht von der Nahrungsaufnahme der Engel legt diese Vermutung nahe.

So wird der junge Tobias auf einer langen Reise von dem Engel Raphael begleitet, ohne zu wissen, dass sein Wegbegleiter ein Engel ist. Sie schlafen in einem Zelt, sie essen gemeinsam. Als Raphael nach Vollendung der Reise seine wahre Natur enthüllt, wird auch die Frage nach der Nahrung der Engel gestellt. In den Augen Tobias' hatte Raphael eindeutig an den Mahlzeiten teilgenommen. Deshalb stellt der Engel klar: „Es schien zwar so, als hätte ich mit euch gegessen und getrunken; aber ich genieße eine unsichtbare Speise und einen Trank, den kein Mensch sehen kann" (Tobit 12,19). An dieser für die Frage nach der Ernährungsweise der Engel entscheidenden Stelle wird mit Entschiedenheit klargestellt: 1. Engel essen keine menschliche Speise. 2. Engel nehmen eine für Menschen unsichtbare Nahrung zu sich.

Was aber essen und trinken Engel? Unter den Juden wird das Manna, mit dem Gott sein Volk während der Wüstenwanderung ernährt hatte, auch Himmelsbrot und Brot der Engel (Psalm 78, 24f.)

158

genannt. Weil sich Jesus wiederum als das wahre Brot des Lebens (Johannes 6, 35) bezeichnet hatte, löste nach christlicher Anschauung die Eucharistie das Manna als Brot der Engel ab. Die gewandelte Hostie wird seit der Einführung des Fronleichnamfestes im Jahre 1264 auch als Engelbrot bezeichnet.

Als Höhepunkt der katholischen Messe vollzieht der Priester in persona Christi das Messopfer. Dabei wandelt er Brot und Wein in den Leib und das Blut Jesu. Dieses Brot des Lebens oder Speise für das ewige Leben wird im Tabernakel aufbewahrt und von Menschen und Engeln ehrfürchtig angebetet. So finden sich in vielen Barockkirchen die Anbetungsengel mit gefalteten Händen vor dem Tabernakel kniend. Das Messopfer dient der Vergebung der Sünden von Menschen, nicht von Engeln. Gefallene Engel sind zur Eucharistie nicht zugelassen, und die guten Engel Gottes benötigen keine Teilhabe am Sühnopfer Christi. Vielmehr tragen sie das von dem katholischen Priester vollzogene Opfer in den Himmel zu Gott. Auch wird immer wieder davon berichtet, dass sich Heilige, wie die heilige Katharina von Siena, ausschließlich von der Kommunion ernährt hätten, die ihnen von Engeln überbracht wurde.

Dass Engel in die eucharistische Handlung eingreifen oder während der Wandlung am Opferaltar anwesend sind, meinen Kirchenväter des Ostens und des Westens. So sagt Johannes Chrysostomos, der Altarraum und die gesamte Kirche sei während der Eucharistie mit den himmlischen Heerscharen angefüllt. Johannes Mandakuni, ein armenischer Christ, fragt seinen Leser erstaunt: „Weißt du nicht, dass in dem Augenblick, wo das heilige Sakrament auf den Altar kommt, der Himmel droben sich öffnet und Christus herniedersteigt und ankommt, dass englische Heerscharen vom Himmel zur Erde schweben und den Altar umringen, wo das heilige Sakrament des Herrn ist und alle mit heiligem Geist erfüllt werden?"

Die Frage, ob es dereinst im Himmel eine himmlische Eucharistie geben wird, ist eindeutig mit einem „Nein" zu beantworten. Wo es keine Sünde mehr gibt, ist auch kein Sühnopfer mehr nötig. Mit dem Wiedereintritt des Menschen ins Paradies hat es seinen Auftrag erfüllt. Dennoch hat Christus immer wieder von einem himmlischen Gastmahl gesprochen. Dieses besteht in der ewigen und glückseligen Anschauung Gottes (visio beatifica). Mensch und Engel werden sich im Himmel nicht von leiblicher Speise ernähren, sondern allein vom Anblick Gottes. Ähnlich formuliert es auch Paracelsus: „Nun essen die Engel Himmelbrot und ist ihr Essen nichts anders, denn ein Anschauen der großen Herrlichkeit Gottes. Denn sie tun die Augen nimmermehr zu, sondern immer sehen sie auf Gott, ihren Schöpfer, mit großer Vorsichtigkeit."

## Nahtod-Erfahrung

Der achtzehnjährige Marcel fuhr mit seinen fünf Freunden im Auto. Ein Sommergewitter hatte Blütenblätter von den Linden gefegt. Die Straße war glitschig. In einer Kurve wurde der Wagen von der Fahrbahn geschleudert. Drei Jugendliche starben, der Fahrer blieb unverletzt, Marcel erlitt einen doppelten Beckenbruch und einen Schädelbasisbruch. Über Wochen lag er im Koma. Ein Jahr lang verbrachte er in einer Reha-Klinik. Später erzählte er, was er während des Unfalls erlebt hatte. Er sah sich und seinen besten Freund allein in dem Wagen sitzen. Sie fuhren durch die Luft in den Himmel. Dort wurden sie von einer weißgekleideten Gestalt empfangen. Sie stiegen aus, waren glücklich und wollten durch ein Tor gemeinsam in den Himmel gehen. Die Gestalt jedoch verwehrte Marcel den Eintritt. Er müsse wieder auf die Erde zurück, sein Freund dürfe bleiben. So umarmten sich die beiden Freunde zum Abschied, und Marcel ging traurig auf die Erde zurück. Der Freund hatte den Unfall nicht überlebt.

Während des Komas, berichtet Marcel weiter, habe er immer wieder eine Szene vor Augen gehabt, die er zum ersten Mal im Alter von 14 Jahren geträumt hatte. Er befindet sich in seinem Zimmer. Es ist Nacht. Er wacht auf und spürt einen starken Drang, ans Fenster zu treten. Beim Blick hinaus sieht er eine weißgekleidete männliche Gestalt weit unten auf dem Rasen stehen. Marcel öffnet das Fenster, stürzt sich hinab und wird unendlich sanft und zärtlich von der Gestalt aufgefangen.

Erlebnisse dieser Art werden Nahtod-Erfahrungen genannt. In den sechziger Jahren wurden sie durch die Untersuchungen von Elisabeth Kübler-Ross und Raymond Moody populär. Die in Amerika lebende Schweizer Ärztin Elisabeth Kübler-Ross meint sogar, es sei aufgrund der Nahtod-Erfahrungen „bewiesen, dass jeder Mensch von seiner Geburt bis zu seinem Tod von Geistwesen begleitet wird". Hubert Knoblauch, der die umfangreichste wissenschaftliche Untersuchung über Nahtod-Erfahrungen im deutschen Sprachraum durchführte, erzählt in seinem Buch „Berichte aus dem Jenseits" ebenfalls von Engelerscheinungen am Rande des Todes. „Es war ganz hell. Und wie ein Bienenschwarm flogen Engel in diesem Licht", zitiert der Wissenschaftler den Bericht einer Frau, die mit einer Medikamentenvergiftung in ein Krankenhaus eingeliefert wurde. „Das Licht kam langsam auf mich zu, wie wenn jemand es schieben würde. Und ich wurde gezogen. Ich sagte: ‚Das ist das Jüngste Gericht. Jetzt kommt's doch.' Und ich habe mich gefreut, dass ich mitdurfte. Ich habe geschrien, ich darf mit. Es hat mich angezogen wie ein Magnet. Ich bewegte mich auf das Licht zu, und dann lösen sich diese Engel aus einem Klumpen, dem Gewimmel, dem Schwarm. Zwei Engel. Die kommen auf mich zu, ganz groß waren sie, übergroß, weit größer als der Mensch. Schneeweiß angezogen. Ob sie Flügel hatten, weiß ich nicht mehr. Sie kamen auf mich zu und blieben etwa drei Meter vor mir stehen. Ich war in freudiger Aufregung. ‚Ich darf mit, ich darf mit, ich darf mit!' Und da sah ich, wie die Engel den Kopf schüttelten und sagen: ‚Nein, wir dürfen dich nicht mitnehmen. Dein Kleid ist nicht sauber.'"

Hubert Knoblauch betont, die Frau habe vorher nicht an Engel geglaubt. Allerdings ist er vorsichtiger als Elisabeth Kübler-Ross und will nicht gleich von Engelbeweisen sprechen. Denn jeder Mensch erlebe die Nähe des Todes auf seine eigene, höchst individuelle Weise.

Die Nahtod-Erlebnisse sagen auch nichts darüber aus, was hinter der Mauer, die unser irdisches von dem himmlischen Leben trennt, geschieht. Das ist zweifellos richtig. Alle Menschen, die über Engelerscheinungen am Rande der Zeitmauer berichten, sind ja nicht in den Himmel eingetreten, sondern wie der Schüler Marcel wieder auf die Erde zurückgekommen.

Einen wissenschaftlichen Engelbeweis kann die Nahtod-Erfahrung nicht erbringen. Das ist gut so. Denn wo Menschen meinten, Gott, Christus, die Himmelfahrt Mariens oder die Existenz der Engel beweisen zu können, da entstanden auch immer Glaubenszwänge und die Verfolgung derjenigen, die nicht glauben wollten und konnten, weil sie andere Erfahrungen hatten. Doch niemand wird bestreiten, dass viele Nahtod-Erfahrungen echte Engelerlebnisse schenken. Dass sie mit Vorgängen in unserer Seele und unserem Gehirn zusammenhängen, beweist in keiner Weise das Gegenteil. Die bedeutendsten Dichtungen des Abendlandes von Dantes „Göttlicher Komödie" bis zum großartigen Schlussteil von Goethes „Faust II", wo die Engel Fausts Seele in den Himmel tragen, zeigen die weite Verbreitung des Glaubens an die Engel der Sterbenden. Gelegentlich werden sie auch Todesengel genannt. Dieser Ausdruck ist missverständlich und sollte durch die Bezeichnung „Engel der Vollendung" ersetzt werden. Denn die Engel, die auf zahllosen Stundenbüchern des Mittelalters neben den Sterbenden abgebildet wurden, führen unsere Seele ja nicht in das Reich des Todes, sondern durch den Tod hindurch zur Vollendung unserer wahren Gestalt in den Himmel.

Gewiss können sich einzelne Menschen irren. Aber wenn die gesamte abendländische Kunst, Dichtung und Visionsliteratur, wenn die Sagen der Juden aus dem „Born Judas" und die muslimischen Legenden die Engel der Vollendung seit Jahrtausenden bezeugen, so wirft dies ein anderes Licht auf die Sterbeerlebnisse der Gegenwart. Mitarbeiter der Hospiz-Bewegung können ebenfalls bezeugen, dass die Begegnung der Sterbenden mit Engeln noch immer geschieht.

Zu den eindrucksvollsten Dokumenten der Gegenwart gehören Friedrich Cramers Erinnerungen „Kindheit, Jugend und Krieg"

(1995). Cramer leitete das Max-Planck-Institut für experimentelle Medizin in Göttingen und gilt als Wissenschaftler von internationalem Rang. In seiner Autobiografie berichtet er von einem Nahtod-Erlebnis im September 1942 am Don-Bogen in Russland. Er war so schwer verwundet, dass ihn die Kameraden schon aufgegeben hatten. Da sieht er plötzlich die Engel, jenen, mit dem Jakob am Jabbok gekämpft hatte, und die Engel auf der Himmelsleiter: „Eine Himmelsleiter, ja, das ist es, eine Himmelsleiter, die den Raum aufhebt! Dass es so etwas gibt? Und auch die Zeit ist aufgehoben, alles Wollen ist unnötig, es ist ja doch schon alles gemacht. Oder rast die Zeit? Das Raum-Zeit-Gefängnis ist aufgebrochen." Dann öffnet sich ihm sein Lebenspanorama. Alles, was er jemals erlebte, ist plötzlich gleichzeitig da, auf einmal ganz leicht, vollständig, gesegnet und strahlend. Dies ist der Kern der Nahtod-Erfahrung: die Erfahrung der Identität, die Erfahrung, dass unser Leben auf geheimnisvolle Weise zusammengehalten, bewahrt und gerettet wird: „Alles, alles ist da – nichts geht verloren."

Der Engel der Vollendung breitet seine Flügel schützend über die tausend einzelnen Erlebnisse unseres Lebens aus. Das, was wir gewesen sind, wird nicht verloren gehen. Auf mittelalterlichen Bildern sind die Engel der Vollendung mit einem Wickeltuch dargestellt. In ihm befindet sich die Seele des Verstorbenen. Sie wird von den Engeln in den Himmel getragen. Die Seele ist als kleines nacktes Menschlein dargestellt. Damit wird angedeutet, dass spätestens mit dem Tod die „nackte Wahrheit" unseres Lebens sichtbar wird. Alles, was wir gewesen sind, alles, was uns ausmacht, das Krumme und das Gerade, das Helle und das Dunkle, ist angenommen, geborgen, geliebt und geht der Vollendung entgegen. Wir dürfen wieder nackt wie die Neugeborenen sein und brauchen uns nicht mehr vor uns selbst und den anderen Menschen zu verstellen. Die Engel der Vollendung befreien die Seele zu ihrer wahren Gestalt. Sie haben ihr Vorbild in jenen Engeln, die den armen Lazarus nach seinem Tod in den Himmel tragen, wo er in „Abrahams Schoß" Frieden finden wird (Lukas 16, 22).

Im Himmel werden wir wie in einem Mutterschoß geborgen

163

sein. Darauf verweisen auch jene Lichttunnel, die sowohl in den modernen Nahtod-Erlebnissen als auch in den Darstellungen der Künstler aller Zeiten bezeugt sind. Hieronymus Bosch (1450–1516) hat den berühmtesten „Seelentransfer" gemalt. Auf seinem Flügel-altar, der heute im Palazzo Ducale in Venedig zu sehen ist, tragen Engel die Seelen Verstorbener durch das Erdendunkel hinauf in einen Lichttunnel. Der Tod ist der Weg zur Neugeburt. Diese Erfahrung ist ein unschätzbarer Trost für alle Trauernden. Deshalb wandte sich die 17-jährige Noa Ben-Artzi auf dem Jerusalemer Berg Herzl an die Engel. Ihr Großvater Jitzhak Rabin, Israels Ministerpräsident, war ermordet worden. Vor der Weltöffentlichkeit sagte sie: „Größere als ich haben dich schon beweint, aber keiner kannte deine Zärtlichkeit, deine weichen Hände, deine Umarmungen, die nur wir zu spüren bekamen. Und dein vielsagendes Halblächeln, das mit dir gegangen ist. Da ich keine Wahl habe, bitte ich dich, der du immer mein Held warst, dass du an uns denkst und dass du uns vermisst, weil wir hier unten dich so sehr lieben. Ich bitte die Engel im Himmel, dass sie dich gut beschützen, weil du es verdienst" (Focus 46/1995, Seite 9).

## Nothelfer

Engel schenken Hilfe in allen Lebenslagen. Sie schützen vor Krankheit und Gefahr, sie helfen in der Not. Deshalb werden sie auch himmlische Nothelfer genannt. Doch wofür sind sie im Einzelnen zuständig? Wie lauten ihre Namen? Da gibt es keine Wissenschaft, wohl aber Erfahrungswerte aus der alten jüdischen und christlichen Überlieferung.

Bei Prüfungsstress, Kopfschmerzen und Migräne hat sich die Anrufung des Engels *Adonael* („Herr Gott!") bewährt. Sein Name ist ein Stoßseufzer. Man sollte ihn laut aussprechen und dabei tief ausatmen. Er löst Denkblockaden, Verspannungen im Kopf- und Nackenbereich und lässt die Energie wieder frei strömen. Für alle, die sich in einer Aus- oder Weiterbildung oder einer Umschulung befinden, hat Adonaels Zuspruch eine befreiende Wirkung.

Wenn Blitz und Donnerwetter am Horizont des Lebens aufziehen, hilft *Bakariel* („Von Gott gesegnet"). Er stärkt die Seele, schenkt innere Sicherheit und Ruhe. Der Ausrufung seines Namens kann ein weiterer Satz hinzugefügt werden. Etwa: „Ich bin ein gesegnetes Kind" oder „Ich stehe unter Gottes Schutz". Bei Wanderungen im offenen Gelände oder im Gebirge gilt Bakariel als zuverlässiger Begleiter. Er ist auch für Abwehr der „Blitze und Gewitter" in juristischen Streitigkeiten zuständig. Bei falschen Anklagen, sei es im Streit mit dem Vermieter, bei Unfällen oder Scheidungen, hilft er.

Der Engel *Balsamos* („Lichtgott") leuchtet in den dunkelsten Stunden des Lebens. Wenn alle Worte versagen, ist er gegenwärtig und legt sich wie Balsam auf die verwundete Seele seines Schützlings. Er ist der Heiler aller seelisch oder körperlich Missbrauchten, besonders der Kinder. Als Nothelfer in scheinbar aussichtslosen Lagen ist er das Licht am Ende des Tunnels. Deshalb wird er auch von Sterbenden angerufen. Ihnen zeigt er das ewige Licht des Himmels. Sein Name kann wie ein Mantra in ständiger Wiederholung gesprochen werden. Dabei sollte jede Silbe betont werden: „Bal-sa-mos – Gott ist mein Licht".

*Dokiel* („Göttlicher Scharfsinn") ist im Judentum ein Engel mit einer Gerichtswaage. Er hütet auch das Tor der Nordwinde, die manchmal eisig durch die Seele des Menschen wehen, besonders wenn er wegen eines Rechtsverstoßes vor Gericht steht. Während der Engel Bakariel bei falschen Anschuldigungen hilft, greift Dokiel erst ein, wenn es zum Prozess kommt. Er wird deshalb bei schweren Straftaten angerufen. Mit seinem göttlichen Scharfsinn hilft er jedoch nur den Reumütigen. Bei Steuerhinterziehung, Meineid, Vertuschung von Straftaten ist es sinnlos, um seine Hilfe zu bitten. Engel stehen immer auf der Seite der Wahrheit.

Künstler, Maler, Schriftsteller und alle kreativen Menschen können auf den Beistand des Nothelfers *Eleleth* („Die Weisheit") zählen. Er ist der Engel der Inspiration und des göttlichen Funkens. Menschen, die eine spirituelle Orientierung suchen, schenkt er Einsicht in himmlische Geheimnisse, Freude am Gebet, sakralem Tanz oder Entspannungsübungen. Er ist auch ein idealer Begleiter für Seminare, Einkehrtage, Meditationskurse und Akademietagungen. Verkopfte Menschen erfahren durch Eleleth eine wichtige Erweiterung ihres Horizontes. Er zeigt ihnen, dass Wissen noch lange nicht Weisheit ist.

Wenn Menschen Abschied nehmen müssen, ist der Engel *Gabuthelon* („Kraft Gottes") gegenwärtig. Er stärkt die Sterbenden, tröstet die Trauernden, heilt die verwundeten Herzen. „Das letzte Hemd hat keine Taschen", sagt er und schenkt Mut zum Loslassen. „Lass dich fallen, und vertraue auf die Kraft Gottes! Sie wird dich tragen!" Dieser Engel wirkt aber auch mitten im Leben, wenn ein Schlussstrich gezogen werden muss. Als Engel der göttlichen Kraft sorgt er für klare Verhältnisse. Menschen, die mit ihrem Schicksal hadern oder unter Entscheidungsschwäche leiden, ist er eine große Hilfe. Er gibt die Kraft, eine sinnlos gewordene Beziehung zu beenden, ein deutliches Wort zu sprechen und sich von allem überflüssigen Ballast zu trennen. Er ist der Engel einer friedlichen Scheidung und steht auch jenen Menschen bei, die sich nicht von überflüssigem Besitz trennen können. So hat er sich besonders als Nothelfer beim Aufräumen der Wohnung oder bei Umzügen bewährt.

Bei jeder Zeugung ist der Engel *Lajela* anwesend. Er trägt die Seele des Kindes in den werdenden Leib und sorgt dafür, dass sie gleichzeitig mit der Verschmelzung von Samen- und Eizelle inkarniert. Kinderlose Paare dürfen auf seinen Zuspruch rechnen. Lajela schenkt Fruchtbarkeit. Lajelas Dienst wird von *Romiel* fortgesetzt. Er ist der Engel der Wöchnerinnen.

Viele Frauen der Bibel wie Sarah oder Elisabeth litten unter Unfruchtbarkeit und erhielten durch die Mitteilung eines Engels Hilfe. Nicht weil die meisten Kinder in der Nacht gezeugt werden, heißt der Engel Lajela „Nacht", sondern weil er auch den kinderlosen Paaren in der Nacht ihrer Trauer tröstend zur Seite steht.

*Ingethel* („Der unsichtbar Wirkende") hilft überall, wo Diskretion erforderlich ist. Ingethel ist der Engel aller Menschen, die anderen in

Notsituationen durch Gespräche und tatkräftige Hilfe beistehen. Er unterstützt die Mitarbeiter von Hilfsorganisationen, ist in Schwangerschafts- und Erziehungsberatungsstellen zu finden, er hilft am Krisentelefon und in Frauenhäusern und ist sich nicht zu schade, mit der Sammelbüchse in der Hand für die Unterstützung der Arbeit in Tierheimen auf der Haupteinkaufsstraße vor Karstadt zu stehen. Der unsichtbar wirkende Engel ist auch hinter Klostermauern zu finden, wo er das stille Gebet der Mönche und Nonnen segensreich fördert.

Der Engel derjenigen, die nach geistiger und spiritueller Nahrung dürsten, heißt *Malthiel* („Gott rettet"). Er zeigt ihnen neue Bücher, gibt Anregungen für Kino- und Theaterbesuche, ermuntert, die Angebote von Volkshochschulen und anderen Bildungseinrichtungen zu besuchen.

*Nuriel* („Engel des Feuers") heilt erkaltete Beziehungen, führt aus der Depression, wärmt und schmilzt das Eis der Seele. Besonders in Konflikten mit den Eltern, Nachbarn und Vorgesetzten hilft er, alte Vorurteile abzubauen, Verletzungen zu heilen und die Flamme einer neuen Begegnung zu entzünden. In seinem Licht leuchtet das Gesicht eines Menschen plötzlich wieder neu auf.

*Ophanniel* („Rad Gottes"), ein Engel des Mondes, schützt die Nachtwandler und Mondsüchtigen. Er zeigt aber auch die Schönheit der Nacht und aller verborgenen Dinge in den Seelen der Menschen.

*Pantasaron* („Freude") sorgt dafür, dass sich alle Menschen mitfreuen, wenn es etwas zu feiern gibt. Auf Parties, bei Betriebsfesten, Klassenfahrten und Opernbällen vertreibt er die Alltagssorgen. Die Außenseiter integriert er.

*Peliel* („Gott zeichnet aus") war der Lehrer Jakobs. Dieser Engel hilft vor allen Dingen bei Erziehungsschwierigkeiten. Ihm steht Raziel („Geheimnisse Gottes"), der Lehrer Adams, zur Seite. Peliel ist der Engel der Kindergärtnerinnen und Lehrer, aber auch aller Eltern, Großeltern und Nachhilfelehrer, die sich um die geistige Erziehung der Kinder kümmern. Er lehrt sie konsequentes Handeln und Gelassenheit.

*Phanuel* („Angesicht Gottes") vertreibt das schlechte Gewissen. Er ist ein sensibler Seelsorger, dem sich Menschen vertrauensvoll öffnen.

Er hilft besonders Erwachsenen, die unter Schuldgefühlen gegenüber ihren Eltern leiden, und Hausfrauen, die in einem Drang nach übertriebenem Perfektionismus nicht mehr zu sich selbst finden.

*Ramael* („Erhöhung Gottes") ist der Engel der Vision. Er vertreibt das Gefühl innerer Leere und schenkt Impulse für neue Aufgaben in privaten und beruflichen Dingen. Er steht besonders den Arbeitslosen bei.

*Saraphuel* („Flamme Gottes") hilft bei Suchtkrankheiten. Er unterstützt alle Eltern von Drogenabhängigen, hilft aber auch jenen, die mit dem Rauchen oder übermäßigem Trinken aufhören wollen.

Die Zahl der Nothelfer ist so groß wie die Menge der himmlischen Heerscharen. Oft tauchen sie dort auf, wo wir sie nicht vermuten (s. Buchhändler, Stille). Wir können sie in jeder Lebenslage anrufen (s. Gebet, Stoßgebet). Sie sind jederzeit dienstbereit (Dienstengel).

# Opus Angelorum (Engelwerk)

Auch Engelfreunde sind nicht immer vor Sektierertum gefeit. So gab es in Pockau im Erzgebirge die Sekte der Engelhascher. 1927 gründete Mara Fraser (1889–1972) in Südafrika die pfingstlerische Deutsche Spätregen-Mission und berief sich auf eine Engeloffenbarung. In der Katholisch-apostolischen Gemeinde Englands bildete sich im Jahre 1826 der Albury-Kreis. Hier erwartete man das Ende der Welt und ein großes Strafgericht Gottes. Henry Drummond (1786–1860) wurde zum „Engel von Albury" berufen. Engeloffenbarungen und Engelweihen kennt auch das 1961 von Gabriele Bitterlich (1896–1978) gegründete Opus Angelorum oder Engelwerk.

„Was halten Sie vom Engelwerk?" So lautet eine der immer wieder gestellten Fragen. Das Engelwerk gilt als ultrakonservative Sekte. Auch die Medien sparen nicht mit Kritik: Es heißt, das Werk habe eine Million Mitglieder, darunter 50 Bischöfe und Kardinäle, sie würden unter Ausübung von psychischem Druck unter jungen Priestern missionieren, um sie in ihren Bann zu ziehen. Dann ist die Rede von Geheimschriften, einem Handbuch mit Formeln zur Teufelsaustreibung und zwei Büchern mit den Namen von Tagesengeln. Was steht dahinter?

Gabriele Bitterlich hatte seit ihrer Kindheit Engelvisionen und konnte angeblich ihren Schutzengel sehen. 1947 bekommt die mehrfache Mutter von ihrem Beichtvater den Rat, die Botschaft der Engel in einem geistlichen Tagebuch festzuhalten. Zwei Jahre später erhält sie von einem Engel den Auftrag, ihr erstes Buch zu schreiben. Es trägt den Titel „Das Reich der Engel". 1961 zieht Gabriele Bitterlich auf die wie eine Festung gesicherte Burg St. Petersberg in Silz/Tirol. Was sie in Bildern schaute, wurde von Priestern gedeutet und in einem Andachtsbuch für die Gebetspraxis der Mitglieder des Engelwerkes zusammengestellt. Sie verstehen sich als Gebetsgemeinschaft für den Priesternachwuchs in der katholischen Kirche. Weitere typische Merkmale ihrer Spiritualität sind der Kampf gegen die Dämonen und die Vertiefung in das Sühneleiden Christi. Dazu gehört die tägliche Beichte und Kommunion. Diese wird in traditioneller Weise als Mundkommunion praktiziert. Bei Gabriele Bitterlich ging die Identifikation mit Christus so weit, dass sie die Wundmale (Stigmata) getragen haben soll.

Das Corpus Operis Angelorum (COA), wie es sich neuerdings nennt, hat Niederlassungen in Augsburg, Freiburg i. Br., Wien, Rom. Neben dem Kloster St. Petersberg existiert St. Mattias in Schondorf/ Ammersee. Die Priester werden in einer eigenen Hochschule in Anapolis/Brasilien ausgebildet.

In fünf Schritten vollzieht sich die Einweihung in die Geheimnisse der Engelverehrung: Schutzengelversprechen, Schutzengelweihe, Aufnahme in den Helferkreis, Engelweihe und Sühneweihe.

Die Schriften des Engelwerkes sind ausschließlich für Mitglieder bestimmt. Dennoch ist von der Engellehre des Corpus Operis Angelorum trotz aller Geheimhaltung etwas bekannt geworden. Wie Dionysios Areopagita, Hildegard von Bingen und mit ihnen eine ehrwürdige Tradition der katholischen Kirche, spricht das Engelwerk von neun himmlischen Chören der Engel. Diese traditionelle Lehre wird nun bis ins Detail entfaltet. Jeder Chor bekommt eine konkrete Aufgabe. Über die einzelnen Tagesengel informiert ein immerwährender Engelkalender. Hier kann das Mitglied des Ordens nachschlagen, welcher Engel für den Tag zuständig ist. Neben dem Namen ist der Tagesheilige genannt, der Engelchor und das Symbol, an dem der Engel erkannt werden kann. Ein kurzer Text informiert über die Person des Engels, seine Aufgaben und seinen Rufnamen. Ein Gebet beschließt die Einträge.

Gabriele Bitterlich starb 1978. Ihr Nachfolger ist Georg Blaskò. Ihr Sohn Hansjörg Bitterlich ist der Abt des Ordens der Regularkanoniker vom Heiligen Kreuz. Als Rom nach längerer Prüfung bestimmte Schriften und Praktiken des Engelwerkes ablehnte, hat sich das Opus Angelorum formell unterworfen.

Das Gesamtwerk der Gründerin des Engelwerkes soll einen Umfang von über 80 000 Seiten haben. Angenommen, Gabriele Bitterlich hätte bis zu ihrem Todestag jeden Tag Engeloffenbarungen gehabt, dann hätte sie, Sonn- und Feiertage eingeschlossen, sieben Seiten pro Tag niederschreiben müssen! Der Dialog zwischen dem Engel Gabriel und Maria (Lukas 1, 28–38) beträgt gerade elf Verse. „Fürchte dich nicht!", so lautet die Botschaft des Engels.

# Persische Engel

Die Vorstellung von persischen Engeln ist mit der Gestalt des Religionsstifters Zarathustra verbunden. Sein Name bedeutet: „Der Mann mit den hellbraunen Kamelen". Zarathustra oder Zoroaster wurde in der Gegend von Mazar-sharif/Afghanistan geboren. Wann er in Persien wirkte, weiß niemand genau. Die Angaben schwanken zwischen 1000 und 600 v. Chr. Zarathustra lehrte die Existenz von zwei Mächten. Dem guten Lichtgott Ahura Mazda (Weiser Herr), einer Engelgestalt, stand der Teufel Angra Mainyu gegenüber. Er ist heute unter den Anthroposophen als Ahriman bekannt. Zu ihm gehören viele Dämonen (devas), so auch Asmodäus (aeschma daeva = Wut, Raserei), den der Engel Raphael besiegt (Tobit 3, 8.17). Nach dem engelgleichen Gott Ahura Mazda wird Zarathustras Religion auch Mazdaismus genannt. Friedrich Nietzsche ließ sich von Zarathustras Dualismus ebenso inspirieren („Also sprach Zarathustra") wie Mozart zu der Gestalt des Zauberers Sarastro („Die Zauberflöte"). Nietzsches Informantin für Altpersisches war seine Freundin Lou Andreas-Salomé, die Frau des Göttinger Orientalisten Carl Andreas.

Aus dem alten Persien stammen auch die Mandäer. „Manda" bedeutet „Gnosis, Wissen, Erkenntnis". Auch sie lehrten einen Dualismus. Ihr Ursprung verliert sich im Dunkel der Zeiten. Unter den Sassanidenherrschern (226–642 n. Chr.) wird der Zoroastrismus in Persien Staatsreligion. Die heiligen Texte werden kodifiziert. Sie heißen Avesta (Grundtext). In dieser Zeit tritt der Prophet Mani (216–277) auf. Er beruft sich auf die Offenbarung durch einen Engel und lehrt, die echten Aussprüche Zarathustras seien verloren gegangen. Für diesen Frontalangriff auf die Tradition wird er unter König Bahram I. (274–277) gekreuzigt. Bekanntlich hing Augustin (354–430) zwischen 376 und 384 dem Manichäismus an. Der Dualismus der

Manichäer hinterließ Spuren in seinem Werk, beeinflusste aber auch Reformbewegungen auf dem Balkan (Bogomilismus) und in der Provence (Katharer). Heute leben manichäische Ideen unter dem Volk der Uiguren im äußersten Westen Chinas weiter. Als Engelanbeter gelten die Jesiden. Ihre Religion wird bis auf den heutigen Tag weitgehend mündlich überliefert. Viele Kurden aus dem türkisch-irakischen Grenzgebiet sind Jesiden.

Als der Islam im Jahre 642 n. Chr. Persien eroberte, prallten der neue Monotheismus und der alte Dualismus zusammen. Vollständig überwunden wurden die persischen Religionen niemals. Sie werden heute unter dem Begriff Parsismus, abgeleitet von der Landschaft Parsa (Fars), zusammengefasst. Einen direkten Einfluss auf die jüdische oder christliche Engellehre haben sie nicht gehabt. Sie halfen den monotheistischen Religionen jedoch, das eigene deutlicher zu sehen und zu formulieren. Noch die großen Lehrentscheidungen des Vierten Laterankonzils von 1215 (s. Katholizismus) gegen den Dualismus der Katharer versuchen den Geist Zarathustras zu bannen.

# Pflanzen

Die Engelstrompete (Datura suaveolens) ist eine baumartige Stechapfelart aus Mexiko, kein Musikinstrument. Sie muss vor Frost geschützt werden, blüht in großen, doch zarten weiß, rosa oder gelben Blüten in Form einer Trompete. Engelstrompeten gelten unter Gartenbesitzern als ausgesprochene „Wassersäufer". Sie enthält hochgiftige Alkaloide (Atropin, Scopolamin) und wird gelegentlich als Droge missbraucht. Anmutige Frühlingsblüher sind dagegen die Engelstränen-Narzissen. Sie tragen mehrere wildnarzissenähnliche Blüten an einem Stiel und duften intensiv. Einen Engelnamen besitzt auch der Tüpfelfarn „Engelsüß" und die breitbuschige, dauerblühende Strauchrose „Angela". 1982 erhielt sie die Auszeichnung als ADR-Rose (Anerkannte Deutsche Rose).

Unter den Pflanzen mit Engelnamen stechen die Iris „Blue Angel" und die „Engelwurz" hervor: ihr lateinischer Name lautet „Angelica archangelica", was mit „Engel der Erzengel" übersetzt werden kann. Mit ihren grünweißlichen Blütenköpfen blüht sie nur zwei Jahre – wie einige Engel der jüdischen Kabbala (s. Judentum). In Frankreich hängt man die Engelwurz den Kindern um den Hals, um sie vor Zauberei zu bewahren. Es heißt auch, dass die Engelwurz, von Erwachsenen getragen, eine erotische Ausstrahlung verleihe. In Lappland wird sie deshalb als Liebeszauber verwendet. Sie soll auch die Potenz steigern.

Die Frage, ob Pflanzen nicht nur Engelnamen tragen, sondern auch von Engeln bei ihrem Wachstum gefördert werden, hat Kardinal John Henry Newman bereits im 19. Jahrhundert eindeutig positiv klären können: „Ich sehe die Engel auch als die eigentliche Ursache der Bewegung, des Lichtes, des Lebens, dieser Grundtatsachen der psychischen Welt an. Freilich, wenn ihr Wirken in unsere Sinne fällt, macht es uns lediglich den Eindruck von Ursache und Wirkung, das, was wir mit ‚Naturgesetz' bezeichnen. Aber jedes Lüftchen, jeder Strahl von Licht und Wärme, jedes Aufschimmern von Schönheit ist gleichsam nur der Saum des Gewandes, das Rauschen des Kleides jener, die Gott von Angesicht zu Angesicht schauen." Deshalb, so der Kardinal weiter, sollte jeder Mensch bei der Betrachtung eines Steines, eines Grashalmes oder einer Blume „sich mit einem Mal in der Gegenwart eines mächtigen Wesens finden, das sich unter der Hülle der sichtbaren Welt verhüllt". Die Schönheit der Natur ist ein Spiegel des Glanzes der Engel. „Wollen wir nicht annehmen, dass diese Naturerscheinungen, welche der Mensch so leidenschaftlich erforscht, das Kleid und das Geschmeide jenes höheren Wesens sind!", ruft der Kirchenmann begeistert aus. Möge sein Beispiel unter unseren Seelsorgern Schule machen!

Wie die Engel, so leben die Pflanzen vom Licht des Himmels. In der spirituellen Welt sind beide ein Vorbild für den Menschen, der sich aufrichtet, um die Energie der Mitte in seine Seele strömen zu lassen.

# Phantomtramper

Anfang der achtziger Jahre meldete die katholische Nachrichten-agentur gemeinsam mit der Deutschen Presseagentur ein seltsames Vorkommnis aus Oberbayern. Eine Frau aus Rosenheim hatte einen Tramper in ihrem Auto mitgenommen. Zur äußeren Erscheinung des jungen Mannes konnte sie später nur wenige Angaben machen. Der Anhalter habe Jeans und einen Rucksack getragen. Während der Fahrt seien sie ins Gespräch gekommen. Der junge Mann, offenbar ein Leser von George Orwells Zukunftsroman „1984", habe für das Jahr 1984 den Weltuntergang mittels einer Atomkatastrophe ange-kündigt. Auf die erstaunte Rückfrage der Frau aus Rosenheim, wo-her er das denn wisse, habe er behauptet, er sei der Erzengel Gabriel und sei dann plötzlich verschwunden, ohne vorher den Sicherheits-gurt des Beifahrersitzes zu lösen.

Die Parapsychologie kennt viele ähnliche Geschichten von Tram-pern, die urplötzlich wie ein Geist verschwinden. In seinem Buch „Beweise: Phantomtramper" (1984) versucht Michael Goss eine Er-klärung für das Auftreten der Phantomtramper zu geben. Die ge-heimnisvollen Anhalter entspringen der Phantasie der Autofahrer und kommen gewiss nicht aus dem Jenseits. Sie verleihen den per-sönlichen Wünschen, Ängsten und Vorurteilen Ausdruck. Auch Prä-lat Dr. Curt M. Genewein vom Erzbischöflichen Ordinariat Mün-chen glaubt den geheimnisvollen Anhalter-Engel entlarven zu können. Es sei undenkbar, dass Engel irgendwo irgendjemandem in der Gestalt eines Anhalters erscheinen, den Weltuntergang mitteilen und sich anschließend wieder in Luft auflösten. Die Polizei in Nie-derbayern nahm indes zahlreiche weitere Meldungen auf, nach de-nen der Geisterbeifahrer Gabriel aufgetaucht sein soll.

Dass Engel in Menschengestalt (s. dort) erscheinen können, ist durch die Engelforschung mehrfach bezeugt. Auch von ihrem plötz-lichen Verschwinden wird gelegentlich berichtet. Das entscheidende Argument gegen die Echtheit dieser angeblichen Offenbarung ergibt

175

wie immer in Zweifelsfällen die genaue Kenntnis vom Wesen und von der Wirkung der Engel. 1. Engel treiben mit ihren Menschen keine Scherze. 2. Sie teilen sich nicht in unverbindlicher Weise nach dem Motto „Friss und stirb!" mit. 3. Gabriel ist für Geburtsprozesse und nicht für den Weltuntergang zuständig. 4. Engelworte sind wahr. Die Welt ist im Jahre 1984 nicht untergegangen. Der vermeintliche Anhalter-Engel hatte also auch hier gelogen.

Ebenso unwahr sind die zahlreichen Geschichten, die seit Beginn der sechziger Jahre verbreitet wurden. Sie berichten von Engeln, die in UFOs auf die Erde gekommen sein sollen. Erich von Däniken stellte die Behauptung auf, hinter den großen Engelvisionen des Alten Testamentes stünden in Wirklichkeit Begegnungen mit Außerirdischen. Die weißen Gestalten, von denen die Bibel auch im Zusammenhang mit der Auferstehung und Himmelfahrt Jesu berichtet, seien Astronauten in einem silbernen Anzug gewesen. Auch das ist schlichtweg Unsinn.

Der Schriftsteller Ernst Jünger hat sich mit den zahlreichen Berichten von angeblichen UFOs beschäftigt und die Sache auf den Punkt gebracht. „Merkwürdig ist die Erwartung fremder Gäste gerade heute, wo die astronautische Erkundung nicht nur die Unbewohntheit, sondern auch die Unbewohnbarkeit der Sterne bewiesen zu haben scheint. Hier eben deutet sich die Tiefe der Sehnsucht an. Immer stärker wird gefühlt, dass die reine Macht und der Genuss der Technik nicht befriedigen. Was früher Engel waren und was Engel gaben, wird vermisst", kommentiert er 1983 in seinem Buch „Aladins Problem". Heute, nach der Jahrtausendwende und der Wiederkehr der Engel, blicken wir auf jene Zeit mit Nachsicht zurück und freuen uns der echten Engel, die uns mit ihrer Anwesenheit beglücken.

# Psychoanalyse

Religion ist Wunschdenken, lehrte Sigmund Freud. Mit Heinrich Heines Worten spottete er: „Den Himmel überlassen wir getrost den Engeln und den Spatzen!" Nun hat sich die Psychoanalyse seit Freuds Religionskritik „Die Zukunft einer Illusion" (1927) in viele Schulen verzweigt. Jede hat ihr eigenes Dogma und ihren „Kirchenvater". C. G. Jung (s. dort) hat einen ganz anderen Blick als Freud.

Zu den Psychotherapeuten, die in ihrer Arbeit positive Erfahrungen mit Engeln gemacht haben, zählt Irmtraud Tarr Krüger. Sie wuchs mit einem berühmten Engelgebet auf. Jeden Abend stellte sie sich vor, wie vierzehn Schutzengel ihr Bett umstehen. Dies gab ihr ein Gefühl des Beschützt- und Aufgehobenseins. Von direkten Schutzengelbegegnungen erzählt sie nichts. Für sie ist der Engel jedoch mit Erfahrungen von Bewahrung durch Menschen, Begegnungen, Wegweisungen, entscheidenden Sätzen im richtigen Moment und musikalischen Hörerlebnissen verbunden. In ihrem Buch mit dem bezeichnenden Titel „Schutzengel. Boten aus dem Raum der Seele" (1999) stellt sie die Frage, warum gerade heute so viele Menschen an Schutzengel glauben. Aus Sicht der Psychoanalyse sei dies ein Hinweis, dass wir geschützte Räume brauchen, Zufluchtsorte, wo wir unsere empfindsamen, schutzbedürftigen Seiten leben dürfen. Was sind also Engel aus Sicht der Psychoanalyse? „Engel werden geschaffen und entstehen durch innere Reifungsprozesse", sagt Irmtraud Tarr Krüger.

Sind Engel nun Boten Gottes oder Boten der Seele? Kommen sie aus dem Himmel oder aus der Tiefe des Unbewussten? Sind sie Personen oder Personifikationen? So lauten Fragen, die schnell eine gereizte Stimmung verbreiten. Denn Engelerfahrungen gehen unter die Haut, gleichgültig, ob sie im Himmel oder in der Seele ihren Ursprung haben. Da lassen wir uns von anderen Menschen nicht vorschreiben, woher der Engel stammt, der uns berührt hat. Wer in dem Engel sein höheres Selbst oder sein Wesensgewissen sieht, das Auf-

leuchten einer Tiefendimension der eigenen Person, wird in einem
Psychoanalytiker den richtigen Gesprächspartner finden. Doch mit
wem kann man seine Erfahrung teilen, wenn man in dem Engel einen Boten Gottes erkennt? Die ersten Seelsorger wurden Therapeuten genannt. Es waren Männer und Frauen, die sich in die Einsamkeit der Wüste zurückgezogen hatten, bis sie jeden Winkel ihrer
Seele kannten. Zu ihnen kamen die Ratsuchenden, zu ihnen kämen
sie auch heute.

## Putten (Putti)

Der Name leitet sich aus dem toskanischen Dialektwort „putto" ab,
einem Kosewort, mit dem Großmütter und Mütter die kleinen Kinder rufen. Wir können es frei mit „Engelchen", „Engelsgesicht" oder
„himmlisches Kind" übersetzen. An den Putten scheiden sich die
Geister. Im Barock und Rokoko sitzen sie auf Orgeln und Säulen, sie
schauen von der Kirchenkuppel herab, spielen zu Füßen Marias oder
stibitzen einen Kardinalshut. Sie tanzen Reigen, spielen Laute und
schweben über der Krippe im Stall zu Bethlehem. Einige haben die
Aufgabe des antiken Liebesgottes Amor (Eros) übernommen und
führen Paare zusammen, kein Wunder, freuen sich doch Kinder über
weitere Geschwister. Es gibt Engelfreunde wie Walter Nigg oder
Wladimir Lindenberg, die an den Putten Anstoß nehmen. Sie gelten
ihnen als harmlos oder kitschig, weil sie in Widerspruch zur edlen,
ernsten Gestalt anderer Engel stehen.

Niemand muss Gefallen an den Putten haben. In der Vielfalt der
Engelbilder wird jeder die Darstellung finden, die sein Herz berührt
und den Himmel aufschließt. Darauf allein kommt es an. Aber vielleicht entgeht uns eine Dimension des Göttlichen, wenn wir den
Weg zu den Putten nicht finden? Das wäre doch bedauerlich.

In der Renaissance werden die verspielten Putten beliebt. Andrea
Mantegna (1431–1506) hat sie für das Brautzimmer (Camera degli

Sposi) des Markgrafen Lodovico Gonzaga und seiner deutschen Frau, Barbara von Brandenburg, gemalt. Zehn Jahre dauerte die Ausmalung des 8,1 × 8,1 Meter großen Zimmers mit Szenen aus dem Leben der Familie. Andrea Mantegna war ein Meister der Illusion, einer Maltechnik, mit deren Hilfe er den Innenraum optisch zu erweitern verstand. Auch das Deckengemälde folgt dieser Technik. Der Betrachter gewinnt den Eindruck, vor einem geöffneten Himmel (Oculus) zu stehen. Hier oben spielen Putti auf der Balustrade, Höflinge und Dienstmädchen blicken neugierig und amüsiert auf die Liebenden hinab. Der Pfau, Symbol der Juno und der Ehe, sitzt auf der Balustrade. Das Umschlagbild unseres himmlischen Wörterbuches zeigt Mantegnas Putti, die nun mit Interesse und Wohlgefallen auf die Leser blicken.

Wer die Kinderliebe der Italiener kennt, ahnt, dass die Putten ein Inbegriff des Liebenswerten sind. Jesus hatte sogar die Kinder als spirituelle Vorbilder der Erwachsenen hervorgehoben: Wer nicht wie die Kinder werde, könne nicht in das Himmelreich eingehen. Auf jedem Lächeln eines Säuglings oder kleinen Kindes liegt ein Abglanz des Himmels. Wer will das bestreiten? Gott offenbart sich im Kind – das ist die christliche Botschaft, das erlösende Wort für die Welt. Nehmen wir es ernst? Hat es Folgen für unseren Umgang mit den Kindern? Die Botschaft der Putten verweist auf das göttliche Kind, das auch in unserer Seele geboren werden will.

# Raphael

Raphael ist der Engel der heilenden Kräfte. Man nennt ihn auch den himmlischen Arzt. Der Engel der Gesundheit steht in seelischen Krisen und bei Krankheiten bei. Deshalb sind auch Krankenhäuser, wie die Raphaelsklinik in Münster, nach ihm benannt. Zugleich ist er der Engel der Wachstumskräfte. Er herrscht über den Sommer des Lebens und ist in besonderer Weise der Engel der Kinder und Jugend. In dieser Lebensphase unterstützt er die Arbeit des Schutzengels. Viele Waldorfkindergärten und -schulen tragen seinen Namen. Sein Name gibt seinen Zuständigkeitsbereich an. Raphael bedeutet „Gott hat geheilt". Neben Gabriel, Michael und Uriel gilt er im Judentum als einer der vier Engelfürsten. Im Judentum ist Raphael der Engel des Sonntages, im Christentum regiert er über den Donnerstag. Jüdische Gelehrte des Mittelalters ordnen ihn dem Planeten Merkur zu. Nach jüdischer Lehre gehörte Raphael zu den drei Engeln, die Abraham aufsuchten. Er war der Lehrer Isaaks.

Über Raphaels Wirken sind wir durch das Buch Tobit gut unterrichtet. Der Maler Rembrandt hat wesentliche Szenen aus dem Buch ins Bild gesetzt (s. Kunst). Raphael ist zur Stelle, wenn Menschen auf die Reise gehen. Allerdings begleitet er die Menschen stets inkognito. Er kennt sich aus in der Herstellung von Medikamenten, kann böse Geister vertreiben, bei finanziellen Engpässen aushelfen und in Liebesdingen beraten, kurzum, Raphael ist der ideale Reisebegleiter auf dem Weg ins Leben. Auf zahlreichen mittelalterlichen Bildern wird er als Führer auf der letzten Reise des Menschen dargestellt. Gemeinsam mit Gabriel trägt er die Seelen der Verstorbenen in einem Wickeltuch in den Himmel.

Raphael ist ein Heiler und Lehrer. Darin besteht auch seine besondere Aufgabe für das dritte Jahrtausend. Als Arzt zeigt er, dass Krankheiten nicht nur körperliche Ursachen haben können. Er lehrt ein ganzheitliches Bild vom Menschen und die Heilung von Körper und Seele. So ist Raphael in besonderer Weise ein Schutzpatron der Ärzte, Apotheker und der Reisenden. Seine Attribute sind Medizinbüchse, ein Gefäß mit Fischgalle, Kreuz und Stab. Die Lehrer, Erzieherinnen, Psychologen und alle Menschen, die mit der Begleitung von Kindern und Jugendlichen betraut sind, lehrt er eine ganzheitliche Wahrnehmung der Seele. Die Seele ist nicht nur durch Erziehung, Umwelteinflüsse und die Zeit, in die ein Mensch hineingeboren worden ist, geprägt. Sie kommt vom Himmel und kehrt in den Himmel zurück. Nicht die Eltern haben das Kind gewählt, sondern das Kind hat sich seine Eltern ausgesucht. Das ist ein Zeichen seiner Liebe. Raphael richtet den Blick der Eltern auf den himmlischen Ursprung des Kindes. Er schenkt aber auch jene Gelassenheit, die Eltern brauchen, um ihre Kinder loslassen zu können. Jedes Kind ist mehr als die Summe der erzieherischen Einflüsse und des genetischen Erbes der Familie. Es folgt seinem eigenen Auftrag und muss ihn in seinem Erdenleben entfalten. Der Engel der Heilung schenkt Eltern und Erziehern Mut, auf die Wachstumskräfte im Kind zu vertrauen.

## Reiseengel

Raphael (s. dort) ist nicht der einzige Reiseengel geblieben. Engel begleiten die Reisenden auf der Straße oder im Flugzeug, sie stehen den Bergwanderern und Fahrradfahrern bei und schützen sie auch während der Nacht in Jugendherbergen, auf Zeltplätzen oder im Hotel. Deshalb tragen viele Gasthöfe einen Engelnamen (s. Engel-Bräu). Moderne Reiseengel sind selbstverständlich umweltbewusst und begleiten besonders gerne Bus- und Bahnfahrer. Ihre Engelsgeduld wird jedoch bei Zugverspätungen immer wieder auf eine harte Probe gestellt.

Einen modernen Reiseengel hat Niki de Saint Phalle für den Zürcher Hauptbahnhof entworfen. Hoch oben schwebt er über den

Reisenden. Welche Gedanken diesen modernen Reisebegleiter beflügeln, blieb lange Zeit sein Geheimnis. Nun hat es ihm die Schülerin Nina Morf aus der Kantonschule Wiedikon entlockt. Moderne Reiseengel lieben vor allen Dingen Dynamik und pulsierendes Leben. „Ich, der Engel in der Bahnhofshalle von Zürich", lässt Nina Morf ihn sprechen, „hänge tagein, tagaus hier an der Decke und betrachte die Menschenmengen, die unter mir vorbeiziehen. Am besten gefällt mir die Vorweihnachtszeit. Denn dann laufen die Menschen noch schneller und hektischer unter mir durch" („Jugend schreibt", FAZ 18. Dezember 2000).

## *Rilke, Rainer Maria*

Rainer Maria Rilke befand sich in einer tiefen Lebenskrise, als er im Herbst 1911 die Einladung seiner Freundin Marie von Thurn und Taxis-Hohenlohe annahm, den Winter auf ihrem Schloss Duino an der Adria zu verbringen. „Doctor Serafico", wie sie den Dichter nannte, war aus der katholischen Kirche ausgetreten, die Scheidung von Clara Westhoff stand bevor, und er überlegte, ob er sich wie seine Frau in psychoanalytische Behandlung begeben sollte. Rilke war 36 Jahre alt und in einer Lebensphase, wo viele Menschen nach langem Ringen einen Durchbruch zu einer neuen Engelbegegnung finden. Auf Schloss Duino fand er die Einsamkeit, die für ihn Voraussetzung jeder echten Tiefenerfahrung war. Allein die Wirtschafterin Miss Greenham und der Butler Carlo standen diskret im Hintergrund.

Am 20. Januar 1912 erhält Rilke einen Brief von seinem Anwalt. Die bevorstehende Trennung von Frau und Kind belastet ihn über die Maßen. Er verlässt das Schloss, geht den Weg hinunter zum Meer und vernimmt plötzlich Stimmen.

„Wer, wenn ich schriee, hörte mich denn aus der Engel Ordnungen?"

Das ist der Beginn einer der bedeutendsten Engeldichtungen der Weltliteratur. Wie Maria die Worte des Erzengels Gabriel, will sie Rilke als reine Offenbarung empfangen haben. Noch am Abend schreibt er die erste der „Duineser Elegien" nieder. Die zweite folgt bald, dann Bruchstücke, dann stockt die Niederschrift. Zehn Jahre werden vergehen, bis die zehn „Duineser Elegien" vollendet sind, zehn Jahre des Ringens mit dem Engel. Viele Menschen kennen diesen Kampf mit dem Engel, auch wenn sie keine Dichter oder Künstler sind. Denn der Himmel geht über jedem Menschen auf. Es geschieht im Augenblick, in Bruchteilen von Sekunden. Das Erlebte festzuhalten, ihm Gestalt zu geben im eigenen Herzen, es wirken und wachsen zu lassen im Weltinnenraum der Seele, ist ein langer und schmerzhafter Prozess. Dem Dichter ist es gegeben, ihn in Worte zu fassen. Das ist seine Gabe und sein Auftrag. Deshalb ist Mitteilung Pflicht.

Am 11. Februar 1922 vollendet er mit immer weiter nach innen genommenem Herzen auf Schloss Muzot den Gesang von „der Engel Ordnungen". Sofort teilt er seiner Freundin Lou Andreas-Salomé in Göttingen die Geburt der Elegien mit. Er fühlt sich wie Maria nach der Geburt Jesu, spricht von „Wunder, Gnade", und die Freundin stimmt in diesen höchsten aller möglichen Vergleiche ein: „Möglich wohl, dass eine Reaktion eintritt, weil das Geschöpf den Schöpfer aushalten musste, dann lass Dich davon nicht erschrecken (so fühlten sich auch die Marien nach ihrem Zimmermann unfasslichen Geburt)."

Rilkes zehn Engelgesänge erscheinen in einer Zeit, in der das Heilige als Kern echter Gottesbegegnung wiederentdeckt wird. Die bekannten kitschigen Engeldarstellungen im 19. Jahrhundert waren auch Ausdruck einer bürgerlichen Innerlichkeit gewesen. Nach den vergeblichen Versuchen der liberalen evangelischen Theologie, die Bibel unter den Gebildeten wieder gesellschaftsfähig zu machen, nach den ebenso vergeblichen Versuchen des Papsttums, die Moderne aufzuhalten, entdeckt Rudolf Otto neu das Heilige als ein tiefes Geheimnis, das den Menschen zugleich erhebt und erschaudern lässt. Von dieser Heiligkeit Gottes haben die Seraphim und Cherubim gesungen. Rilke, der sich nicht in eine vordergründig verstandene christliche Frömmigkeitsgeschichte einordnen lässt, nimmt ihren Gesang auf. „Ein jeder Engel ist schrecklich", sagt er. Engel schützen, hüten und bewahren uns, gewiss, aber zuweilen erleben wir ihre Größe und Fremdheit, und vor ihrer Heiligkeit wird uns bewusst, wie weit wir von ihnen, aber auch von unserer eigenen Mitte entfernt sind.

Es ist kein Zufall, dass Rilke genau zehn Elegien veröffentlicht hat. Denn er übernimmt die alte kirchliche Vorstellung (s. Dionysios Areopagita) von den neun Chören der Engel. Das sind die Ordnungen oder Hierarchien der Engel, von denen der erste Vers spricht. In der zehnten Elegie richtet Rilke schließlich seinen Blick in den Himmel auf den zehnten Engelchor, den einst die Menschheit bilden wird. Am Ende der Zeiten werden Engel und Mensch vereint sein und in Ewigkeit das Gotteslob singen. Rilke bedient sich also traditioneller Vorstellungen vom Himmel, zitiert klassische Engelgeschichten wie das Buch Tobit und vergleicht wie Hildegard von Bingen die Engel mit einem Spiegel. Doch wie kein Dichter vor ihm hat Rilke den Engeldienst des Menschen ernst genommen. Mensch und Engel, so hatten es die Kirchenväter gelehrt, sollen gemeinsam zum Ruhme Gottes singen.

Wie aber fühlt sich der Mensch neben dem Engel? Was hat er schon mitzuteilen? Kann er mithalten? Aber gewiss, wenn der Mensch sich auf das konzentriert, was kein Engel weiß: Das irdische, vergängliche Leben, seine eigenen Erfahrungen, die Kunst, die Musik, die Empfindung, den Schmerz, die Liebe, die Sinnlichkeit. Der Mensch hat einen eigenen Auftrag. Sein Raum ist die sichtbare Welt. Sie will durch ihn ins Wort verwandelt werden, will Mitteilung werden, Lobgesang, wie ihn kein Engel anstimmen kann:

„*Hier* ist des *Säglichen* Zeit, hier seine Heimat.
Sprich und bekenn."

Mensch und Engel sind Geschwister, Partner; jeder hat seine eigene Erfahrung von Welt, jeder seine eigene Stimme im himmlischen Chor. Der heilige Gesang der Seraphim und Cherubim hatte Rilke ergriffen. Gott findet zu allen Zeiten Propheten und Dichter, deren Herz offen ist für die Botschaft der Engel. Von ihren Worten zehrt die Menschheit.

## Ringkampf mit Engeln

Wenn uns jemand erzählte, er hätte nachts mit einem Engel gerungen und sei dabei an der Hüfte verletzt worden, so dass er seitdem auf einem Bein hinke, mal im Ernst, würden wir nicht glauben, er hielte uns zum Narren? Ringkämpfe unter Menschen sind schon vor dem Jahre 2000 v. Chr. in Ägypten bezeugt. Dieser Zweikampfsport wird im griechisch-römischen Stil, bei dem Griffe vom Kopf bis zur Gürtellinie erlaubt sind, und im Freistil ausgeübt. Beim Freistil sind Griffe am ganzen Körper, auch Angriffe an und mit den Beinen erlaubt. Neben den klassischen Ringerdisziplinen haben Catchen und Wrestling heute einen hohen Unterhaltungswert. Die Showkämpfe laufen regelmäßig auf dem Fernsehsender Eurosport. DSF hat sogar mit „American Gladiators" eine eigene Serie im Vormittagsprogramm. Aber ein Ringkampf im Freistil mit einem Engel?

„Der mit dem Engel kämpft", heißt „Jakob". Seit dem Ringkampf trägt er den Ehrentitel Israel oder Gotteskämpfer. Jakob entstammte einem Geschlecht, das von alters her Umgang mit Engeln hatte. Abraham erschienen sie im Hain Mamre, sie retteten Isaak auf dem Berg Moria und sie waren Jakob im Traum erschienen. Jakob hatte mit Hilfe der Mutter den Segen des erblindeten Vaters ergaunert, musste vor dem Bruder Esau fliehen und hatte in Bethel den Traum von der Himmelsleiter (s. dort). Im Judentum war man sich einig, dass dieser Traum die Grenze des Schicklichen streifte. Denn einige Rabbiner wollten in den Engeln auf der Leiter die Völker-engel (s. dort) erkannt haben, die sich anschickten, den Himmel zu erstürmen und Gott den Thron streitig zu machen.

Auch der hinterlistige Jakob wollte hoch hinaus. Mit Hilfe von Betrügereien ist er zu Wohlstand gekommen. Er ist mit vier Frauen verheiratet, hat viele Kinder, da bricht in der Mitte seines Lebens die Erinnerung an den Bruder Esau auf. Jakob spürt, er kann mit dieser Schuld nicht weiterleben. Er kann sich seines Besitzes und seiner Fa-milie nicht freuen, solange keine Versöhnung mit dem Bruder er-reicht ist. Das ist die Situation unmittelbar vor dem Engelkampf. Mit dem ganzen Tross bricht Jakob auf. Ob Esau ihm verzeihen wird? Jakob geht ein Risiko ein. In der Nacht am Fluss Jabbok mag ihn der Zweifel überfallen haben. Ein inneres Ringen setzt ein.

Dann erscheint der Mann Gottes und kämpft mit ihm, bis die Morgenröte anbricht. Es ist eine jener schlaflosen Nächte, in denen Menschen mit sich, ihrem Schicksal und ihrem Engel ringen – um Wahrhaftigkeit, um den richtigen Weg, die notwendige Entschei-dung. Jakob gibt nicht auf. Er spricht die berühmten Worte: „Ich las-se dich nicht, du segnest mich denn" (Genesis 32, 27). Der Engel seg-net ihn und gibt Jakob zugleich den Schlag gegen die Hüfte. Damit korrigiert er den allzu kühnen Traum von der Himmelsleiter. Der Erwählte ist der Gezeichnete, und jede spirituelle Wiedergeburt hinterlässt Schwangerschaftsnarben auf der Seele.

In Jakobs Ringkampf mit dem Engel haben sich viele Menschen wiedergefunden. Für George Steiner ist er ein Bild für das Ringen der Schriftsteller. Unter ihnen seien auch Frauen zu finden: „Hat es größere Ringkämpfer mit dem ‚Engel, der schrecklich ist‘, gegeben als beispielsweise George Eliot oder Anna Achmatowa?" Aber es sind nicht nur die Künstler, die wie Paul Gauguin (s. Kunst) mit dem En-gel der Entscheidung ringen. Der Engel des Kampfes erscheint in der Lebensmitte. Wir können auf einen Teil unseres Weges zurückbli-cken. Die Lebensspur leuchtet auf und mit ihr das Dunkle, das Ver-säumte, die Schuld und das ungelebte Leben. Bis zur Furt des Jabbok mögen uns Freunde, Verwandte, Partner begleiten. Doch kämpfen muss jeder allein. Den Blick auf die Wahrheit des eigenen Lebens zu werfen, heißt den Kampf mit dem Engel aufzunehmen, zu ringen um die Wahrhaftigkeit, aus der ein großer Segen fließt. Dann leuchtet die herrliche Morgenröte.

# Satan

Der Film „Ein Satansbraten kommt selten allein" erzählt die Geschichte eines Kindes, das seine Eltern durch allerlei Streiche und Provokationen zur Weißglut bringt. Für viele junge Kinobesucher wurde der kleine Satansbraten zu einem Idol: Endlich mal einer, der nicht immer Ja und Amen sagt und es den Großen zeigt! Satansbraten kommen in jeder besseren Familie vor. Mit dem echten Satan verhält es sich ähnlich. Durch sein Protestverhalten gegenüber dem Herrn der Heerscharen (s. dort) wurde er für viele Künstler zum Vorbild. So dichtete Charles Baudelaire eine „Hymne an Satan", William Blake zeichnete ihn als strahlenden Helden, die Rolling Stones komponierten ein Lied zu seinen Ehren, und Satanisten wie Aleister Crowley verehrten ihn als wahren Herrn der Welt.

Satan war ursprünglich ein Gerichtsengel mit direktem Zugang zu Gott. Das hebräische Wort „Satan" bedeutet „Ankläger". Als Staatsanwalt im Himmel wachte er über die Einhaltung der reinen Lehre. Einige Wissenschaftler wollen in seinem Amt das himmlische Vorbild für die heilige Inquisition sehen. Als Präfekt der himmlischen Glaubenskongregation hatte Satan sicherlich keine einfache Tätigkeit. Sein Auftrag verleitete ihn zu Überheblichkeit. Letztlich wollte er – bildhaft gesprochen – päpstlicher sein als der Papst. So berichtet das Buch Hiob, Satan habe sogar Gott angeklagt, er lasse sich von der Frömmigkeit Hiobs blenden. Hiob glaube nur, weil es ihm finanziell gut gehe. So verleitet Satan Gott zu einer Überprüfung von Hiobs Glauben unter schwersten Bedingungen.

Gott wird dieser Glaubenswächter manchmal zur Last gefallen sein. Denn im Laufe der Zeit entwickelte sich Satan zu einem Wadelbeißer und Richter in eigener Sache. Wo Gott aus lauter Menschenliebe die Augen schließen wollte, legte er immer wieder den Finger auf die Wunde. Satan wurde ein Gerechtigkeitsfanatiker und

Perfektionist. Er konnte es nicht ertragen, wenn Gott gelegentlich eine Ausnahme von der Regel erlaubte. Einmal gesagt, immer gesagt! war Satans Motto. In Goethes „Faust" (Verse 294 f.) darf deshalb Gott genervt dem Satan erwidern:

„Kommst du nur immer anzuklagen?
Ist auf der Erde ewig dir nichts recht?"

Letztlich scheiterte Satan an seiner fehlenden Rollendistanz. Großzügigkeit, Gelassenheit, Heiterkeit, Liebe und Gnade sind im Himmel und auf der Erde wichtige Tugenden. Satan kannte nur die Gerechtigkeit. In ihrem Namen rebellierte er gegen die göttliche Ordnung, wurde immer unerträglicher und musste schließlich aus dem Himmel verwiesen werden. Mit der gleichen Intensität, mit der er früher für die Einhaltung der Gesetze gestritten hatte, kämpfte er nun gegen die göttliche Herrschaft. Solche radikalen Konversionen sind auch unter Menschen nicht selten.

Der gefallene Engel Satan scharte sogleich eine Gruppe von anderen Systemkritikern um sich, meist blasse Engel, die zwar äußerlich ihren Dienst versehen hatten, innerlich aber voller Widerspruch gegenüber Gottes Gnade im Umgang mit den Menschen waren. Der konservative Rebell Satan wurde von ihnen wie ein Gott verehrt. Oft steckt hinter dem auffälligen Verhalten eine tiefe Verunsicherung.

Die Psychologin Alice Miller spricht vom Drama des begabten Kindes. Satan und die Seinen ließen ihre Wut an ihren jüngeren Geschwistern, den Menschen, aus. Nachdem Gott den Menschen geschaffen hatte, so berichtet auch der Koran, habe er die Engel aufgefordert, vor Adam niederzuknien. Dies habe den Widerspruch Satans erregt. Denn, so argumentierte Satan, Gott selbst habe doch ehedem gefordert, dass die Engel nur vor Gott niederknien dürften. Der muslimische Mystiker Al Halladsch lässt deshalb den Satan sagen:

„Mein Aufruhr heißt:
Dich heilig zu erklären!"

Einige Sufis meinen, Satan verdiene mehr Verständnis und Mitleid, als ihm durch die Glaubenshüter zuteil geworden ist. Doch dürfen die Folgen von Satans frommem Protest nicht übersehen werden. Er wurde letztlich ein Fanatiker des Heiligen und verrannte sich in zahllosen Angriffen auf den Menschen. Im Laufe der Zeit verhärteten sich die Fronten immer mehr. Die Fakten sind hinlänglich bekannt und im Neuen Testament ausführlich dokumentiert.

Über das zukünftige Schicksal des Satans sind sich die Glaubenshüter der Kirche einig: Satan werde für alle Ewigkeit in den Flammen der Hölle die verdiente Strafe finden. Der Kirchenvater Origenes (185–254) war in diesem Punkt anderer Meinung. Er setzte nicht nur auf die Gerechtigkeit, sondern zugleich auf die Gnade Gottes und lehrte, dass Christus noch ein zweites Mal auf die Welt kommen werde, um Satan und die gefallenen Engel zu erlösen. Wie Hans Urs von Balthasar plädiert auch der Philosoph Hans Blumenberg für eine Begnadigung Satans: Er solle „nicht schwerer bestraft werden, als die Menschen ihre Mörder zu strafen mühsam gelernt haben – zwar lebenslänglich im Urteil, aber auf Zeit durch Aussetzung oder Begnadigung" (FAZ vom 27. Dezember 1989).

# Säulenengel

Die Basilika La Sagrada Familia (Heilige Familie) gehört zu den Wahrzeichen Barcelonas. Sie ist das unvollendete Hauptwerk des Architekten Antoni Gaudí (1852–1926). 1883 hatte er den bereits begonnenen Bau des Architekten Francisco Villar übernommen. Gaudí errichtete die Ostfassade mit vier Türmen und die Krypta, wo er begraben liegt. Mehr als hundert Jahre nach Baubeginn vollendete im Dezember 2000 der japanische Bildhauer Etsuro Sotoo eine weitere Fassade mit neun musizierenden Engeln.

Die plastische und halbplastische Darstellung von Engeln an Kirchengebäuden beginnt mit der Romanik. Viele aus Stein gemeißelte

Engel sind auf Säulen oder Säulenaufsätzen (Kapitellen) zu finden. Das ist kein Zufall. Die ursprünglich farbig angemalten Säulenengel sind nicht nur Schmuck, sondern spielen in der Architektur eine tragende Rolle. Ihre Botschaft lautet: Ohne Säulenengel gäbe es keine Kirche. In der Tat war es ein Engel, der Petrus, genannt „der Fels" und nach katholischer Auffassung der erste Papst, aus einem römischen Gefängnis befreite. Die romanischen Plastiken zeigen diese Szene (Vézelay), das Abrahamsopfer (Autun), die Verkündigung an Maria (Arles) oder die Hirten (Chauvigny), Engel am Grab Christi (Saulieu) oder beim Jüngsten Gericht (Conques). Über den Kirchenportalen finden sich immer wieder die Verkündigung durch Gabriel, Szenen aus dem Weltgericht oder dem Leben der Seligen im Himmel. Auf dem Höhepunkt der Gotik entsteht in Straßburg der berühmte Engelpfeiler mit den Posaune blasenden Engeln. Auch seine Botschaft lautet: Engel sind die Säulen der Kirche.

# Schlafstörungen

Es gibt tausend Alltagsdinge, die Menschen aus dem Gleichgewicht bringen und ihnen den Schlaf rauben. In der Nacht tritt das Verborgene und Verdrängte hervor. Die Angst, im Leben zu versagen, Schuldgefühle oder Stress verhindern den gesunden Schlaf. Der Engel Joel hilft bei Schlafstörungen. In früher christlicher Zeit bildete er mit Michael, Raphael und Uriel eine Viererform. Joel („Jahwe ist Gott") zeigt, wie die Lösung der Probleme und der Stressabbau gelingen können. Seine Botschaft lautet: Frage dich, was wirklich wichtig in deinem Leben ist! Dann triff eine Entscheidung. Gott wird dir beistehen, darauf kannst du dich verlassen. Hab keine Angst!

# Schlager

Der deutsche Schlager kennt allein dreimal den Titel „Engel der Nacht", gesungen von Jürgen Marcus (1981), Julio Iglesias (1992) und Peter Rafael (1991). Roland Kaiser wusste, „Engel haben niemals frei" (1985), Michael Morgan glaubte einen „Engel in Blue Jeans" (1987) gesehen zu haben, Hubert KaH (Hubert Kemmler) sang vom „Engel 07" (1984). Der Mann mit dem Engelnamen, Nino de Angelo, hatte mit „Engel und Teufel, Luisa" (1983) Erfolg. Ray Miller sang bereits 1971 vom „Engelchen", und Juliane Werding forderte im Jahr der Wiedervereinigung Deutschlands eine „Zeit für Engel" (1990). Die Liste könnte schier endlos fortgesetzt werden von Peter Orloffs „Ein Engel, der Sehnsucht heißt", Stefan Waggershausens „Hallo Engel", den Rolling Stones, den Eurythmics, Elvis Presley, über die Scorpions bis zur Kelly-Familie.

Unter den deutschen Engelliedern der Gegenwart sticht Marius Müller-Westernhagens „Engel" aus der CD „Halleluja" hervor. Für ihn ist das Erscheinen des Engels wie ein Augenblick aus Ewigkeit, ein Moment der angehaltenen Zeit, der ihn mit Liebe und Dankbarkeit erfüllt. Der Engel schenkt dem Leben Sinn und gibt ihm eine Ausrichtung. Dabei bleibt in der Schwebe, ob der Engel real ist oder ein Bild für die Liebe zu einer Frau. Diese „Unschärferelation" ist für viele Engellieder typisch und wohl auch notwendig, wenn Erfahrungsräume eröffnet oder durch Musik gestaltet werden sollen.

# Schutzengel

Von allen Engeln, die Gott erschaffen hat, sind Schutzengel die beliebtesten. Schutzengel sind stets treu, gleichgültig was passiert. Fünf Fragen werden im Zusammenhang mit Schutzengeln immer wieder gestellt: 1. Hat jeder Mensch einen Schutzengel? 2. Wie lange begleitet der Schutzengel den Menschen? 3. Gibt es Menschen mit zwei oder mehr Schutzengeln? 4. Auf welcher Seite geht der Schutzengel? 5. Sprechen Schutzengel untereinander?

Der Schutzengel ist uns zur Seite gestellt, da spielen weder Hautfarbe, Nationalität, Religionszugehörigkeit, Intelligenz noch Besitz eine Rolle. Es wäre ja auch im höchsten Grade ungerecht, wenn nur orthodoxe Juden, Katholiken, Evangelikale oder schiitische Muslime einen Schutzengel hätten und nicht etwa die ungetauften Kinder, die Unbeschnittenen des Herzens, die Heiden und Zweifler.

Der Schutzengel begleitet seinen Menschen nicht erst mit der Geburt. Diese Terminierung wäre völlig unlogisch. Denn unser Leben beginnt mit der Zeugung, ja vielleicht hatten wir sogar ein Vorleben im Paradies. So jedenfalls erzählt der jiddische Schriftsteller Itzik Manger in der Geschichte vom Engel Simon Bär, der die Seelen der Kinder auf die Welt bringt („Mein letzter Tag im Paradies"). Der Dienst des Schutzengels ist beendet, wenn er seinen Menschen wieder zum Paradies geführt hat und ihm die Pforte zum Garten Eden öffnet. Dann treten Schutzengel und Mensch Hand in Hand ins Paradies. Die Vorstellung, der Schutzengel würde anschließend wieder ein Kind zur Welt bringen, ist falsch. Schutzengel und Mensch sind das Urbild innigster Verbundenheit. Sie wird niemals aufgelöst.

Ob dem Schutzengel gelegentlich Hilfsschutzengel entlastend zur Seite stehen, wird unterschiedlich beantwortet (s. Islam). Man sollte sich davor hüten, hier ein allzu menschliches Bild vom Schutzengel zu entwerfen und ihm etwa Erschöpfungszustände unterstellen. Das untergräbt besonders bei Kindern das Urvertrauen. Aus Sicht der Engelforschung problematisch ist auch die Warnung: „Schneuze dich behutsam und spucke nur hinter dir aus, wegen der Engel, die vor dir stehen!" Steht etwa hinter uns kein Schutzengel? In Bayern sagt man, der Schutzengel gehe stets auf der rechten Seite seines Menschen, bei einem Priester zur Linken. Heißt das, vor uns, über uns oder unter uns ist etwa kein Schutzengel? Auch hier sollte man sich vor einer allzu menschlichen Vorstellung vom Körper des Schutzengels hüten. Auch wenn der Schutzengel wie sein jüdisches Urbild Raphael (s. dort) eine menschliche Gestalt annehmen kann, so bleibt er doch Geist.

Der holländische Arzt Hans C. Moolenburgh hatte bereits 1985 zahlreiche Schutzengelerlebnisse veröffentlicht und damit eine Flut von Büchern zu diesem Thema ausgelöst. Schutzengel sind populär wie nie zuvor. Doch was schützt eigentlich der Schutzengel? Gewiss, er schützt vor Unfall und Gefahr. Erwin Wickert berichtet in seiner Autobiografie, wie er als Kleinkind die Treppe hinunterstürzte und von einem Schutzengel aufgefangen wurde. Aber haben Menschen, die im Krieg schwer verwundet wurden, die an Krebs oder Aids sterben werden, etwa keinen Schutzengel? Der Engel des Menschen, wie Romano Guardini den Schutzengel nennt, schützt vor allen Dingen den Wesenskern des Menschen. Wenn wir durch das dunkle Tal gehen, steht er uns zur Seite und trägt uns in seiner Liebe. Im Gemeindebrief der St. Mary's Church in Killarnay / Irland wird er trefflich als „my spiritual bodyguard" (23. Juli 1995) bezeichnet.

Oft sind es nicht Rettung und Bewahrung vor der Not, sondern Krise und Krankheit, in denen das Bild des Schutzengels aufleuchtet. Der Schutzengel malt keine heile Welt wie auf den Kitschbildern des 19. Jahrhunderts, aber er öffnet auf allen unseren Wegen den Blick auf das Heil. Selbstverständlich kennt auch der Liturgische Kalender der Kirche ein eigenes Schutzengelfest. Seit 1670 wird es am 2. Oktober gefeiert. Und kein Wunder, dass es vor allem mit sozialen Fragen betraute Frauenorden sind, die sich nach den Schutzengeln benannt haben.

Der große Seelsorger und Theologe Romano Guardini hat den Dienst der Schutzengel in einer Universitätspredigt (1955) trefflich beschrieben: „Dieses, des Menschen eigenstes Wesen schützt der Engel in den Verhüllungen, Wirrnissen, Gewaltsamkeiten des Lebens. Er schützt es nicht nur gegen die Gefahr, die von außen, sondern auch gegen jene, die aus dem Menschen selbst kommt: seine Unbotmäßigkeit, seine Unredlichkeit, seine Trägheit, sein Unmaß. Er tut es in der Stimme des Gewissens, in den Warnungen des Herzens, im Wort der Freunde, in den Folgen des Tuns, im Sinn der Geschehnisse – in alledem spricht seine Stimme mit."

# Schutzengeldarstellungen

Gabriele von Lutzau war Stewardess auf der „Landshut", die im Herbst 1977 von Terroristen nach Mogadischu entführt wurde. Nach der Befreiung quittierte sie den Dienst bei der Lufthansa. Heute arbeitet sie als Bildhauerin in Michelstadt. Aus Buchenholz formt sie große mannshohe Schutzengel. Die ersten bildnerischen Darstellungen von Schutzengeln entstanden im 15. und 16. Jahrhundert. Sie zeigten den Erzengel Raphael und seinen Schützling, den jungen Tobias. Populär aber wurden sie erst im 19. Jahrhundert. Es war das Zeitalter der modernen Naturwissenschaft, der Entdeckungen Darwins, Haeckels und Freuds und der Philosophie Nietzsches. Plötzlich war alles in Frage gestellt, was den Menschen Sicherheit im Leben gegeben hatte. Neue Fragen tauchten auf: Gibt es einen Gott, oder ist er nur frommes Wunschdenken? Stammt der Mensch vom Affen ab, oder ist er ein Geschöpf Gottes? Ist unsere Seele unsterblich und himmlischen Ursprungs? Ist Gott etwa tot? Auch Theologen und Pfarrer sind da oft ratlos – und das Volk spürt es.

Die Schutzengelbilder versuchen eine Antwort auf die beunruhigenden Fragen der Zeit zu geben. Je wissenschaftlicher die Welt werde, schreibt der englische Maler Sir Edward Coley Burne-Jones an Oscar Wilde, desto mehr wolle er Engel malen. Die Schutzengelbilder wollen die Seele vor dem kalten Wind der modernen Welt schützen und hüllen sie in Engelflügel ein. Ende des 19. Jahrhunderts hängen in vielen Schlaf- und Kinderzimmern Schutzengelbilder. Die Schutzengel betreuen Mädchen und Jungen beim Morgen- oder Abendgebet, sie leiten sie durch die Landschaft, schützen vor Abgründen, Schlangen oder einem brüchigen Steg.

Der berühmteste Schutzengelmaler war Bernhard Plockhorst (1825–1907). Seine Bilder wurden millionenfach reproduziert. Plockhorst hatte sein Gemälde „Schutzengel" 1886 in der Königlichen Akademie Berlin präsentiert und mit seiner eindeutig weiblichen Darstellung des Schutzengels die Vorstellung von den himmlischen

Helfern für die kommenden Jahrzehnte geprägt. Er selbst wurde durch das Bild „Der Engel" von Wilhelm von Kaulbach (1805–1874) aus dem Jahre 1858 angeregt. Kaulbach wiederum ließ sich von Hans Christian Andersens Märchen „Der Engel" inspirieren.

Schutzengelbilder waren besonders im evangelischen Bereich verbreitet, weil Martin Luther (s. dort) ein glühender Verehrer der Engel gewesen war und mit seinem Morgen- und Abendsegen den Tag durch Engel umrahmt hatte. Mit den Engeln stand der Christ auf, mit den Engeln ging er zu Bett. Die lutherische Frömmigkeit stellte den einzelnen Menschen vor Gott. Allein auf die Gnade (sola gratia), allein auf Christus (solus Christus), allein auf den Glauben (sola fide) kam es an. Maßstab der Frömmigkeit wurde die Bibel (sola scriptura), und da war von den Schutzengeln häufig die Rede. Die Engel begleiteten das Leben Jesu von der Geburt bis zur Himmelfahrt, sie standen besonders den Kindern bei (Matthäus 18, 10), und im Schutzengelpsalm hieß es: „Denn er hat seinen Engeln befohlen, dass sie dich behüten auf allen deinen Wegen, dass sie dich auf den Händen tragen und du deinen Fuß nicht an einen Stein stoßest" (Psalm 91, 11–12).

Aber auch in der katholischen Volksfrömmigkeit wurde die Darstellung von Schutzengeln äußerst beliebt. Kirchen (s. dort) wurden zu Ehren der Engel errichtet. In Bilbao wurde 1894 die Gemeinschaft der „Schwestern von den heiligen Schutzengeln" gegründet. Sie widmete sich der „Erziehung der armen und gefährdeten Jugend", in Deutschland entstand der „Schutzengelverein für die Diaspora" und die Jugendbeilage der Wochenschrift „Die katholische Familie" veröffentlichte regelmäßig Schutzengelgeschichten, -bilder und -gebete. In zahlreichen Gemeinden Deutschlands entstanden Schutzengelbruderschaften. 1871 wurde der Sankt-Raphaels-Verein zum Schutze deutscher Auswanderer von Peter Paul Cahensly (1838–1923) in Mainz gegründet, und in Auray entstand 1860 ein Gabriel-Verein zur Förderung der Jugenderziehung.

Schutzengel wurden auf Andachtsbildern, Wallfahrtserinnerungen, auf Sterbebildchen von Verwandten und Nachbarn gedruckt. Sie standen als Gipsfiguren auf dem Hausaltar, wurden aus Porzellan, Blech oder Holz hergestellt. Johann Fischer aus Engeldorf/Gemeinde Kürten hat in seinem Engelmuseum über 4000 Exemplare gesammelt. Zum Engelsammler wurde er nach einem schweren Unfall. Er ist nicht der einzige, der durch die Erfahrung einer Krise oder eine Verletzung zum Glauben an die Schutzengel fand. Ausschließlich auf Schutzengel als Sammlungsobjekte hat sich Manfred Klauda spezialisiert. In seinem Museum in Kreuth am Tegernsee haben sich mehr als 300 Schutzengel eingefunden. Mit 11 161 Exemplaren besitzt Joyce Berg aus Beloit/Wisconsin die größte Schutzengelsammlung der Welt (Life 12/1995).

# Segen

Bis zum Zweiten Vatikanischen Konzil herrschte in der katholischen Kirche der Brauch, nach der Messe noch einmal niederzuknien, um den Segen des Engels Michael zu erbitten. Engelsegen waren schon im frühen Mittelalter sehr beliebt. Nicht immer zur Freude der Kirche. So wurde die Anrufung von acht Engeln in dem Segen des Bischofs Aldebertus im Jahre 745 verboten. Im Kampf gegen Fieberkrankheiten schrieb man Engelnamen auf Hostien und fügte den Namen des Kranken hinzu. Auch von dem Dreiengelsegen versprach man sich Hilfe: „Ich gebiete euch allen 77 Gichtern und Gesichtern, wie ihr auch immer heißt, dass ihr von dem N. N. (hier fügt man den Namen ein) abweichen wollt aus allen seinen Gliedern!" Der Dreiengelsegen wurde besonders bei Rheumakrankheiten gesprochen. Vor Beginn einer Reise erbat man den Schutz Raphaels oder Michaels, so im Ausfahrtssegen von Muri: „Lieber Erzengel Michael, beschütze heute N. N., sei ihm Schild und Speer!"

Vielen Menschen ist Martin Luthers Morgen- und Abendsegen ein vertrautes Ritual: „Dein heiliger Engel sei mit mir, dass der böse Feind keine Macht an mir finde." Besonders schön ist der Weingart-

ner Reisesegen. Bei der Verabschiedung hebe man die rechte Hand
und spreche:

„Ich dir nach sendi
mit minen fünf fingerlin
fünfi undi fünfzic engili.
Got dich gesundi heimgesendi!"

## Sexualität

Liebe ist Hingabe. Engel sind Liebende. Besonders der Schutzengel ist
der Inbegriff einer reinen Liebe, die selbst in den schwersten Krisen-
zeiten des Lebens den Geliebten nicht aufgibt. Aber kennen Engel
sexuelle oder erotische Lüste? Sind sie männlich oder weiblich? Ver-
mehren sie sich? Von Augustin bis zu Thomas von Aquin sind viele gelehrte Abhandlungen zur Frage der Sexualität der Engel geschrieben
worden. Aber ist der Fall nicht eindeutig? Sind Engel nicht ge-
schlechtslose, von Gott für die Ewigkeit geschaffene unsichtbare Wesen,
reine Geister der Luft, die über allen Geschlechterdifferenzen stehen?
   Nach kirchlicher Lehre ist die Sache klar: Jesus hatte von dem Leben im Himmel gesprochen. Dabei wurde das Problem der Körper
der Auferstandenen berührt. Werden wir als Männer oder Frauen
auferstehen? Die Antwort lautete: Weder – noch, denn wir werden
den Engeln gleich sein (Matthäus 22, 30). Der Kirchenvater Origenes verstand die Stelle so: Die Auferstandenen werden geschlechtslos
wie die Engel sein. So kastrierte er sich, um schon auf Erden ein Engelleben führen zu können. Aber lag hier nicht ein grobes Missverständnis vor? Einige Rabbinen jedenfalls lehrten, dass Engel beschnitten seien, also männlich. Die Schutzengeldarstellungen des 19. Jahrhunderts und die Engel der Werbung wiederum führen uns eine
weibliche Gestalt vor Augen. Gut, kann man entgegnen, der Volks-
glaube ist in dieser delikaten Frage nun wirklich kein Maßstab.

Im Buch Genesis (6, 1–4) findet sich der wichtigste Text für die Frage nach dem Geschlecht der Engel. Er hat unsere Vorstellungen von männlichen Engeln, die sich in Frauen verlieben, bis in den Film (s. dort) der Gegenwart geprägt. Damals im Morgendämmer der jungfräulichen Schöpfung blickten einige Engel vom Himmel herab auf die Erde. Sie sahen wunderschöne Frauen, vergaßen ihre himmlischen Pflichten und den ewigen Lobpreis Gottes, verliebten sich und zeugten mit den Jungfrauen Kinder. Diese kurze Notiz wurde von den Apokryphen (s. dort) ausführlich kommentiert, da die Leser begierig auf weitere Details des Engelsturzes waren. Das Henochbuch nennt Semjasa als Anführer der gefallenen Engel. Sie zeugten nicht nur Kinder, sondern lehrten sie auch die Kunst des Schreibens und der Herstellung von Waffen. Ihre Bestrafung durch Gott am Jüngsten Tag gilt als ausgemacht. Mit Ketten der Finsternis sind sie in die Hölle gestoßen worden (2. Petrusbrief 2, 4; Judasbrief 6) und harren dort ihres Schicksals.

Wie stark der Bericht vom Engelsturz nachhallte, beweist Paulus in einem seiner Briefe an die Gemeinde von Korinth. Offenbar hat er Sorge, dass es wieder zu himmlischen Liebesaffären kommen könnte. Jede Frau solle deshalb um der Engel willen während des Gottesdienstes eine Kopfbedeckung tragen, sagt er, damit es nicht wieder zu himmlisch-irdischen Grenzüberschreitungen komme. Die Kopfbedeckung der Frauen hat bis in die Gegenwart eine religiöse Funktion, auch wenn sie nicht mehr bewusst wahrgenommen wird wie viele Gebräuche, die noch gepflegt werden, obwohl ihr Sinn verblasst ist. Während Männer in der katholischen Messe den Hut abnehmen, behalten Frauen ihn auf dem Kopf. Auch meiner Großmutter Selma würde es trotz ihres biblischen Alters von 102 Jahren niemals in den Sinn kommen, ohne Hut zur Messe zu gehen.

In der Diskussion über das Geschlecht der Engel sprach schließlich Augustin ein folgenschweres Machtwort. Die Engel, die mit den Menschentöchtern die Beine kreuzten, waren keine Engel, sondern Teufel! Augustin, der selbst ein uneheliches Kind hatte, legte in seiner Anthropologie die Grundlage für die Verteufelung der Geschlechtlichkeit: Durch den Geschlechtsakt pflanze sich die Erbsünde fort. Die katholische Kirche kennt hier nur eine Ausnahme, die 1853 zum Dogma erhobene „Unbefleckte Empfängnis Marias".

Noch offensichtlicher sind die Nachwirkungen des Engelsturzes in vielen islamischen Ländern der Erde. Hier ist es religiöse Pflicht, dass Frauen um der Engel willen einen Schleier oder ein Kopftuch tragen. Die Beziehung des Judentums zum Geschlechtlichen ist in diesem Punkt entspannter. Leo Perutz hat die Vereinigung von Engel und Mensch in einer bezaubernden Liebesgeschichte „Der Engel Asael" ausgestaltet. Ein hoher Rabbi bekommt Besuch von einem Lehrerengel (Maggid) mit Namen Asael. Im Lauf des Unterrichtsgespräches wird das Geheimnis des Engels gelüftet. Er gehört zu den Engeln, die von der Schönheit der Frauen angezogen wurden, besonders von einer mit Namen Naema. Der Engel gesteht seine Liebe zu Naema. Schön sei sie gewesen wie der Garten um die Stunde, da der Morgen anbreche. Wie der Engel der Geliebten seiner fernen Jugendtage gedenkt, fallen ihm zwei Tränen aus den Augen.

Auf diese Empfindsamkeit kommt es an. Engel kennen unsere Gefühle, unser Lieben und Leiden, das Liebesfeuer und den Liebeskummer. Wie sollten sie uns sonst begleiten können, wenn ihnen die Liebe fremd wäre? „Sagt mir doch nicht / Es gäbe keine Engel mehr / Wenn ihr die Liebe gekannt habt / Ihre rosigen Flügelspitzen / Ihre eherne Strenge", sagt Marie Luise Kaschnitz über den Engel der Liebe. Und Nelly Sachs ergänzt: „Ihr Ungeübten, die in den Nächten / nicht lernen. / Viele Engel sind euch gegeben. / Aber ihr seht sie nicht."

Engel sind Liebende. Sie wachen über den Liebenden und sorgen dafür, dass die Liebe mehr ist als eine rein körperliche Begegnung. In jedem tiefen Liebeserlebnis ist auch der Himmel gegenwärtig. Vielleicht wollte dies die Geschichte von dem Engelsturz ursprünglich sagen.

Engelsküsse jedenfalls sind keine Küsse von Engeln. Mit diesem Wort werden in Malaysia die Sommersprossen bezeichnet, die auf dem Gesicht mancher Frauen leuchten wie das Lächeln eines Engels.

Dass Engel sich an der reinen Schönheit einer Jungfrau freuen können, ohne gleich erotisch berührt zu werden, bezeugte schon Friedrich Hölderlin:

„So lieb, wie Schwabens Mägdelein
Gibt's keine weit und breit.
Die Engel in dem Himmel freu'n
Sich ihrer Herzlichkeit."

Den Anbruch eines neuen Zeitalters der Aufhebung aller Geschlechterdifferenzen hat Wladimir Sorokin auf der Berliner Love-Parade des Jahres 1999 gespürt. „Dort habe ich den Geruch des zukünftigen Körpers gerochen", meint der in Moskau lebende Schriftsteller. „In dieser Menge gibt es keine Geschlechterteilung. Im Grunde spüre ich dort keine Erotik, diese Menschen könnte man geschlechtslos nennen, es sind Engel, die sich dem musikalischen Element hingeben" (FAZ vom 7. April 1999).

## Sixtinische Madonna

Die kleinen Engelchen auf Raffaels (1483–1520) Gemälde „Sixtinische Madonna" haben eine beispiellose Karriere gemacht. Sie werden auf Postkarten, Keksdosen, Buchumschlägen, auf Kugelschreibern, Streichholzschachteln, Postern, Leporellos, Krawatten und Stickern in hundertfacher Variation reproduziert. Einen Joint rauchend, wurden sie aufs Gröbste verfremdet.

Die „Sixtinische Madonna" wurde 1512 von Papst Julius II. für die Benediktinerkirche S. Sisto in Piacenza in Auftrag gegeben. Sie stand dort im Hochaltar, allein den Mönchen sichtbar, bis sie 1754 in die Staatlichen Kunstsammlungen zu Dresden überführt wurde. In der Mitte des Bildes, zwischen geöffneten Vorhängen, schwebt Maria mit ihrem Kind auf Wolken. Im Hintergrund sind zahlreiche Engelköpfe zu sehen. Zu ihrer Rechten kniet der heilige Papst Sixtus II. In ihm portraitierte Raffael den Auftraggeber. Er schaut zur Muttergottes auf und streckt den rechten Arm dem Betrachter entgegen. Zur Linken kniet die heilige Barbara. Sie ist wie Papst Sixtus II., der am 6. August 258 in Rom den Märtyrertod starb, Patron der Kirche von S. Sisto. Ihr Blick richtet sich nach unten auf die beiden weltberühmten Putten.

Wie das göttliche Kind, so haben auch sie zerstrobelte Haare. Ihr Gesichtsausdruck zeigt, dass Jesus und die kleinen Engel aus einer Familie stammen. Auch sie sind Marias Kinder. Maria ist die Königin der Engel (s. Maria). Beide Engelgeschwister blicken verschmitzt zu ihrem himmlischen Bruder hinauf. Einer lehnt dabei sein Kinn auf die übereinander verschränkten Arme, der andere stützt es auf den linken Arm. Ihre Flügelchen sind farbig.

Raffael galt bis ins 19. Jahrhundert als größter aller Meister. Dann kam eine Zeit der bewussten Abgrenzung moderner Künstler von den übermächtigen Vorbildern. Marcel Duchamp gab Leonardos „Mona Lisa" mit einem Schnurrbart wieder. Er fand bis zu Loriot ungezählte Nachahmer. Kurt Schwitters nahm sich Raffaels „Sixtinische Madonna" vor. In der Collage „Wenzels Kind" (1921) traktierte er eine Reproduktion des Bildes. Das Gesicht der Gottesmutter überklebte er mit dem Kopf aus einer Hutwerbung, der heiligen Barbara stellte er ein Pferd und eine Drei-Pfennig-Rabattmarke zur Seite, die Kinderengel verschwanden unter einem Steuerrad.

Raffaels Putten haben alle ironischen Brechungen und Verulkungen überlebt, – und auch die Schüsse jener Revolutionäre, die 1920 vor dem Dresdener Zwinger wahllos herumschossen und einige Gemälde beschädigten. Nicht jedoch die „Sixtinische Madonna".

# Sphärenmusik

Engel singen und musizieren gerne. Sie schweben dabei nicht nur in den höheren Sphären des Himmels, sondern kommen auch auf die Erde. Matthias Grünewald etwa hat ein Engelkonzert auf seinem „Isenheimer Altar" dargestellt. Es inspirierte Paul Hindemith (s. Musik) zu seiner Komposition „Mathis der Maler". Das Hauptmotiv des Engelgesanges ist das Gotteslob. Ähnlich wie in den Taizé-Liedern wird dabei ein Thema in unendlichen Variationen wiederholt, denn nur so entsteht die Seelenstimmung, auf die es bei himmlischen Gesängen ankommt. Sie sollen die Seele des Menschen in Einklang mit den himmlischen Sphären bringen und ein Gefühl des Vertrauens und der himmlischen Geborgenheit wecken.

Aus dem Himmel klingt ununterbrochen himmlische Musik. Allerdings ist sie nicht mit bloßen Ohren zu hören. Es bedarf einer besonderen Art der Wahrnehmung. Diese wird auch „inneres Hören" oder „Hören mit den Ohren des Herzens" genannt. Jeder Säugling bringt diese Anlage bei seiner Geburt mit auf die Welt. Das selige und für Erwachsene oftmals unbegründete Lächeln der Säuglinge führt die Engelforschung auf ein himmlisches Hörerlebnis zurück. Wird diese Anlage jedoch nicht geschult, so verkümmert sie rasch im weiteren Entwicklungsgang. Die akustischen Reize unserer Welt wie menschliche Stimmen, Radio- und Fernsehgeräusche decken die himmlischen Klänge zu.

Shakespeare berichtet in seinem Drama „Pericles" von einem Mann, der die Himmelsklänge mit den inneren Ohren vernimmt. Seine Reaktion ist den anderen Menschen, die bei ihm stehen, unverständlich. Aus der Unkenntnis der himmlischen Musik entstand die polemische Redewendung „Sie (Er) hört die Engel singen". Besonders alkoholisierte Personen in euphorischem Zustand, die in höheren Sphären zu schweben meinen, werden damit bezeichnet.

Über einige Engelgesänge gibt es zuverlässige Informationen. So berichtet Jesaja, die Engel stünden vor dem Thron Gottes und sängen das „Heilig, heilig, heilig ist Gott" (Sanctus, Trishagion). Lukas meldet ein Engelkonzert auf dem Feld von Bethlehem, das sich unmittelbar nach der Geburt Jesu zugetragen habe. Die Menge der himmlischen Heerscharen (s. dort) sei zu den Hirten auf dem Felde gekommen und habe das Lied „Ehre sei Gott in der Höhe" (Gloria) angestimmt.

Der Ausdruck „Sphärenmusik" bezeichnet den Gleichklang oder die Harmonie ihrer Stimmen. Das griechische Wort „sphaira" bedeutet „Kreis" oder auch „Kugel". Damit ist die kreisförmige Aufstellung der Engelchöre gemeint. Das Bild geht auf eine alte griechische Vorstellung von der Ordnung der Planeten zurück. Für die Griechen war der Kreis das Symbol der Vollkommenheit. Deshalb stellten sie sich Weltall und Erde als kreisförmig vor. Pythagoras, der wiederum auf noch längere ägyptische Geheimlehren zurückgreift, berichtet von sieben Kreisen oder Sphären aus Glas. An ihnen seien die Planeten befestigt. Wenn sich die Planeten bewegten, so erzeuge die Reibung des Glases Töne. Dieser Klang wird als „Sphärenharmonie" bezeichnet. Der Kirchenvater Isidor von Sevilla (560–636), der wegen seines umfassenden Wissens heute als Schutzheiliger des Internets gilt, übertrug als erster Theologe den Begriff auf die Welt der Engel. Auch Johannes Kepler war noch überzeugt, dass „die Himmelsbewegungen nichts anderes als eine fortwährende mehrstimmige Musik" seien.

Goethe hat den geheimnisvollen Zusammenhang von Planetenbewegung und Sphärenmusik der Engel in seinem „Faust" dargestellt. Der Erzengel Raphael singt im „Prolog im Himmel":

„Die Sonne tönt nach alter Weise
In Brudersphären Wettgesang,
Und ihre vorgeschriebne Reise
Vollendet sie mit Donnergang.
Ihr Anblick gibt den Engeln Stärke,
Wenn keiner sie ergründen mag;
Die unbegreiflich hohen Werke
Sind herrlich wie am ersten Tag."
(Verse 243–250)

Engelgesänge haben die Liturgie entscheidend beeinflusst. Wenn die Kirche singt, dann stimmt sie in den Lobpreis des Kosmos ein. „Darum muss jede Besinnung über das Musikalische im Kultus der Kirche sich auch für die Art des Lobpreises von Sonne, Mond und Sternen interessieren", betont Erik Peterson. „Die Harmonie der Sphären tönt, der Gesang der Engel erschallt, die Liturgie der Kirche wird laut. Die Sonne tönt, weil sie kreist, der Engel singt, weil er steht, der Mensch aber nimmt an dem Lobe des Kosmos und der Engel teil, weil er durch die Kirche, durch den Mund des Priesters dazu aufgefordert wird."

Die Frage, ob Engel gelegentlich Kompositionen irdischer Künstler vortragen, hat Rilke (s. dort) beschäftigt. Der reformierte Theologe und Mozartliebhaber Karl Barth war überzeugt, die Engel würden vor allen Dingen Mozart spielen. Dies dürfte wohl allzu offensichtlich eine Projektion eigener Vorstellungen sein.

# Sport

Wenn sich die Fußballgemeinde am Wochenende im Stadion trifft, dann ist manchmal die Hölle los, besonders wenn die „Roten Teufel vom Betzenberg" spielen. Zuweilen werden auch Spieler mit blonden gelockten Haaren wie Bernd Schuster, Jürgen Klinsmann oder Heinz Hermann als „blonde Engel" bezeichnet. Doch im Eifer des Gefechtes erweisen sie sich manchmal als wahre Teufel. Das Engelhafte ist dann nur vorgetäuscht, wie bei Stuttgarts Vorstopper Karl-Heinz Förster, dem „Treter mit dem Engelsgesicht" („Bild").

Die Frage, ob sich die Schutzengel von Fußballspielern und Stadionbesuchern für diesen Sport interessieren, ja vielleicht sogar gelegentlich in das Spiel eingreifen, mag einem Außenstehenden als aberwitzig erscheinen. Wer kein Interesse an Fußball hat, dem bleiben auch die religiösen Rituale, der Kniefall oder die Bekreuzigung fremd. Dennoch wird auch derjenige, der sich wie Churchill seiner

Unsportlichkeit rühmt, zugeben müssen, dass die Frage nach der Gegenwart der Engel beim Fußballspiel nicht ohne Tiefgang ist. Sie berührt grundlegende ethische Probleme. Schützen Engel vor groben Fouls? Stehen sie bisweilen dem Torhüter hilfreich zur Seite und halten das runde Leder? Sind sie parteiisch? Haben sie einen Lieblingsverein?

Der österreichische Schriftsteller Ödön von Horváth hat sich mit diesen sportiven Aspekten der Engelforschung beschäftigt. In seiner „Legende vom Fußballplatz" sieht ein kleiner Junge beim Blick aus dem Fenster im vierten Stock einen Engel, „der ähnelte jenem, welcher Großvaters Gebetbuch als Spange umschloss, nur, dass er farbige Flügel hatte: der linke blau und gelb: das waren die Farben des Fußballvereins von Oberhaching; der rechte rosa und grün: das waren die Farben dessen von Unterhaching; seine schmalen Füße staken in purpuren Fußballschuhen, an silberner Sternenschnur hing um seinen Schwanenhals eine goldene Schiedsrichterpfeife und in den durchsichtigen Händen wiegte sich ein mattweißer Fußball."

Nach dieser Darstellung spielen Engel keinen Fußball, sondern wirken als Schiedsrichter im Dienste der Gerechtigkeit. Schiedsrichter Walter Engel, der 99 Bundesligaeinsätze pfiff, war jedoch kein Bote des Himmels. Er stammt nachweislich aus Reimsbach. Sportive Engel kennt auch der amerikanische Schriftsteller Charles Bukowski. In seiner Erzählung „Der Baseball-Engel" berichtet er von einem Engel, der eine Baseball-Mannschaft beinahe zum Erfolg geführt hätte, dann aber der Schönheit einer Frau erliegt. Der Film (s. dort) „Engel, es gibt sie doch" greift die Idee vom Baseball-Engel auf. Hier verhilft gleich ein ganzes Engelheer einer Baseball-Mannschaft zum Sieg.

Die Ahnung der himmlischen Leichtigkeit des Seins, mit der Engel durch die Lüfte schweben, vermitteln Balletttänzerinnen, Hochseilakrobaten, die Kür der Damen im Eiskunstlauf und das Bodenturnen. Vor allen Dingen aber die rhythmische Sportgymnastik. Magdalena Brzeska wird zu Recht als „Engel am Boden" bezeichnet. Bei ihrem Anblick ahnen wir, was wir eines Tages unter Engeln sein werden.

# Sprache der Engel

Sprachforscher haben herausgefunden, dass annähernd 5000 Sprachen auf der Erde gesprochen werden. Darunter Hottentottisch, Kalmückisch, Uigurisch, Mixtekisch, Färöisch, Urdu, Awarisch, Lolo, Samojedisch – und Englisch. In Deutschland wurde die Sprache der Engel auch „englische Sprache" genannt. Goethe etwa berichtet von den „englischen Worten" einer schönen Frau, die „mit englischer Zunge wisperte". Paulus erwähnt die Möglichkeit, mit Engelszungen zu reden (1 Korinther 13, 1).

Die biblische Überlieferung geht davon aus, dass alle Menschen ursprünglich eine Sprache hatten. Erst nach dem Turmbau zu Babel entstanden die heutigen Weltsprachen. Aus dem Wort „Babel" hörten Schriftgelehrte die Bedeutung „verwirren" im Sinne der Sprachverwirrung heraus. Die Vielfalt der Sprachen führte zu Verständigungsproblemen. Kurzfristig wurde dieses im sogenannten Pfingstwunder aufgehoben. Nach der Himmelfahrt Jesu kam der Heilige Geist über die Jüngerinnen und Jünger Jesu, so dass sie in sämtlichen Sprachen reden konnten und bei ihrer Missionsarbeit keine Simultandolmetscher benötigten (s. Apostelgeschichte).

Rabbiner haben lange über die Ursprache der Himmlischen gestritten. Sie kamen zu dem Schluss, dass Hebräisch die Muttersprache der Engel sei. Bis auf Gabriel, der sämtliche Weltsprachen fließend beherrsche, seien alle Engel nur des Hebräischen kundig. Diesem Urteil ist aus der Sicht der Engelforschung nicht beizupflichten. Wie hätten sich sonst der Seraph und der heilige Franz von Assisi verständigen können? Franz sprach nur italienisch, Teresa von Avila spanisch, Gitta Mallasz ungarisch, Joé Snell englisch. Da Engel in ständiger Gegenwart des Heiligen Geistes schweben, haben sie keine Sprachprobleme. Weder die sinotibetischen Sprachen noch die altaischen Sprachen stellen sie vor Kommunikationsbarrieren. Meistens benutzen Engel jedoch eine Sprache, die überall auf der Welt verstanden wird. Es ist die Sprache der Zärtlichkeit, der Liebe und der Zuversicht, die keiner Worte bedarf.

# Stille

Wir reden, gleichzeitig läuft das Radio oder der Fernseher im Hintergrund. In den Supermärkten werden wir mit Musik berieselt, auf dem Behandlungsstuhl des Zahnarztes begleitet uns der lokale Sender, während der Autofahrt läuft eine Musikkassette – ja, wie sollen wir den Klang der Engelstimmen wahrnehmen? Wenn aber endlich Stille einkehrt, dann sagt man: „Ein Engel ist durch das Zimmer gegangen" oder „Ein Engel fliegt durch die Stube" oder „Ein Engel sitzt auf der Gardinenstange". Die Zeit hat sich verdichtet, die Stimmen der Stille, von denen Simon und Garfunkel sangen, erklingen nun. „Un ange vient de passer", sagt man in Frankreich, in England „There is an angel passing". Die Redewendung „Die Engel singen hören" hatte ursprünglich eine positive Bedeutung. In der Stille können wir mit den Ohren des Herzens dem Gesang der himmlischen Chöre der Engel lauschen, so jedenfalls bezeugt es Dietrich Bonhoeffer: „Wenn sich die Stille nun tief um uns breitet, / so lass uns hören jenen vollen Klang / der Welt, die unsichtbar sich um uns weitet, / all deiner Kinder hohen Lobgesang" (EG 65.6).

Dass Engel die Stille lieben, weiß auch das Weihnachtslied. Die Heilige Nacht ist eine stille Nacht, und wenn am Weihnachtsbaum die Lichter brennen, dann sind auch die Engel anwesend: „Zwei Engel sind hereingetreten. / Es hat sie keiner kommen sehen. / Sie gehen zum Weihnachtsbaum und beten. / Wenden wieder sich und gehen."

Engelsprichwörter basieren auf Erfahrungen. Sie sind Lebenshilfe und geben Hinweise, wo man den Engeln begegnen kann. Beim Passahfest, das die Juden zur Erinnerung an den Auszug aus Ägypten feiern, wird den Engeln ein volles Glas Rotwein auf den Tisch gestellt. Anschließend werden die Lichter gelöscht, und die Familie wartet in der Stille, bis der Engel dagewesen war, zündet die Lichter wieder an und beendet das Mahl.

Jakob Gautel und Jason Karaindros haben einen Engeldetektor

erfunden, der diese Stille im Raum registriert und durch ein Licht-signal anzeigt. 1997 installierten sie in Prag den Engeldetektor auf einer Kunstausstellung. Wie kann ich meinem Engel begegnen? fra-gen viele Menschen. Der Engeldetektor gibt einen Hinweis. Je stär-ker wir ins Schweigen und in die Stille gehen, desto heller leuchtet das Licht auf dem Engelberg unseres Herzens. Engeldetektoren soll-ten zur Grundausstattung nicht nur der Meditationszentren, Exerzi-tienhäuser, Kindergärten und Schulen gehören, sondern überall, wo Menschen das Wesentliche suchen, installiert werden. Wieviel Himm-lisches wird aus der Stille in unser Leben treten!

## *Stoßgebet*

Als hilfreiches Stoßgebet in kritischen Lebenslagen hat sich bei ge-plagten Engelfreunden die Anrufung des Engels Emanuel seit Jahr-hunderten bewährt. Sein Name bedeutet: „Gott mit uns!" Dass Gott mit uns am Abend und am Morgen und ganz gewiss an jedem neu-en Tag ist, hat Dietrich Bonhoeffer in seinem innigen Engellied „Von guten Mächten" (EG 65) bezeugt. Als er die Verse zur Jahreswende 1944/45 in einem Konzentrationslager niederschrieb, hatte er den Tod vor Augen. Deshalb sollte man von Stoßgebeten keinen infla-tionären Gebrauch machen, indem man sie unbedacht oder aus nich-tigem Anlass spricht. Nicht, dass der Engel Emanuel darüber zornig würde, doch werden auch heilige Worte schal, wenn sie nicht aus der Tiefe der Herzens gesprochen werden.

# Taufengel

„Mein Kind soll sich später mal selbst entscheiden, ob es getauft werden will!" Es gab eine Zeit, da wehrten sich Eltern bewusst gegen die Kindertaufe. Sie empfanden ein Missbehagen, befürchteten eine Bevormundung ihres Kindes. Zudem konnte man darauf verweisen, dass auch Jesus und mit ihm die frühe Kirche die Erwachsenentaufe bevorzugte. Und doch hat sich die Kindertaufe durchgesetzt. Warum eigentlich? Einmal, weil Eltern in allen wichtigen Bereichen für ihr Kind entscheiden müssen. Sie überlassen die Wahl des Kindergartens, des Fernsehkonsums, der Zeit zum Schlafengehen auch nicht den kleinen Kindern. Zum anderen weil es nichts Bewegenderes gibt als die Botschaft des Taufengels: Wir Engel freuen uns mit deinen Eltern, dass du auf der Welt bist! Du bist unendlich geliebt und kannst aus dieser Liebe niemals fallen!

Die Taufengel Jesu sind auf vielen Bildern dargestellt worden, aber sie sind nichts gegen die schwebenden Taufengel, wie wir sie noch heute in zahlreichen norddeutschen Kirchen, in Zellerfeld/Harz, im Sprengel Hildesheim (Wendhausen, Wehrstedt, Sack bei Alfeld), in Bergstedt und Ahrensburg, Brunstdorf und Breitenberg, Gudow und Leesen finden.

Der Taufengel schwebt an einem Seil unter dem Kirchendach. In den Händen hält er die Taufschale. Während der Taufe wird er von der Decke herabgelassen. Viele Taufengel sind überlebensgroß, manche haben eine Flügelspannweite von über zwei Metern. Die Verbindung von Taufsakrament und Glauben an die Gegenwart der Engel ist alt. Tertullian bekundet die Gegenwart der Engel bei der Taufwasserweihe. Andere Kirchenväter wie Ambrosius, Gregor von Nazianz oder Cyrill von Alexandrien meinen, die Engel treten erst während der eigentlichen Taufe hinzu. Jakob von Edessa ist sogar überzeugt, das gesamte himmlische Heer umgebe das Taufbecken.

Aus dieser Vorstellung hat sich auch bei einigen Kirchenvätern der Glaube entwickelt, die Kinder empfingen während der Taufe ihren Schutzengel. Martin Luther meinte, „dass ein klein Kindlein, sobald es geboren wird, einen Engel hat, welcher viel größer und gewaltiger ist denn der König von Frankreich oder der Kaiser". Hier muss die moderne Engelforschung widersprechen. Denn Schutzengel (s. dort) sind für alle Kinder da. Gerade die Ungetauften brauchen sie. Auch Luther irrt. Denn selbstverständlich haben auch die ungeborenen Kinder im Mutterleib bereits einen Schutzengel.

Der schönste aller Taufengel schwebt in der Kirche von Hohenfelde. Er ist weiblich und, wie der runde Bauch deutlich zeigt, im neunten Monat schwanger. Welche Wonne und Glückseligkeit mag es für die Kinder sein, in der Gegenwart eines Taufengels das Sakrament gespendet zu bekommen! Das hallt ein Leben lang in der Seele nach und trägt über manche dunkle Stunde tröstend hinweg.


# Tiere

Mehr als 700 geladene Gäste nahmen am 9. Juni 1998 in der Londoner Kirche St. Martin in the Fields an der Trauerfeier für Linda McCartney teil. Neben Ringo Starr, George Harrison, Elton John, Peter Gabriel und Pete Townshend standen auch zwei Shetlandponys am Sarg. Paul McCartney hatte sie seiner an den Folgen von Brustkrebs gestorbenen Frau zu Weihnachten geschenkt. Draußen vor der Kirche am Trafalgar Square entzündeten Mitglieder von Tierschutzverbänden zum Gedenken an die überzeugte Tierschützerin und Vegetarierin Kerzen. Auf Transparenten wurde Linda McCartney als „Engel der Tiere" gewürdigt.

Wer keinen Hund, keine Katze oder kein Pferd besitzt, wird die Frage, ob Tiere einen Engel haben, vielleicht für abwegig halten. Wer dagegen mit Tieren zusammenlebt, weiß, wie sensibel ihre Wahrnehmung ist. Fledermäuse und Delphine hören genauer, Adler und Gepard sehen schärfer als der Mensch: Wieso sollten Tiere folglich nicht auch Engel besser als wir wahrnehmen können? Die Bibel lässt keinen Zweifel darüber, dass Tiere Engel sehen können, wie die Geschichte von Bileam und der Eselin beweist: „Und die Eselin sah den Engel des Herrn auf dem Wege stehen, mit einem bloßen Schwert in der Hand" (Numeri 22, 23). Im Buch Tobit wird der Engel sogar mit einem Hund verglichen. Denn beide sind treue und stets dienstbereite Begleiter des Menschen.

Wie heißt der Engel der Tiere? Rabbiner haben seinen Namen herausgefunden. Raguel („Freund Gottes") gilt als einer der sieben Engelfürsten. Zuerst schützte Raguel nur die Rinder, Schafe und Ziegen der Nomadenstämme. Im Laufe der Zeit wurde sein Aufgabenbereich immer größer. Er ist der Engelfürst aller Schutzengel der Tiere und das Haupt der Himmelslichter, der Sterne und Planeten. Nach rabbinischer Lehre ließ er für Josua bei seinem Kampf gegen die Könige der Kanaaniter (Josua 10, 12ff.) die Sonne stillstehen, er geleitete den Stern der Magier nach Bethlehem und verdunkelte beim Tode Jesu die Sonne.

Der islamische Engelforscher Al-Qazwini (s. Islam) weiß sogar von Engeln in Tiergestalt zu berichten, die am Tage der Auferstehung den Thron Gottes tragen und Fürsprache für die Tiere einlegen werden. Ein Engel von unbeschreiblicher Größe in der Gestalt eines Stieres wird sich besonders um die Versorgung des Viehs kümmern, der Engel in Gestalt des Adlers um die Vögel, der Engel in Gestalt eines Löwen um die Raubtiere. Damit nicht genug. Denn vier der sieben Himmel werden von Tierengeln regiert. Den Rinderengeln (1. Himmel) folgen Adlerengel (2. Himmel), Geierengel (3. Himmel) und Pferdeengel (4. Himmel). Keine Frage, dass viele Mädchen am liebsten in den vierten Himmel kommen möchten. Hier werden sie wahrscheinlich auf Buraq stoßen, das Pferd, mit dem der Prophet Mohammed in den Himmel sprang. Noch heute ist in Jerusalem der Abdruck des Hufes zu sehen. Einige Rabbinen wissen sogar von berittenen Engeln zu berichten. Sie sind im ersten Himmel stationiert und stehen unter dem Kommando des Engels Pachadiel.

Wenn Tiere also Engel sehen können, darf man weiter folgern, dass Zwergkaninchen, Meerschweinchen und Wellensittiche in den Himmel kommen? Aber gewiss! werden die kleinen Mädchen antworten und ihren Schützling sanft streicheln. Schließlich standen Ochs, Esel und viele Schäfchen an der Krippe des Erlösers. Hatte nicht der heilige Franz von Assisi den Wolf umarmt und den Vögeln gepredigt? Und lebten nicht auch Tiere im Garten Eden? Soll etwa der Himmel einst von Tieren entvölkert sein? Sollten sie, unsere treuen Begleiter, draußen vor den Paradiesestoren stehen, während wir mit unseren Schutzengeln hinter der geschlossenen Pforte den großen Lobgesang Gottes anstimmen? So wird es gewiss nicht kommen.

# Umfrageergebnisse

Elisabeth Noelle-Neumann, die Gründerin des Instituts für Demoskopie Allensbach, hat in verschiedenen Langzeituntersuchungen Material über den Engelglauben der Deutschen erhoben. 32 Prozent der Deutschen waren 1997 von der Existenz der Engel überzeugt. 37 Prozent im Westen, 14 Prozent im Osten. Die neueste Umfrage vom September/Oktober 2000 zeigt, dass der Engelglaube unter Männern zurückgegangen ist. Während 1997 noch 23 Prozent der Männer an Engel glaubten, sind es im Jahr 2000 nur noch 16 Prozent. Gleichbleibend ist die Zahl von 40 Prozent der Frauen, die von der Existenz der Engel überzeugt sind.

Noch mehr Menschen glauben an die Existenz von Schutzengeln. Die Frage „Glauben Sie, dass Sie einen persönlichen Schutzengel haben, oder glauben Sie das nicht?" wurde in Westdeutschland von 47 Prozent der Befragten positiv beantwortet, 18 Prozent schlossen die Existenz eines Schutzengels nicht aus. Das sind immerhin 60 Prozent in Westdeutschland und 39 Prozent in Ostdeutschland, die ein positives Verhältnis zu Schutzengeln haben. In Amerika glauben sogar 69 % der Befragten an Schutzengel.

Über die Aufgabe der Schutzengel existieren klare Vorstellungen. Auf die Frage, worüber man sich mit dem Schutzengel unterhalten würde, antworteten die Befragten: über Leben und Sterben (43 %), Lebenssinn und Lebensaufgabe (34 %), Kranksein und Heilung (33 %), die Weltlage im dritten Jahrtausend (26 %), Liebe, Ehe, Partnerschaft (25 %), Möglichkeiten der Zusammenarbeit mit Engeln (20 %), Arbeit und Beruf (18 %) oder Erziehungsfragen (10 %).

Klare Vorstellungen herrschen auch über die Aufgaben der Engel. Sie schützen Menschen in gefährlichen Situationen (44 %), begleiten sie auf ihrem Lebensweg (38 %), warnen vor Gefahren (23 %), trösten und ermutigen Verzweifelte (21 %), begleiten die Sterbenden in den Himmel (17 %), überbringen göttliche Botschaften (16 %), greifen in das Leben ein (13 %) und bringen eine Wendung zum Guten.

Welche Schlussfolgerungen zieht die Engel-Umfrage aus dem Jahr 1997? Edgar Piel und Elisabeth Noelle-Neumann sind überzeugt, dass der Engelglaube von einem neu erwachten Bewusstsein für Transzendenz zeugt. „Denn eben diese Dimension ist es, die den Engelglauben neben vielen anderen Zeichen und Hinweisen als Antwort auf jedwede Transzendenzlosigkeit aktuell und brisant macht. (…) Der langsam wachsende Engelglaube aber ist ein Indikator dafür, dass sich allmählich und ganz still unterhalb der allgemeinen Wahrnehmungsschwelle noch etwas anderes entwickelt. In welchem Maße dieses Andere am Ende Einfluss auf unsere Zukunft nimmt, ist zur Zeit kaum abzusehen."

## Unglücksengel

Die meisten Menschen freuen sich, wenn der Postbote kommt. Es sei denn, er bringt nur Werbung. Doch manchmal befindet sich unter der Post ein Brief mit einem schwarzen Rand. Dann schlägt das Herz schneller, und hastig öffnen wir den Brief. Auch Gottes Boten bringen nicht nur gute Nachrichten. Unglücksengel kommen, wenn es auf Erden zugeht wie in Sodom und Gomorra. Sie erscheinen in Krisensituationen, wenn eine Beziehung in die Brüche gegangen ist, wenn ein klares Wort gesprochen werden muss oder, im schlimmsten Falle, wenn die Verhältnisse unerträglich geworden sind. Unglücksengel sind deshalb wenig beliebt. Denn die Wahrheit wird gerne verdrängt.

Bevor ein Unglücksengel erscheint, sind andere Boten gekommen, haben Warnungen ausgesprochen, ihre Stimme im Gewissen des Menschen erhoben und Ratschläge zur Änderung oder Verbesserung der Verhältnisse gegeben. Die Aussendung eines Unglücksengels ist die letzte Maßnahme. Jetzt ist das Unglück nicht mehr abwendbar, die Katastrophe ist da.

Über den schwierigen Einsatz der Unglücksengel sind wir zuverlässig informiert (Genesis 19, 1–38). In den Städten Sodom und Gomorra, nahe der Salzwüste am Toten Meer, wurden Menschen und Tiere (Sodomie) sexuell missbraucht. Daher beabsichtigte Gott, die Einwohner zu vernichten. Abraham war es jedoch gelungen, die Vollstreckung des Urteils noch einmal abzuwenden. Zwei Unglücksengel in der Gestalt von schönen Jünglingen wurden beauftragt, die Lage vor Ort zu inspizieren. Sollten sich wenigstens zehn Gerechte in den Städten finden, so wollte Gott um ihretwillen das drohende Unglück abwenden. Lot, ein Bruder Abrahams, bewirtete die Unglücksengel in seinem Haus. Da kamen Männer und wollten sich an den Engeln sexuell vergehen. Lot befand sich in einem schlimmen Dilemma. Um die Engel vor dem Missbrauch zu schützen, tat er das Fürchterliche: Er lieferte seine beiden noch jungfräulichen Töchter den Bewohnern von Sodom aus. Am nächsten Tag gingen die Städte im Schwefel- und Feuerregen unter. Lot und seine Töchter aber wurden gerettet. Martin Luther (s. dort) nannte den Untergang der beiden Städte ein „Engelkonzil" (s. dort).

In den Schriften der Rabbinen sind Unglücksengel auch unter dem Namen „Strafengel" bekannt. Sie wohnen im dritten Himmel und stehen unter dem Regiment des Engelfürsten Barakiel. Es gibt die „Engel der Vernichtung" (mal'ake chabal) und die „Engel des Zornes". Strafengel vollstrecken die von Gott verhängte Strafe und sind über ihren Auftrag meist unglücklich, da sie es wie alle Engel gut mit den Menschen meinen. Strafengel sind auch unter dem Namen „Engel des Gerichts" bekannt. Die aktuellsten bildnerischen Darstellungen von Gerichtsengeln hat der Maler Werner Tübke im Auftrag der Hanns-Lilje-Stiftung für einen vier Meter hohen Klappaltar in Zellerfeld/Oberharz entworfen. Tübkes Gerichtsengel hält in der linken Hand ein Schwert und in der rechten ein langes Messer. Er kniet auf dem Boden und beugt voller Schmerz über seinen Auftrag in Demut das Haupt.

Unglücksengel sind also keine selbstgerechten Rächer. Jede Form der satanischen Überheblichkeit (s. Satan), jedes Besserwissertum, jedes Triumphgefühl ist ihnen fremd. Nach der Durchführung ihres Auftrages empfinden sie Schmerz über das Unheilbare in der Welt und ein tiefes Gefühl der Trauer. Die Frage, ob Unglücksengel wegen ihrer Mission unglücklich sind, hat auch der katholische Theologe Romano Guardini eindeutig bejaht. Ihr Dienst ist unangenehm und einer der schwersten überhaupt, die Engeln aufgebürdet werden. Denn Engel wollen helfen und das Gute befördern. Wenn ihnen dies nicht gelingt, dann haben sie das Gefühl, sie selbst wären gescheitert. Sie fühlen sich dann schuldig. Ähnlich geht es auch vielen Müttern, Vätern, Freunden und Freundinnen, wenn sie mit ihrem Wunsch, anderen Menschen zu helfen, an die Grenze stoßen. Sie erfahren ihre Ohnmacht. Sie wollen Kriminelle resozialisieren, Kinder vor Krankheiten oder Verirrungen bewahren, sie haben sich in politischen Gruppen für eine Sache eingesetzt – und am Ende ihre Ohnmacht erfahren. Dann sind sie so unglücklich wie die Unglücksengel.

Wie halten Unglücksengel ihren schwierigen Dienst aus, ohne zu verzweifeln oder in Selbstmitleid zu fallen? Sie machen sich immer wieder ihre Grenze bewusst. Das ist Teil ihrer Trauerarbeit. Zudem vertrauen sie darauf, dass auch, nachdem das Unglück auf Erden geschehen ist, das letzte Wort im Himmel noch lange nicht gesprochen worden ist. Unglücksengel geben inmitten des Unglücks die Hoffnung niemals endgültig auf.

# *Uriel*

Warum ist Uriel niemals so populär geworden wie Gabriel, Michael oder Raphael? Einmal, weil sein Name nicht in der Bibel erwähnt wird. Uriel tritt gerne inkognito auf. Einige jüdische Gelehrte meinen, er sei es gewesen, der in Gestalt einer Feuersäule das Volk Israel während der Nacht durch die Wüste führte (Exodus 13, 21 f.). Der zweite Grund, warum über ihn nicht gerne gesprochen wird, liegt an seinem Zuständigkeitsbereich. Wer spricht schon gerne über die

Letzten Dinge? Uriel ist der Engel der Unterwelt. Er ist maßgeblich beteiligt, wenn die Toten auferstehen und zum Jüngsten Gericht antreten müssen. Als Jahreszeit ist ihm der Winter zugeordnet.

Der Name Uriel bedeutet „Flamme Gottes" oder „Mein Licht ist Gott". Im Kirchenslawischen wird sein Name mit „Ogon' i svet Bozschij" übersetzt. Uriel bildet mit Gabriel, Raphael und Michael eine Vierergruppe. Im Judentum und in der ostkirchlichen Liturgie werden die vier Engel angerufen. Die katholische Kirche erkennt Uriel nicht als echten Engel an. Über ihn lesen wir im 3. Buch Esra (1. Jahrhundert n. Chr.). In der russischen Bibel (slawisch, orthodox) gilt es als kanonisch. Darstellungen Uriels finden sich auf den Mosaiken von S. Maria Maggiore / Rom, im Kuppelmosaik der Sophienkathedrale / Kiew und auf der Holzdecke von St. Michael in Hildesheim. Uriels Attribute sind die Feuerflamme auf offener Hand, eine Weihrauchschale, ein Lichtglobus, ein Stab oder ein Schwert. Die koptische Kirche kennt sogar einen besonderen Feiertag zu Ehren Uriels (27. Tobi).

Uriel bringt Licht ins Dunkel der Todeswelt. Das Licht der Wahrheit, der Gerechtigkeit, der Selbsterkenntnis. Die Flamme kann wärmen oder zerstören, sie lässt eisige Seelen schmelzen oder verbrennt sie. Ihr Licht erleuchtet oder blendet die Seele. Uriels Flamme leuchtet, wenn Menschen mit sich ins Gericht gehen und sich fragen: Was habe ich aus meinem Leben gemacht? Wo habe ich versagt? Wo bin ich schuldig geworden? Uriel ist weder ein Staatsanwalt (s. Satan) noch ein Richter. Der Engel des Feuers bietet sich als Seelenführer an. Sein Ziel ist nicht die Verurteilung, sondern die Aufrichtung des Menschen. Wir brauchen uns nicht zu verstecken, uns Selbsttäuschungen hinzugeben oder anderen etwas vorzumachen. Zu jedem Leben gehört die dunkle Seite, das krumme Holz, das ungelebte Leben. Uriel setzt es ins Licht der Erkenntnis. Er hilft, das eigene Leben wahrhaftig und ohne Selbstmitleid anzunehmen. Seine Flamme hat die Kraft der Reinigung (Purgatorium) und Läuterung.

Die apokryphe Apokalypse des Petrus führt uns Uriel als fürchterlichen Strafengel vor Augen, der die Sünder dem ewigen Höllenfeuer übergibt. Zu Recht gilt diese Apokryphe (s. dort) nicht als echte Offenbarung. Gewiss, das Feuer der Läuterung des Gewissens hat eine schmerzhafte Seite, und wie oft ist der Prozess der Selbsterkenntnis wie ein Gang durch die Hölle. Aber für ewige Höllenstrafen sind Engel nun wirklich nicht zuständig! Brennend vor Liebe geben Engel niemals auf, jeden Menschen zu retten. Engel können gar nicht anders als lieben. Die flammende Liebe ist ihre Natur. Uriel aber zeigt, dass diese Liebe durchaus hart zur Sache gehen kann. Denn dieser Engel ist zuständig für letzte Wahrheiten, für die Momente auf dem Krankenbett, dem Sterbelager, aber auch in allen anderen Gesprächen, wo eine Ausflucht oder Selbsttäuschung nicht mehr möglich sind. Uriel bringt die Sache auf den Punkt. Das kann schmerzlich sein, aber es befreit. So ist Uriel auch der Engel der Buße und des Friedens. Er hilft gegen Anfechtungen und Schuldgefühle, indem er immer wieder auf die reinigende Kraft der Flamme verweist. Daher ist es völlig falsch, das Gericht als Racheveranstaltung zu sehen. Gericht ist Aufrichtung des Menschen. Nach dem Gericht führt Uriel die Menschen mit ihren Schutzengeln ins Paradies.

Auch die populäre Bezeichnung Uriels als Erzengel ist nicht haltbar. Denn sein Name und sein Auftrag weisen ihn eindeutig als einen Engel aus der Nähe Gottes aus. Tatsächlich gilt er bereits im Spätjudentum als einer der vier Engelfürsten, die um Gottes Thron stehen. In dieser Aufgabe befehligt er das Engelheer zur Linken Gottes. Er ist Führer der Himmelslichter und Fürst über den sechsten Weltraum. Uriel hat Adam und Abel begraben und die gefallenen Engel (s. Sexualität) bekämpft. Im Christentum wird er als Herr über den Mond verehrt und als Schutzpatron des Montages. Hier gilt er als Vorsteher der Engel im fünften der sieben Himmel. Die Engelforschung erkennt im Wesen des Engelfürsten Uriel einige typische Charakterzüge der Cherubim und Seraphim (s. dort) wieder. Mit den Cherubim teilt er die Liebesflamme der wahrhaftigen Begeisterung, mit den Seraphim die klare Erkenntnis der Wahrheit. In den eisigen Winterstürmen des Lebens und in den Stunden des Zweifels schenkt Uriel mit der Flamme Gottes die Erleuchtung. Sie trägt uns durch jede Dunkelheit hindurch ins ewige Licht. Uriel ist der Engel aller Menschen, die unter Schuldgefühlen leiden, die von Zweifeln geplagt sind und den Blick nicht in die Zukunft richten können, weil sie an der Vergangenheit kleben.

# Visionen

Wie trete ich in Kontakt zu meinem Engel? Was muss *ich* tun, um ihn zu sehen oder um seine Stimme zu hören? So fragen sich viele Menschen, die von Engeloffenbarungen hören. Gitta Mallasz gibt in ihrem Buch „Die Engel erlebt" (1983) folgende Empfehlungen: Wer die Engel erfahren möchte, achte auf die Momente tiefer innerer Berührung. Engel melden sich nicht von außen, sondern von innen. Sie sind innere Bilder und innere Stimmen. Deshalb werden sie von Gitta Mallasz auch „Meister" oder „innerer Führer" genannt. Engel lassen die eigene Lebenslinie aufleuchten. Erinnerungen tauchen plötzlich auf, Wesentliches wird sichtbar. Engel sind auch in uns gegenwärtig, wenn Zusammenhänge sichtbar werden. Unsere Lebensgeschichte wird lesbar. Damit Engel in Menschen sprechen können, ist eine innere Offenheit nötig, ein Durst der Seele nach dem Wasser des Lebens. Vor allen Dingen, sagt Gitta Mallasz, kann man die eigene Empfänglichkeit für die Botschaft der Engel durch das Lesen von Engelbüchern schulen.

Immer wieder nahmen Menschen für sich in Anspruch, einen Blick hinter den Schleier der Wirklichkeit geworfen zu haben. Emanuel von Swedenborg (1688–1772), Heinrich Jung-Stilling (1740–1817) und Jakob Lorber (1800–1864) gehören dazu. Die Krankenschwester Joé Snell erblickte im Alter von zwölf Jahren, also zu Beginn der Pubertät, einen Engel in ihrem Kinderzimmer. Von da an folgte sie der Spur der Himmlischen. In ihren autobiografischen Aufzeichnungen „Der Dienst der Engel" erzählte sie später von ihren Beobachtungen auf der Intensivstation der Krankenhäuser. Auch erzählt sie von Entrückungen in den Himmel, deren Straßen und Häuser sie detailliert beschreibt. Die Engelvisionen „Ein Büchlein von den Engeln" von Mechthild Thaller-von Schönwerth sind nach ihrem Tod unter dem Pseudonym Ancilla Domini (Magd des Herrn) herausgegeben worden. Beide Privatoffenbarungen wirkten stilbildend und gehören neben Wladimir Lindenbergs „Gottes Boten unter uns" zu den modernen Klassikern unter den Engelbüchern.

Weitere Engelfreunde notierten, was sie erlebt, gesehen oder gehört hatten. Zu ihnen gehören der deutsche Jude Shimon Ben Marcus, Ulrike Grebe, die unter dem Pseudonym Theodora „Botschaften aus höheren Welten" veröffentlichte, und die in Kassel wohnende Ute Henke. Sie ist Herausgeberin der „Engelszeitung". Hier veröffentlicht sie die Mitteilungen der Engel Winfried und Halob. Engel Halob ist besonders für Finanzfragen zuständig. „Geld wie Heu" ist eine seiner Botschaften überschrieben. Sein Rat: „Vielarbeit zeigt wenig Vertrauen, dass auch mit wenig Arbeit Erfolg verbunden werden darf."

Zu den bekanntesten Privatoffenbarungen gehören die Mitschriften von 88 Engelgesprächen, die Gitta Mallasz unter dem Titel „Die Antwort der Engel" (1981) veröffentlichte. Sie sind während der Kriegsjahre 1943/44 in Ungarn notiert und später überarbeitet worden. Unter vielen Engelfreunden gelten sie als echt.

Gitta Mallasz zeichnete Engeloffenbarungen auf, die ihre Freundinnen Hanna und Lilli regelmäßig am Freitag um 15.00 Uhr zur Todesstunde Jesu erhielten. Mit dieser Uhrzeit deutet sie bereits die Passion der jüdischen Freunde Hanna, Joseph und Lilli an. Sie werden am 2. November 1944 von ungarischen Nazis gefangengenommen. Hanna und Lilli hatten die Möglichkeit einer Flucht ausgeschlagen, um das Leben ihrer Freundin Gitta zu retten. Alle finden den Tod, nur Gitta Mallasz überlebt. Dass in ihrem Nachnamen das hebräische Wort „malach" (Engel) anklingt, dürfte kein Zufall sein. Mit der Veröffentlichung setzt sie ihren Freunden ein Denkmal.

Wie nehmen die Frauen die Botschaft der Engel wahr? Wie spricht ein Engel? Auch darüber geben die Dokumente Aufschluss. Hanna spricht von einer Erweiterung der Wahrnehmung. Alles innere und äußere Geschehen habe sie in großer Klarheit sehen und die Anwesenheit des Engels als belebende Kraft spüren können. Sie habe die Mitteilung der Engel in menschliche Sprache übersetzen

müssen. Das letzte Wort des Engels inmitten der politischen Katastrophe lautet: „Das ewige Sein ist schon euer." Aus Sicht der Engelforschung handelt es sich um eine moderne Märtyrerakte. Schon
der Bericht von der Steinigung des ersten christlichen Märtyrers Stephanus und die Märtyrerakte vom Tod der Perpetua wissen von Engelvisionen zu berichten. Auch treten Engel in apokalyptischen Zeiten verstärkt auf. Worin besteht der Sinn dieser Engelbotschaft?
Letztlich nicht in den Worten, meint Gitta Mallasz, sondern in den
Bildern einer inneren Bewegtheit und der Entdeckung einer schöp-
ferischen Kraft, die Menschen hilft, über sich selbst hinauszuwachsen.

Natürlich gibt es auch „Privatoffenbarungen", die schon durch
die offene Art erstaunen, mit der die Engel bereitwillig Auskunft
über ihr Wesen und Wirken geben, aber auch Ausführungen machen
über Fragen der Ökumene, über theologische Aspekte der Inkarna-
tionen, über die Hölle, über staatsrechtliche und philosophische Fragen, Gebetshaltungen, Magie der Steine, gesunde Ernährung und die
Wohnverhältnisse von Philosophen im Jenseits. In Wirklichkeit sind
Engel nicht redselig. Und manchmal darf man zu Recht fragen: Sprechen Engel denn so schlechtes Deutsch?

Eine der eindruckvollsten Engelvisionen der Gegenwart hat Elisabeth Noelle-Neumann, Leiterin des Allensbacher Institutes für
Demoskopie, preisgegeben. Im Alter von fünf Jahren erlebte sie, wie
mitten in der Nacht das Schlafzimmer hell erleuchtet wurde. Eine
Quelle des Lichtes konnte sie nicht ausmachen. Am nächsten Morgen begann die zukünftige Meinungsforscherin mit ihrer ersten Umfrage: Vater, Mutter, Kindermädchen, zwei Hausmädchen und die
Köchin wurden befragt, ob sie etwa im Kinderzimmer gewesen
waren. Alle verneinten. Die Schlussfolgerung der kleinen Elisabeth
lautete: „Dann müssen es die Engel gewesen sein. Das war das Geheimnis. Von nun an behielt ich es bei mir – und bis heute ist es ein
Geheimnis geblieben. Nie habe ich es vergessen, immer daran gedacht. Welch ein Trost."

# Völkerengel

„Lobet und preiset, ihr Völker, den Herrn, freuet euch seiner und dienet ihm gern!", heißt es in einem beliebten Kanon. Er geht auf den Psalm 117 zurück. Auch das bekannteste aller Taizé-Lieder fordert die Völker der Welt auf, in den Lobgesang der Engel einzustimmen: „Laudate omnes gentes, laudate Dominum." Der Glaube, dass jedes Volk einen eigenen Engel hat, entstand im Judentum. Die Völkerengel leiten das ihnen von Gott zugewiesene Volk. Sie symbolisieren den Geist eines Volkes im Guten wie Bösen und sein Verhältnis zu dem erwählten Volk. Israel ist nach jüdischem Selbstverständnis der Liebling des Herrn der Heerscharen, die erwählte Nation.

Ursprünglich bildete die Menschheit eine Einheit und sprach nur eine Sprache. Das Hebräische galt als Ursprache, in der sich Gott, Mensch und Engel problemlos verständigen konnten. Doch kam es durch den Bau des babylonischen Turmes zu einer Sprachverwirrung. Die Einheit zerbrach. 70 Völker (gentes, nationes) mit 70 Sprachen entstanden, über die Gott 70 Völkerengel setzte (nach Deuteronomium 32, 8–9 in der Septuaginta-Fassung). Diese Völkerengel sollten das Verhältnis der nichtjüdischen Nationen zum Gott Israels steuern. Was sie jedoch nicht immer taten. Viele Völkerengel verführten ihre Schützlinge zum Antisemitismus und Atheismus, sie schenkten ihnen andere Götter oder förderten die Abkehr vom Gott Israels, sie lehren Geheimwissenschaften, Astrologie und Philosophie. Ja, so sagt der Talmud, sie wollten sogar Gott gleich sein und erkletterten die Himmelsleiter (s. dort). Von Gott zur Rede gestellt, rechtfertigten sie sich mit dem Hinweis, das erwählte Volk sei auch nicht besser als alle anderen Völker der Welt.

Die Engel der Völker liegen auch untereinander im Streit. So will der Engel Persiens verhindern, dass Daniels Gebet zu Gott gelangt (Daniel 10, 13). Streitsüchtige Engel lösen unter den Medern und Parthern eine Revolution aus. Aus Sicht des erwählten Volkes werden daher die Völkerengel am Tag des Jüngsten Gerichtes zuerst

Gottes Urteil empfangen. „Nie bestraft Gott eine Nation eher, als bis er zuvor ihren Engelfürsten im Himmel gestraft hat", lautet eine jüdische These, die der Engelforscher Erik Peterson in seinem Aufsatz über „Das Problem des Nationalismus im alten Christentum" zitiert. Im frühen Christentum, meint Peterson, sei dieser Nationalismus überwunden worden. Denn durch die Auferstehung und Himmelfahrt sei Christus der Herr über die Völkerengel und alle weiteren Engel geworden (1. Petrusbrief 3, 22; Epheserbrief 1, 21 f.; Hebräerbrief 1, 4), so dass im Himmel und auf Erden Friede gestiftet sei.

Der Kirchenvater Eusebius glaubte, dass mit Kaiser Konstantin der Nationalstaat durch ein übernationales Imperium überwunden sei, es folglich keine Völkerengel mehr geben könnte. Das Christentum versteht sich als eine religiöse Weltgemeinschaft, in der nationale und ethnische Bindung aufgehoben sind. Tatsächlich wurde die Frage nach den Völkerengeln nie erledigt. Es wechselte nur die Blickrichtung. Die Kirche verstand sich als wahres Israel, und aus Michael, dem Völkerengel des jüdischen Volkes, entwickelte sich im Laufe der kommenden Jahrhunderte der Engel des deutschen Volkes (s. Deutscher Michel).

Gibt es nun Völkerengel oder nicht? Die Frage ist eindeutig positiv zu beantworten. Man braucht nur einmal über den Rand der eigenen Kultur hinauszuschauen und die Augen zu öffnen. Jedes Volk hat einen eigenen Geist, eigene Traditionen, Wertvorstellungen und Gebräuche, spricht eine eigene Sprache. Viele Menschen verbinden wie Friedrich Hölderlin („Stuttgart") mit dem Völkerengel die Vorstellung von Heimat und Vaterland:

„Engel des Vaterlandes! o ihr, vor denen das Auge,
Seis auch stark, und das Knie bricht dem vereinzelten Mann,
Dass er halten sich muss an die Freund und bitten die Teuern,
Dass sie tragen mit ihm die beglückende Last,
Habt, o Gütige, Dank!"

Die modernen Völkerengel haben eine schwierige Aufgabe. Sie stehen für den Geist eines Volkes, bewahren seine Identität und müssen sie zugleich öffnen für den Dialog. Wie schwierig dieser Prozess der Verständigung der Völkerengel untereinander ist, können wir ahnen, wenn wir auf die Arbeit in der UNO oder im Europäischen Parlament blicken. Völkerengel haben heute die Aufgabe, Menschen unterschiedlicher Nationalität zu einer neuen Einheit in der Vielfalt der Sprachen, Kulturen, Mentalitäten und Traditionen zu führen. Und sie stellen jedes Volk vor die Frage: „Wer ist wie Gott?" (s. Michael). Für diese Einheit des Singens und Sagens sind die himmlischen Chöre der Engel den Völkerengeln und den ihnen anvertrauten Menschen ein Vorbild. Dass Menschen den Völkerengeln hilfreich zur Seite stehen können, zeigen der Engel von Sibirien und seine vielen Schwestern (s. Engel in Menschengestalt), aber auch jene Sing- und Tanzgruppe aus Südkorea, die sich „Kleine Engel" nennt. Als die Kinder Anfang Mai 1998 in der Hauptstadt des Nordens für den Frieden und die Einheit des geteilten Landes sangen, wurde zum ersten Mal seit dem Koreakrieg der Eiserne Vorhang einen Spalt breit geöffnet.

# Wächterengel

Sumerer, Babylonier und Assyrer kannten geflügelte Mischwesen aus Mensch und Tier als „Hüter der Schwelle". Ihre Aufgabe war die Bewachung der Eingänge von Tempeln und Palästen. Diese plumpen und geistlosen Türsteher konnten sich vor Muskelkraft kaum bewegen. Deshalb sollten sie nicht mit den sechsflügeligen Cherubim verwechselt werden. Die Flügel der Cherubim sind mit unzähligen Augen übersät. Weil ihrem Blick nichts entgeht, wurden sie auch als Wächterengel eingesetzt, obwohl dies nicht ihre eigentliche Aufgabe ist (s. Cherubim und Seraphim).

Die ersten Darstellungen von Cherubim finden sich in der jüdischen Religion. Wächterengel schützen den Thron Gottes in der Stiftshütte, einem tragbaren Kultgerät, mit dem die Israeliten die Bundeslade mit den Zehn Geboten durch die Wüste trugen (Exodus 25, 18). Als König David in Jerusalem den ersten Tempel errichtet, wird in dem Allerheiligsten, einem Bezirk, zu dem nur die Priester Zugang haben, ein Gottesthron errichtet. Vor ihm stehen zwei Cherubimskulpturen aus Ölbaumholz mit einer Größe von 4,58 Metern und einer Flügelspannweite von ebenfalls 4,58 Metern. Die Wände des Allerheiligsten oder Chorraumes sind ebenfalls mit Bildern von Cherubim geschmückt. Diese Wächterengel schenken also nicht nur Erleuchtung, sondern schützen heilige Stätten vor den Blicken Unbefugter. Bewaffnet mit einem Flammenschwert (Genesis 3, 24) standen sie lange Zeit vor dem Paradies. Mit der Geburt Christi, so meint Nikolaus Hermann (1500–1561), hat Gott die Wächterengel von dieser Dienstverpflichtung entbunden.

„Heut schließt er wieder auf die Tür
zum schönen Paradeis;

der Cherub steht nicht mehr dafür.
Gott sei Lob, Ehr und Preis" (EG 27.6).

Die Wächterengel können sich ihren eigentlichen Aufgaben, der
Vermittlung von Weisheit, Gotteserkenntnis und Erleuchtung, widmen. Durch Glaube, Liebe und Hoffnung ist der Weg zum Paradies
wieder frei.

## *Wahrheit*

Man sollte niemanden, der seine privaten Engeloffenbarungen erzählt oder gar veröffentlicht, der Lüge bezichtigen. Aber auch blin-
der Glaube ist wenig angebracht. Mystik und Skepsis sind Geschwister der Wahrheit. Um letzte Wahrheiten geht es immer, wenn von
Engeln die Rede ist. Um Wahrheit und nicht Einbildung, um Hingabe und nicht fromme Gefühle. Engel sind nicht die höheren An-
wälte unserer narzisstischen und hedonistischen Ansprüche.

Bei Privatoffenbarungen genügt oft ein Blick auf die Sprache, um
die Frage der Echtheit zu klären. Engel schwätzen nicht, Engel bedienen nicht menschliche Eitelkeiten, und Engel fassen sich in der
Regel kurz. Ihre Mitteilungen an Jesaja, Ezechiel, Zacharias oder
Maria füllen keine Spalte. Zweifellos ist auch nicht jede Vision echt.
So notiert Franz Kafka in sein Tagebuch (25. Juni 1914) folgende Erinnerung: Er sitzt in seinem Zimmer. Über ihm hängt ein Leuchter
an der Decke. Plötzlich öffnet sich die Zimmerdecke, ein Engel erscheint. „,Also ein Engel!' dachte ich, ,den ganzen Tag fliegt er auf
mich zu, und ich in meinem Unglauben wusste es nicht. Jetzt wird
er zu mir sprechen.'" Der Engel aber verschwindet wieder. Die Vision beruhte auf einer Täuschung. Es war „kein lebendiger Engel,
sondern nur eine bemalte Holzfigur von einem Schiffsschnabel, wie
sie in Matrosenkneipen an der Decke hängen".

Dass Engel auf Erden erscheinen können, bezweifelt niemand

von denen, die an die Wirklichkeit der himmlischen Boten glauben.
Gewiss ist aber auch, dass nicht jede Engelerscheinung vom Himmel
kommt. Eine psychische oder neurologische Störung, Irrtum,
Wunschdenken, Einbildung und Wichtigtuerei können mit im Spiel
sein. In der Engelforschung haben sich fünf Kriterien zur Bewertung
einer Engeloffenbarung bewährt. Sie tragen zur Erhellung des Sach-
verhaltes bei:

1. Engel können tatsächlich erscheinen (Echtheit).
2. Engelerscheinungen können von Teufeln vorgetäuscht sein
   (satanischer Betrug).
3. Engelerscheinungen können eine bewusste oder unbewusste
   Selbsttäuschung sein (Illusion).
4. Engelerscheinungen sind Ausdruck einer Störung des Gehirns
   oder der Seele.
5. Engelerscheinungen können Folge einer Sinnestäuschung sein.

Eine echte Engelerscheinung lässt sich nicht empirisch nachweisen.
Mit technischen Apparaten kommt man hier nicht weiter. Das ist gut
so – zumal es „Engeldetektoren" in der materiellen Welt nicht gibt.
Engelerfahrungen wollen gelebt werden. Nicht an den Worten, sondern den Taten wird man sie erkennen. Engelerfahrungen schenken
Demut und Gelassenheit, Wahrhaftigkeit und Humor, den Mut zu
neuem Aufbruch und die Kraft zum Dienen.

## Weihnachtsengel

Engel und Weihnachtsbäume sind auch in Peking beliebt. „Sheng
Dan Jie", das „Fest der Heiligen Geburt", gilt unter jungen Chine-
sen als Alternative zu den traditionellen chinesischen Festen. Die
meisten wissen „weder, was heilig ist, noch, wessen Geburt gemeint
ist", kommentiert die FAZ (19. Dezember 2000). Chinesische Zu-

stände herrschen manchmal auch in Deutschland. Einige Familien beginnen mit der Aufstellung der Weihnachtskrippen bereits im November, direkt nach dem amerikanischen Kürbisfest Halloween. Andere halten sich an den christlichen Kalender. Nach ihm beginnt die Weihnachtszeit mit dem ersten Advent, auch wenn sich Spekulatius, Adventssterne, Lebkuchenengel und Dominosteine bereits seit September palettenweise in den Supermärkten türmen.

„Ich lasse mir doch nicht von der Kirche vorschreiben, wann die Weihnachtszeit beginnt!" Diese Rechtfertigung hört man gelegentlich unter denjenigen, die mit der weihnachtlichen Dekoration ihrer Fenster, Türen und Wohnzimmer im Trauermonat November beginnen, am Totensonntag ihre erste Adventsfeier veranstalten und über die Festtage in den warmen Süden fliegen. Warum eigentlich nicht? Ist nicht das ganze Jahr über Weihnachten? Wollen uns die Engel nicht jeden Tag, egal ob Hochsommer oder Spätherbst, ob Ewigkeitssonntag oder Karfreitag, frohe Botschaften verkündigen? Sind sie nicht das ganze Jahr über im Dienst, inspirieren Künstler, helfen älteren Damen über die Straße, stärken Abwehrkräfte, schützen, bewahren, reden ins Gewissen, öffnen die Augen der Menschen für das Wunder des Lebens, lehren singen, beten, tanzen?

Weihnachten beginnt eigentlich schon am 24. März, dem Tag, an dem Gabriel (s. dort) zur Jungfrau Maria (s. dort) kam und das außergewöhnliche Ereignis ankündigte. Gabriels Festtag ist der 25. März. Es ist die Zeit der Tagundnachtgleiche, des Frühlingsäquinoktiums. Hier wird der Beginn der neuen Schöpfung gefeiert. Von diesem Datum aus errechnet sich der Geburtstermin Jesu. Die Feier von Weihnachten ist seit dem frühen vierten Jahrhundert nachweisbar. In Deutschland wird es im Jahre 813 zum offiziellen kirchlichen Fest erklärt. Das erste Krippenspiel führt Franz von Assisi im Winter 1223 im Wald von Greccio auf. Er wollte mit allen Sinnen und seiner Seele nachempfinden, wie Gott zur Welt gekommen ist. Nicht anders geht es Menschen, die in ihrer Kindheit als Engel am Krippenspiel ihrer Gemeinde teilgenommen haben. Da hat sich eine Erinnerungsspur gebildet, die noch im hohen Alter die Seele wärmt und die Augen der Greise leuchten lässt:

Ja, auch ich war einst ein Engel! So gehören auch heute noch Krippenspiele zu jedem Weihnachtsgottesdienst mit Kindern.

Martin Luther dichtete Weihnachten 1534 das bekannte Engellied „Vom Himmel hoch, da komm ich her" für seine Kinder. Joseph Mohr, Hilfspfarrer an St. Nicolai in Oberndorf, komponierte mit dem Dorfschullehrer Franz Gruber für den 24. Dezember 1818 „Stille Nacht, heilige Nacht". Auch hier erwacht der Chor der Engel zu neuem Gesang, wie damals bei den Hirten auf dem Felde (Lukas 2, 8 ff.). Die Aufgabe der Engel wird im Weihnachtsevangelium des Lukas klar herausgestellt: Sie führen Menschen zum Heiland der Welt – damals, heute, morgen. Schafe und Hirten haben jedoch eine besonders intensive Beziehung zu Engeln, glaubt man den englischen Weihnachtsliedern „Angels and Shepherds" und „Angels From the Realms of Glory".

Auch der Weihnachts- oder Rauschgoldengel an der Tannenbaumspitze kündigt von der Geburt des Weltenerlösers. An den Tannenzweigen unter ihm hängt Engelhaar. Der erste Rauschgoldengel wurde von dem Nürnberger Puppenmacher Hauser im 17. Jahrhundert zum Gedenken an seine verstorbene Tochter gefertigt.

Seit 1820 werden im Erzgebirge die kleinen Engelmusikanten hergestellt, die auf Engel- oder Paradiesesbergen zu einem Orchester formiert werden können. Nach dem Niedergang des Bergbaus war ihre Herstellung ursprünglich eine reine Arbeitsbeschaffungsmaßnahme. Den Engelmusikanten mit dem nackten Po ist es zu verdanken, dass Engel von der kommunistischen Partei der DDR geduldet wurden. Schließlich waren sie der einzige weltweite Exportschlager der volkseigenen Betriebe. Die beliebtesten Engelmusikanten werden seit 1915 von der Firma Wendt und Kühn in Grünhainichen/Erzgebirge aus Buchenholz hergestellt. Die echten Engel haben grüne Flügel mit elf weißen Punkten. Sie spielen Pauke, Saxophon, Harfe, Geige, Mundharmonika, Bandoneon oder Mandoline. Die Lieblingslieder der Engel-Kapelle sind den Notenblättern zu entnehmen. In den dreißiger Jahren war es „Ihr Kinderlein, kommet", heute spielen sie „Stille Nacht".

Auch das Christkind, das vor allen Dingen in West-, Südwest- und Süddeutschland die Bescherung vorbereitet, ist ein Engel. Eine alte irische Legende erzählt, dass die Jungfrau Maria in jeder Weihnacht Engel zu den schlafenden Kindern schickt. Die Engel entführen die Kinder in den Himmel, wo sie zu Ehren des Christkindes ein Lied singen dürfen. Weihnachten ist das wiedergefundene Paradies. Zukunftsmusik erklingt. Himmel und Erde durchdringen sich, Gott, Mensch, Tier und Engel bilden wieder eine Gemeinschaft.

## Weltuntergang

Menschen geben unterschiedliche Antworten auf die Frage, wie sie den letzten Tag ihres Lebens verbringen würden. Vielleicht eine große Party, ein intensives Gespräch über alles bisher Ungesagte, ein Gebet. Wenn morgen die Welt unterginge, hatte Martin Luther gesagt, würde er heute noch ein Apfelbäumchen pflanzen.

Am Nordwestufer des Toten Meeres liegt die Stadt Chirbet Qumran. Hier lebte in der christlichen Zeitenwende eine jüdische Glaubensgemeinschaft, die Essener. Sie hatten die Stadt Jerusalem verlassen, weil sie glaubten, das Ende der Welt stehe bevor. Unter dieser Endzeitoptik meinten sie, das Wesentliche deutlicher zu sehen. Die Essener lehnten die Ehe ab. Warum noch Kinder zeugen, wenn nächste Woche bereits die große letzte Schlacht zwischen den Engeln und Dämonen beginnt? Sie wollten sich durch strikte Befolgung der jüdischen Gebote und rituelle Waschungen rein wie die Engel halten. Denn mit ihnen zusammen, so glaubten sie, würden sie bald einen neuen und ewigen Gottesbund gründen.

Die Essener nannten sich Söhne des Lichtes. Ihr spiritueller Führer war der Lehrer der Gerechtigkeit. Draußen aber, in der Welt, hausten die Unreinen, Heiden und Juden, die nicht zu ihrer Gemeinschaft zählten. Dies waren die Söhne der Finsternis. Sie wurden von den dunklen Engeln geführt. Gut und Böse standen sich im Weltbild der

Essener gegenüber wie Licht und Schatten. Der Engel der Finsternis und Belial, der Engel der Feindschaft, galten als Anführer der bösen Menschen und dunklen Engel. Michael, Gabriel, Sariel und Raphael und der Fürst des Lichtes standen der religiösen Elite der Essener vor.

Der apokalyptische Kampf blieb aus, die Menschheit lebte weiter, und von den Essenern blieben nur die berühmten Schriftrollen, die 1947 in den Höhlen am Toten Meer gefunden wurden. Gegenüber der Knesset, dem Parlament Israels, sind sie im Schrein des Buches ausgestellt. Obwohl sie an den Untergang der Welt glaubten, haben sie dennoch dieses Apfelbäumchen gepflanzt.

In der Geschichte der Religionen hat es immer wieder endzeitlich gestimmte Gruppen gegeben, die sich von einem Engel erwählt fühlten. Ihren Mitgliedern versprachen sie das Überleben im kommenden Krieg der Sterne. Um diejenigen, die auf der Strecke blieben, kümmerten sie sich nicht. Wenn Christus mit seinen Engeln kommen wird (Matthäus 25, 31–46), gibt es dagegen nur eine Frage: Was habt ihr für die Hungrigen, Dürstenden, Armen, Ausländer, Kranken und Gefangenen getan? Die ungeduldigen Eliteengel der Sekten retten nur die erlesene Schar der Erwählten. Engel sind jedoch für alle Menschen da. Auch heute noch versuchen sie Söhne und Töchter aus der Finsternis ins Licht zu führen. Dafür benötigen sie jedoch viel Zeit und Geduld. Deshalb ist mit einem baldigen Ende der Welt nicht zu rechnen.

# Werbung

„Ich bin jung, hübsch und katholisch!" Ein dunkelhaariges Mädchen mit Jeansjacke und weltoffenem Blick lächelt den Betrachter an. „Auch Katholiken können überraschen" steht unter dem Plakat. Mit dieser Werbeaktion wollten die Bistümer Limburg, Mainz, Speyer und Trier in die Offensive gehen. Braucht die Kirche Werbung dieser Art? Können die Unternehmensberater der Kienbaum-Gruppe vielleicht frischen Wind in die alten Gemäuer bringen, oder ist dafür der Heilige Geist zuständig? Sind nicht die Engel seit Urzeiten die wahren Werbeträger Gottes? So wurde im Jahre 1996 gefragt, als einige Bistümer über Werbestrategien nachdachten.

Die erste Engelwerbung erschien im Magazin „Stern" (50/1976). Vor dem Hintergrund einer rauen Küste ist ein weiblicher Engel mit großen Flügeln zu sehen. Das nasse weiße Kleid schenkt einen Blick auf die Brustknospen. In den Händen hält die Engelin eine Flasche schottischen Whisky (Old Smuggler). Seit 1989, dem Jahr der Wiederkehr der Engel, haben auch die Werbeengel Hochkonjunktur. Der Schweizer Nahrungsmittelkonzern Bell wirbt mit einem kleinen Lukullusengel. Er schützt vor erhöhten Cholesterinwerten. Der Mädchenengel mit Neonheiligenschein der Eisenbahnerversicherungskasse mahnt Eltern, eine Ausbildungsversicherung abzuschließen. Engel vertreten die Welt himmlischer Düfte (Oil of Olaz), haben sogar eine eigene Parfümmarke „Angel" (Thierry Mugler). Sie werben für Kleidung (Carlo Colucci, A.Y.O.R), kalorienarme Nahrung (Philadelphia-Käse), das Deutschlandradio, Nivea-Creme, Jenaer Glas, Erdgas, die Bayerische Landesbank und Sport. Engel verführen zum Rauchen (West) und zum Alkoholkonsum: „Und schmeichelnd fragt das Engelein, darf es noch ein Bommerlunder sein?" (Bommerlunder, Jägermeister). Die Gestalt des verführerischen Engels (s. Sexualität) lebt hier ebenso fort wie auf den Dessous der Firma „Viva Maria". Hier schmücken Engelflügel und -bilder Minislips, Angel Strings, Angels Sleep better Nightdresses, Naughty-Angels-Unterhemden. Zu den häufigsten Motiven gehört die Verbindung von Engel und moderner Technik. Sie werben für unbeschränkte Lust am Autofahren (Ford Fiesta), die Lauda Air, den Rhein-Main-Verkehrsverbund, den neuen Flughafen in Basel, die Deutsche Telekom, für die neueste Sensortechnik von Mercedes: „Moderne Schutzengel haben keine Flügel. Sondern Sensoren."

Die Allgegenwart der Engel in der Werbung zeigt, wie selbstverständlich der Glaube an die uralten Nachrichtenübermittler wieder geworden ist. Kein Wunder, erleichtert doch die moderne Technik die Vorstellung von der unsichtbaren Anwesenheit geistiger Wesen. Wo wir sitzen und stehen, ob wir wachen oder schlafen – ständig sind wir von Botschaften durchdrungen. Ob durch das Kabel oder kabellos: überall wird gefunkt, noch auf dem Weg zum Operationssaal werden E-Mails geschickt, Telefonate geführt. Ultrakurzwellen durchdringen uns, Strahlungen, wohin wir sehen. Mitte des 20. Jahrhunderts glaubte der Theologe Rudolf Bultmann noch, Abschied von den Engeln nehmen zu müssen, weil sie sich mit dem modernen Weltbild nicht vereinbaren ließen. Welch ein Irrtum! Die Technik hat uns wieder an das Geheimnis der himmlischen Nachrichtenübermittler herangeführt. Die Technik? Waren es vielleicht die Engel selbst? Bedienten sie sich einer höheren List folgend der Werbeagenturen? Wer so fragt, überspannt den Bogen der Heiterkeit. Denn nicht jede Werbung mit einem Engel fände den Gefallen der Himmlischen. Sie haben vor allen Dingen ein Anliegen, dass zwischen Gott und Mensch niemals Funkstille eintritt oder der Kontakt ganz abbricht.

# Xathanael

„Der liebe Gott sieht alles", heißt es in dem Gedicht „Was ein Kind gesagt bekommt" von Bertolt Brecht. Wer außer den Atheisten und Agnostikern wird hier ernsthaft Widerspruch erheben? Die Meinungen gehen erst bei der Frage auseinander, ob Gott lieb ist und alles duldet, was er sieht. Von dem jüdischen Strafengel Xathanael lehren die Rabbinen, er peinige mit Michael und Raphael den gefallenen Engel Lucifer wegen seiner Rebellion gegen die himmlische Ordnung. Wie gesichert diese Lehre ist, lassen wir offen. Dass die Engelsgeduld nicht überstrapaziert werden darf, lehrt jedoch auch die Engelforschung.

# Yabsael

Sekten wie das Engelwerk und Esoteriker lieben komplizierte Engelnamen und den Nebel der Mystifikation. Diese Leidenschaft teilen sie mit den Gnostikern, einer religiösen Elitegruppe zur Zeit Jesu, die sich wie Wissende in einem Meer der Unwissenheit fühlten. Yabsael gehörte zu den höchsten Engeln der Gnostiker. Er war so geheim, dass niemand wusste, wofür er zuständig war. Echte Engelnamen dagegen sind keine Zungenbrecher. Sie kommen leicht über die Lippen und sind von der Klarheit des Herrn durchdrungen.

# Zahl der Engel

Zu den schwierigsten Problemen der Engelforschung gehört zweifellos die Beantwortung der Frage nach der Zahl der Engel. Haben 50 oder 5000 Engel auf einer Nadelspitze Platz? Wie können wir uns davor hüten, reinen Spekulationen aufzusitzen? Es gibt kein statistisches Material, das der Engelforschung zugänglich wäre. Wir verfügen über keine Geburtsregister von Engeln und können auch keine Volkszählung durchführen.

In der frühen Engelforschung der Kirchenväter und -mütter versuchte man aus biblischen Andeutungen Rückschlüsse auf die Zahl der Engel zu schließen. Ausgehend von dem Gleichnis vom verlorenen Schaf (Lukas 15, 3–7) bestimmte Gregor der Große das Verhältnis von Engeln und Menschen mit 99 : 1. Legte man nur die Zahl der gegenwärtig lebenden Menschen von sechs Milliarden zugrunde und nicht die aller Menschen, die jemals gelebt haben, so ergäben sich bereits 594 Milliarden Engel. „Hat der Himmel keine Engel mehr?", fragt besorgt die Jungfrau von Orléans in Friedrich Schillers gleichnamigem Drama. Wir können beruhigt sein: Der Himmel hat genügend Engel für jeden Menschen.

Der Prophet Daniel hatte über 1 000 000 000 himmlische Heerscharen (Daniel 7, 10) gesehen. Jüdische Gottesgelehrte bestimmten allein die Zahl der Engel, die über die Sterne wachen, mit 36 500 000 000. Zu diesen Berechnungen wären die Schutzengel aller Menschen, die jemals auf der Welt gelebt haben, zu addieren, des Weiteren die Schreiberengel der himmlischen Buchführung, die Engel der himmlischen Chöre, die Engel des Gerichtes – das wäre ein hoffnungsloses Unterfangen. Wie sinnlos der Versuch einer Bestimmung der Engelzahl ist, zeigt ein kurzer Blick auf die Welt in Raum und Zeit, die mit naturwissenschaftlichen Methoden erforscht werden kann.

Über 100 Milliarden Sternensysteme können durch die Observatorien auf dem Mount Wilson und dem Mount Palomar gesehen werden. Wer will die einzelnen Sterne zählen? Es gibt über 760 000 Insektenarten. Auf einem Kubikdezimeter Wald- und Wiesenboden leben 100 Insekten und 1 Milliarde Einzeller. Wer will alle Insekten der Welt zählen? Wir kennen 20 600 Fischarten. Wer aber will die Zahl der Fische bestimmen? Wie viele Menschen haben jemals auf der Erde gelebt? Wer kennt ihre Namen und ihre Zahl? Nach muslimischer Lehre herrscht nicht nur über jedem Lebewesen, sondern auch über jedem Sandkorn und jedem Wassertropfen, der vom Himmel fällt, ein Engel. Wer will sie zählen?

In seiner Erzählung „Durch einen Spiegel, in einem dunklen Wort" lässt Jostein Gaarder den Engel Ariel bekennen: „Schöpfung und Himmel sind ein so großes Mysterium, dass weder die Menschen auf der Erde noch die Engel im Himmel es fassen können." So verbeugt sich am Ende die Engelforschung vor der unvorstellbaren Größe der Zahl der Engel. Sie tut dies mit einem Gefühl des Schauderns (mysterium tremendum et fascinosum) vor der Größe Gottes, dem Schöpfer der Sterne, der Berge und Seen, der Meere und Winde, der Einzeller, Pflanzen, Tiere, Menschen und Engel. Sie bekennt sich zum Geheimnis und zur Ehrfurcht vor dem Leben in der sichtbaren und unsichtbaren Welt und stimmt mit den Cherubim und Seraphim ein „Heilig, heilig, heilig ist der Herr der Heerscharen" an.

# Zehnter Engelchor

Aurelius Augustinus beendet sein gewaltiges Werk „Vom Gottesstaat" mit einem Ausblick auf die ewige Seligkeit. Gott wird dann alles in allem sein, und wir werden „Gottes voll sein". Ein schönes Bild erfüllter Sehnsucht! Doch hat der Kirchenvater darüber hinaus noch mehr zu sagen: „Dann werden wir stille sein und schauen, schauen und lieben, lieben und loben. Das ist's, was dereinst sein wird, an jenem Ende ohne Ende."

Es darf als gesichert gelten, dass wir unter die himmlischen Chöre (s. dort) der Engel aufgenommen werden. Wo aber wird unser Ort sein? Darüber wusste Augustin keine Auskunft zu geben, behauptete aber andererseits: „Dass es jedoch Stufen geben wird, ist nicht zweifelhaft." Erst Gregor der Große schuf hier Klarheit. Es wird im Himmel einen zehnten Chor geben, der ausschließlich mit menschlichen Stimmen besetzt ist. Rainer Maria Rilke äußert in der zehnten „Duineser Elegie" die Hoffnung, eines Tages hier oben sein Werk vortragen und vielleicht auch fortsetzen zu dürfen:

„Dass ich dereinst, an dem Ausgang der grimmigen Einsicht, Jubel und Ruhm aufsinge zustimmenden Engeln."

Doch ist dem Missverständnis zu wehren, als würden die Sitze im zehnten Chor ausschließlich mit Dichtern oder anderen kreativen Geistern besetzt. Niemand muss beunruhigt sein. Es ist dort oben genügend Platz für alle Menschen! Gibt es bei diesen beflügelnden und beseligenden Aussichten noch offene Fragen? Hoffentlich! In einem ihrer Briefe an „Mister Gott" äußert die kleine Anna den Berufswunsch Engel. Mit dem Engelleben wolle sie nicht erst im Himmel, sondern schon jetzt auf Erden beginnen. „Wenn Du mir zeigst, was man als Engel alles können muss", schreibt Anna, „dann würd' ich bestimmt dafür üben. Ganz sicher."

# Danksagung

Barbara Hallensleben / Fribourg verdanke ich die folgenreiche Begegnung mit Pater Martin Werlen OSB, damals Novizenmeister des Klosters Einsiedeln. Durch ihn und meine Seminare mit den Novizenmeisterinnen des Benediktinerordens erlebte ich die älteste Form des „Engellebens" in ihrer spirituellen Tiefe und Schönheit. Pater Franz Gruber OFM bereicherte mich durch viele Gespräche über die franziskanische Spiritualität. Zugleich ist er ein exzellenter Kenner der katholischen Engellehre. Elizabeth Petuchowski und Navid Kermani gaben Anregungen zur jüdischen und islamischen Engellehre. Rüdiger Glockemann danke ich für die stets beschwingten Gespräche über Rilkes Engel und die Welt der Engelhaie. Eckhard Lieb, einem der letzten Universalgelehrten, verdanke ich den Hinweis auf das größte Engeldenkmal der Welt sowie Hinweise zur Ikonografie und Mariologie. Thomas Petersen vom Institut für Demoskopie Allensbach stellte mir die neuesten statistischen Ergebnisse zum Glauben an Engel zur Verfügung. Rudolf Walter hatte die Idee zu diesem himmlischen Wörterbuch für Herder Spektrum und hat seine Entstehung mit seraphischem Feuer begleitet. Dank auch meiner Engelfreundin Else Strauß und meinem Lehrer Hans Blumenberg. Wie andere Wegbegleiter sind sie uns vorausgegangen und singen schon jetzt im zehnten Engelchor unter Cherubimen und Seraphimen.

# LITERATUR IN AUSWAHL

*Die biblischen Texte sind nach der Übersetzung von Martin Luther in der revidierten Fassung von 1984 zitiert. Das katholische und evangelische Gesangbuch wird nach den üblichen Abkürzungen „GL" (Gotteslob) und „EG" (Evangelisches Gesangbuch) zitiert.*

Gerhard Adler. Erinnerung an die Engel. Wiederentdeckte Erfahrungen. Verlag Herder. Freiburg 1986.

Al-Qazwini. Die Wunder des Himmels und der Erde. Goldmann Verlag. München 1988.

Joseph Barbel OSB. Christos Angelos. In: Theodor Bogler OSB (Hrsg.). Die Engel in der Welt von heute. Verlag Ars Liturgica. Maria Laach 1957. S. 71–90. (1941).

Hans Belting. Bild und Kunst. Eine Geschichte des Bildes vor dem Zeitalter der Kunst. Beck Verlag. 5. Auflage. München 2000.

Benedikt von Nursia. Die Benediktsregel. Eine Anleitung zu christlichem Leben. Übersetzt und erklärt von Georg Holzherr OSB, Abt von Einsiedeln. Benziger Verlag. 4. Auflage. Zürich 1993.

Ivan Bentchev. Engelikonen. Machtvolle Bilder himmlischer Boten. Verlag Herder. Freiburg 1999.

Hans Blumenberg. Triologie von Engeln. In: FAZ 24. 12. 1996. S. N 6.

Serge Boulgakov. L'Échelle de Jacob. L'Age d'Homme. Lausanne o. J.

Chasing Angels. Katalog der Cristinerose Gallery. West Broadway New York 1995.

Friedrich Cramer. Kindheit, Jugend und Krieg. Erinnerungen. Insel Verlag. Frankfurt a. M. 1995.

Helga de Cuveland. Der Taufengel. Ein protestantisches Taufgerät des 18. Jahrhunderts. Entstehung und Bedeutung. Mit einem Katalog nordelbischer Taufengel. Friedrich Wittig Verlag. Hamburg 1991.

Heinrich Denzinger. Kompendium der Glaubensbekenntnisse und kirchlichen Lehrentscheidungen. Lateinisch-Deutsch. Hrsg. von Peter Hünermann. Verlag Herder. 37. Auflage. Freiburg 1991.

Dionysius Areopagita. Über die beiden Hierarchien. Bibliothek der Kirchenväter. Kösel Verlag. München 1911.

Helmut Feld. Franziskus von Assisi und seine Bewegung. Wissenschaftliche Buchgesellschaft. Darmstadt 1994.

243

Der Frankfurter Engel. Mahnmal Homosexuellenverfolgung. Ein Lesebuch. Herausgegeben von der Initiative Mahnmal Homosexuellenverfolgung e.V. Eichborn Verlag. Frankfurt a. M. 1997.

Wolfgang Götz (Hrsg.). Friedensengel. Bausteine zum Verständnis eines Denkmals der Prinzregentenzeit. Münchener Stadtmuseum / Edition Minerva. Wolfratshausen 1999.

Romano Guardini. Der Engel des Menschen. In: Wahrheit und Ordnung. Universitätspredigten. Werkbund Verlag. München 1955. S. 131–140.

Stuart Higgins (Hrsg.). For the little Angels of Dunblane. Poems and tributes by readers of The Sun. Glasgow 1996.

Hildegard von Bingen. Wisse die Wege. Scivias. Otto Müller Verlag. 8. Auflage. Salzburg 1987.

Cyrill von Korvin-Krasinski OSB. Engel–Mensch–Kosmos. In: Theodor Bogler OSB (Hrsg.). Die Engel in der Welt von heute. Verlag Ars Liturgica. Maria Laach 1957. S. 91–109.

Life. On the trail of Angels. The search for Meaning and comfort in the spiritual World. December 1995. S. 62–75.

Wladimir Lindenberg. Gottes Boten unter uns. Ernst Reinhardt Verlag. München 1974.

Howard Loxton. The Art of Angels. Regency House Publishing Ltd. London 1995.

Martin Luther. Sermon von den Engeln. 29. September 1530. WA 32. S. 111–121.

Hans Maier (Hrsg.). Von Orgeln, Chören und Kantoren. Verlag Herder. Freiburg 1997.

Gitta Mallasz. Die Antwort der Engel. Daimon Verlag. 10. Auflage. Einsiedeln 1996.

–: Die Engel erlebt. Daimon Verlag. 4. Auflage. Zürich 1993.

Karl Meisen. St. Michael in der volkstümlichen Verehrung des Abendlandes. In: Rheinisches Jahrbuch für Volkskunde. 13./14. Jahrgang. Sonderdruck o. J.

Barbara Nichtweiss. Erik Peterson. Neue Sicht auf Leben und Werk. Verlag Herder. Freiburg 1992.

Walter Nigg / Karl Gröning. Bleibt, ihr Engel, bleibt bei mir. Propyläen Verlag. Berlin 1978.

Elisabeth Noelle-Neumann. Engel. Glaube und Erfahrung diesseits der Esoterik. Eine Umfrage von 1997. Institut für Demoskopie Allensbach. 1997. München 1994.

–: Die Engel. In: Christina Seitz (Hrsg.). Kindheitsmomente. Prominente erinnern sich. Econ Verlag. Düsseldorf 1994. S. 23–25.

–: Begegnung mit dem Engel. Über Engelglaube und Engelerlebnisse. Allensbacher Berichte Nr. 26/2000.

Erik Peterson. Engel- und Dämonennamen. Nomina Barbara. In: Rheinisches Museum 75/1926. S. 393–421.

—: Das Buch von den Engeln. Stellung und Bedeutung der Heiligen Engel im Kultus. Jakob Hegner Verlag. Leipzig 1935.

—: Das Problem des Nationalismus im alten Christentum. In: Frühkirche, Judentum und Gnosis. Studien und Untersuchungen. Verlag Herder. Freiburg 1959. S. 51–63.

Jakob J. Petuchowski. Zur vermeintlichen jüdischen Vorlage eines christlichen Kindergebetes. In: Liturgisches Jahrbuch 32/2 (1982) S. 119–123.

Joseph Kardinal Ratzinger. Gott und die Welt. Glauben in unserer Zeit. Ein Gespräch mit Peter Seewald. Deutsche Verlagsanstalt. München 2000.

Realenzyklopädie für Antike und Christentum (RAC). Artikel „Engel". Band X. 1962. Spalte 53–322. Hier findet sich ein Katalog mit 269 Engelnamen von Johann Michl (Spalte 200–258) und eine Auflistung früher Engeldarstellungen in der Kunst (Spalte 258–322) von Theodor Klauser.

Ingrid Riedel. Engel der Wandlung. Die Engelbilder Paul Klees. Herder Spektrum. Freiburg 2000.

Alfons Rosenberg. Begegnung mit Engeln. Otto-Wilhelm-Barth-Verlag. München 1956.

—: Michael und der Drache. Urgestalten von Licht und Finsternis. Walter Verlag. Olten 1956.

—: Engel und Dämonen. Gestaltwandel eines Urbildes. Prestel Verlag. München 1967.

Sammlung Helvi und Rolf Wendeler. „Engel mögen euch begleiten..." Der Schutzengel in der Volksfrömmigkeit. Verlagsbüro Wendeler. München 1990.

Annemarie Schimmel. Mystische Dimensionen des Islam. Die Geschichte des Sufismus. Diederichs Verlag. München 1985.

Wilhelm Schneemelcher (Hrsg.). Neutestamentliche Apokryphen. 5. Auflage. Band I: Evangelien. Band II: Apostolisches, Apokalypsen und Verwandtes. J. C. B. Mohr. Tübingen 1987/1989.

Manuel Schneider. Den Engeln gleich. Zur Metaphysik der Medien. In: Flimmernde Zeiten. Vom Tempo der Medien, hrsg. von Manuel Schneider und Karlheinz A. Geißler. S.-Hirzel-Verlag. Stuttgart 1999. S. 31–46.

Gershom Scholem. Walter Benjamin und sein Engel. Suhrkamp Verlag. Frankfurt a. M. 1983.

Hans-Werner Schroeder. Mensch und Engel. Die Wirklichkeit der Hierarchien. Urachhaus Verlag. Stuttgart 1979.

Emmanuel von Severus OSB. Bios Angelikos. In: Theodor Bogler OSB (Hrsg.). Die Engel in der Welt von heute. Verlag Ars Liturgica. Maria Laach 1957. S. 56–70.

Joé Snell. Der Dienst der Engel. Erlebnisse einer Krankenschwester an Kranken- und Sterbebetten. Turm Verlag. Bietigheim 1960.

Rudolf Steiner. Was tut der Engel in unserem Astralleib? Rudolf Steiner Verlag. Dornach 1996.

Heinz Thomas. Jeanne d'Arc. Jungfrau und Tochter Gottes. Alexander Fest Verlag. Berlin 2000.

Herbert Vorgrimler. Die Wiederkehr der Engel. Kevealer 1991

Uwe Wolff. Poetische Imagination vom Anfang und Ende der Kultur. Moses als Kulturstifter im Werk von Thomas Mann und Sigmund Freud. In: Neue Zürcher Zeitung vom 22./23. April 1989. S. 67–68.

–: Die Wiederkehr der Schutzengel. In: Rheinischer Merkur vom 29. September 1989.

–: Himmlische Chöre oder Der Engel frohe Lieder. In: Rheinischer Merkur vom 15. Dezember 1989.

–: Auf der Himmelsleiter. In: Braunschweiger Beiträge 53–3/1990. S. 5–25.

–: Auf den Spuren der Engel. In: Engel und Dämonen. Wiederkehr mythologischer Rede vom Bösen und Guten? Herrenalber Protokolle 79/1990. S. 39–54.

–: Lesen lernen im Buch des Lebens. Hans Blumenberg zum Geburtstag. In: Akzente 3/1990. S. 264–267.

–: Die Wiederkehr der Engel. Boten zwischen New Age, Dichtung und Theologie. EZW-Texte. Impulse Nr. 32. 35 Seiten. 1991.

–: Himmlische Körper. Rezension von Peter Browns „Die Keuschheit der Engel". In: Hannoversche Allgemeine Zeitung vom 18. November 1991.

–: Der Engel Flügel wachsen hören. Kapitel einer Angelologie der Jahrtausendwende. In: Neue Zürcher Zeitung Nr. 297 vom 21./22. Dezember 1991. S. 53–54.

–: Die Botschaft der Engel. Ein erfahrungsbezogener Zugang zur Gottesfrage. Klett Verlag. Stuttgart (= Stundenblätter Schülerheft und Lehrerkommentar). 1992.

–: Wo sich die Pforten der Wahrnehmung öffnen. Epiphanien in der Literatur. In: Rheinischer Merkur vom 3. Januar 1992.

–: Der ganze Himmel und die ganze Erde. Christen brauchen die Herausforderung der Heiligen. In: Lutherische Monatshefte. April 1992. S. 157–161.

–: Sabbatai Zwi, der göttliche Verräter. Gershom Scholems Lebensbeschreibung des falschen Messias. In: Neue Zürcher Zeitung vom 2./3. Mai 1992. S. 69–70.

–: Die Wiederkehr der Engel. Zu einem erstaunlichen Phänomen – längst vor der Weihnachtszeit. In: Idea Nr. 11/1992. S. III–IV. Zugleich in: Idea-Spektrum 48/1992. S. 14–15.

–: Die Engel fliegen wieder. In: Arbeitshilfe für den evangelischen Religionsunterricht an Gymnasien. Heft 50. Hrsg. von Jochen Papst. Hannover 1992. S. 53–66.

–: Breit aus die Flügel beide. Von den Engeln des Lebens. Verlag Herder. Freiburg. 240 Seiten. 1993. (3. Auflage 1998).

–: Gottesdämmerung. Auf den Spuren einer Sehnsucht. Verlag Herder. Freiburg. 224 Seiten. 1994.

–: Im Lichte des Glücks. Träume vom Paradies, fromm und profan. In: Stuttgarter Zeitung vom 5. Februar 1994.

–: Das große Buch der Engel (Anthologie mit Farbtafeln). Verlag Herder. Freiburg. 280 Seiten. 1994. (2. Auflage 1995).

–: Unter Deinen Flügeln geborgen. Legenden vom Geheimnis der Engel. (Anthologie mit Farbtafeln). Verlag Herder. Freiburg. 120 Seiten. 1995. (2. Auflage 1995).

–: Der gefallene Engel. Von den Dämonen des Lebens. Verlag Herder. Freiburg. 256 Seiten. 1995.

–: Und der Engel ließ mich nicht los. Erfahrungen mit unsichtbaren Freunden. Verlag Herder. Freiburg. 120 Seiten. 1996. (2. Auflage 1997).

–: Die Engel – Himmlische Wegbegleiter. In: Die Entdeckung des Himmels. Loccumer Protokolle 27/1998. S. 59–93.

–: Wo ist das Paradies? Von der tiefen Sehnsucht in Werbung und Religion. In: Auftrag und Weg. Thema: Werbung. 4/1998. S.133–134.

–: Engel sind Gottes Strahlungen für Menschen, die ihre Seele auf Empfang schalten. Interview mit dem Magazin Contrapunkt. 6/1998. S.14–15.

–: Der Engel an meiner Seite. Biographische, biblische und meditative Zugänge zum Geheimnis der Engel als Begleiter auf dem Lebensweg. Anthologie zur Tagung des Loccumer Arbeitskreises für Meditation vom 4.–6. Dezember 1998. (Zusammen mit Elisabeth Borries).

–: Die Engel – Himmlische Wegbegleiter. In: Barbara Hallensleben (Hrsg.). Un ange passe … Ökumenische Wegzeichen. Universität Fribourg Suisse. S. 5–24. Fribourg 1999.

–: Das quälende Gefühl der Entzweiung: Licht und Schatten bei C. G. Jung und Ernst Jünger. In: Thomas Arzt (Hrsg.). Jung und Jünger. Gemeinsames und Gegensätzliches in den Werken von Carl Gustav Jung und Ernst Jünger. Königshausen und Neumann Verlag. Frankfurt a. M. 1999. S. 163–180.

–: Die Engel – Himmlische Wegbegleiter. In: Lernort Gemeinde. Zeitschrift für spirituelle Praxis. Heft 4/1999. S. 31–36.

–: Engel in der modernen Literatur. Dort, wo man sie nicht erwartet. In: Markwart Herzog (Hrsg.). Die Wiederkunft der Engel. Beiträge zur Kunst und Kultur der Moderne. Irseer Dialoge. Band II. Kohlhammer Verlag 2000. S. 83–98.

# REGISTER

ADAC (s. Engel in Menschengestalt)
Alverna (s. Franz von Assisi)
**Alter der Engel**
Al-Qazwini (s. Islam)
Ambrosius von Mailand
  (s. Chöre der Engel, Fische und
  Muscheln)
Amor/Eros (s. Kunst, Putten)
Anbetungsengel
  (s. Nahrung der Engel)
Angela (s. Pflanzen)
Angeliken (s. Englische Fräulein)
Angelinen (s. Englische Fräulein)
Angel of the North (s. Friedensengel)
Angelologie (s. Engelforschung)
**Angelus** (s. auch Gebet)
Angelusläuten (s. Angelus)
**Angelus Novus**
**Anthroposophie**
Antonius von Padua
  (s. Fische und Muscheln)
**Apokalypse**
  (s. auch Los Angeles, Weltuntergang)
**Apokryphen**
**Apostelgeschichte**
**Archetyp** (s. Carl Gustav Jung)
**Architektur** (s. Kirchen, Säulenengel)
Augenblicksengel (s. Judentum)
Augustin, Aurelius (s. Alter der Engel,
  Kirchen, Musik, Persische Engel,
  Sexualität, Zehnter Engelchor)
Ausländer, Rose (s. Gebet)

**B**ach, Johann Sebastian
  (s. Michael, Musik)
Bad Salzdetfurth
  (s. Engel in Menschengestalt)
Balthasar, Hans Urs von
  (s. Engelforschung, Satan)
Bavcar, Eugen (s. Fotografie)
Baudelaire, Charles (s. Satan)
Barlach, Ernst (s. Flügel, Friedensengel)
Barth, Karl (s. Sphärenmusik)
Belting, Hans (s. Kunst)
Ben-Artzi, Noa (s. Nahtod-Erlebnisse)
Benedikt von Nursia (s. Hildegard von
  Bingen, Himmelsleiter)
Benjamin, Walter (s. Angelus Novus)
Benn, Gottfried (s. Engelgesicht)
Bergman, Ingmar (s. Film)
Berittene Engel (s. Heerscharen)
Bernward von Hildesheim (s. Kirchen)
Berg, Jochen (s. Musik)
Beschneidung (s. Sexualität)
Bibliodrama (s. Apokryphen)
**Big Brother**
Bild-Zeitung (s. Engel in Menschen-
  gestalt, Nahrung der Engel)
Biolek, Alfred (s. Homosexualität)
Bitterlich, Gabriele
  (s. Opus Angelorum)
Blake, William (s. Satan)
Blauer Engel (s. Engel-Bräu)
Blindheit (s. Fotografie)
Blumenberg, Hans (s. Engelforschung,
  Gelassenheit, Satan)

248

Bodyguard (s. Schutzengel)
Bonaventura (s. Engelforschung)
Bonhoeffer, Dietrich
(s. Gebet, Stille, Stoßgebet)
Boulgakov, Serge
(s. Engelforschung, Ikonen)
Bosch, Hieronymus
(s. Nahtod-Erlebnisse)
Brändström, Elsa (s. Engel in
Menschengestalt, Völkerengel)
Brentano, Clemens von
(s. Fische und Muscheln)
**Briefmarken**
Brzeska, Magdalena (s. Sport)
**Buchhändler**
Buch des Lebens
(s. Himmlische Buchführung)
Bukowski, Charles (s. Sport)
Bultmann, Rudolf (s. Werbung)
Business Angels
(s. Engel in Menschengestalt)

**C**äcilia (s. Musik)
Cage, Nicolas (s. Film)
Cassiel (s. Film)
Catharina von Siena
(s. Nahrung der Engel)
Chagall, Marc (s. Kunst)
**Cherubim und Seraphim**
(s. auch Chöre der Engel)
Cherubini, Luigi (s. Musik)
**Chöre der Engel** (s. auch Dionysios
Areopagita, Fische und Muscheln,
Musik, Zehnter Engelchor)
Christkind (s. Weihnachtsengel)
Cognac (s. Nahrung der Engel)
Cramer, Friedrich
(s. Nahtod-Erlebnisse, Schutzengel)
Crosby, Bing (s. Musik)
Crowley, Aleister (s. Satan)

**D**amiel (s. Film)
Daniel (s. Fische und Muscheln,
Gabriel, Michael, Völkerengel)
Däniken, Erich von
(s. Phantomtramper)
David (s. Heerscharen, Wächterengel)
Debussy, Claude Achille (s. Musik)
Denkmäler (s. Friedensengel)
Denzinger, Heinrich (s. Katholizismus)
**Deutscher Michel**
**Dienstengel**
**Dionysios Areopagita**
(s. auch Cherubim und Seraphim,
Chöre der Engel)
Dogmen (s. Katholizismus)
Dörrie, Doris
(s. Cherubim und Seraphim)
Drake, Friedrich (s. Friedensengel)
Dreiengelsegen (s. Segen)

**E**chtheit der Engelerscheinung
(s. Jeanne d'Arc, Phantomtramper,
Visionen,
Wahrheit)
E-mail (s. Internet)
**Engelabsenker**
**Engelamt** (s. auch Grabesengel)
Engelantennenwels
(s. Fische und Muscheln)
**Engelberg** (s. auch Stille)
**Engelbett**
**Engel-Bräu**
Engelbriefmarken (s. Briefmarken)
Engelbrot (s. Nahrung der Engel)
Engel als Anhalter (s. Phantomtramper)
Engel am Boden (s. Sport)
Engel des dritten Auges
(s. Cherubim und Seraphim)
Engel der Erleuchtung
(s. Cherubim und Seraphim)

249

Engel der Fotografie (s. Fotografie)
Engel der Geschichte
(s. Angelus Novus)
Engel des Hauses (s. Judentum)
Engel des Herrn (s. Angelus)
**Engel der Jahreszeiten und
Lebensalter** (s. auch Gabriel,
Raphael, Michael, Uriel)
Engel der Liebe (s. Cherubim und Se-
raphim, Sexualität)
Engel der Natur (s. Pflanzen)
Engel der Offenbarung (s. Moses)
Engel der sieben Himmel (s. Islam)
Engel der Tiere (s. Tiere)
Engel der Vollendung
(s. Nahtod-Erfahrung)
Engel der Zeugung (s. auch Judentum)
Engel des Schlafes (s. Engelbett)
Engeldetektor (s. Stille, Wahrheit)
Engeldorf (s. Schutzengeldarstellungen)
Engel EDV-Systeme (s. Internet)
Engelerscheinung, Engelkontakte
(s. Visionen)
Engelfeste (s. Feste)
**Engelforschung**
Engelgarten (s. Grabesengel)
**Engelgesicht**
Engelgottesacker (s. Grabesengel)
Engelhai (s. Fische und Muscheln)
**Engelin**
**Engel in Menschengestalt**
Engel in Tiergestalt (s. Islam, Tiere)
Engel mit der Federkrone
(s. Heerscharen)
Engel von Dunblane (s. Grabesengel)
Engel von Kalkutta, von Karachi,
von Mostar, von Sibirien (s. Engel
in Menschengestalt)
**Engelkarten**
Engelkirchen (s. Kirchen)

**Engelkonzil**
**Engelmacherin**
Engel Moroni (s. Mormonen)
Engeloffenbarungen heute (s. Visionen)
**Engelpäpste** (s. auch Päpste)
Engelpfeiler (s. Säulenengel)
Engelreliquien (s. Ikonen, Michael)
Engelsburg (s. Kirchen)
Engelschule (s. Engelmacherin)
Engelschwestern (s. Englische Fräulein)
**Engelsgeduld** (s. auch Xathanael)
Engelsküsse (s. Sexualität)
Engelsröte (s. Nahrung der Engel)
Engelstrompete (s. Pflanzen)
Engelsturz (s. Sexualität, Satan)
Engel Temeluchos (s. Engelmacherin)
Engelwallfahrten (s. Kirchen)
Engelwerk (s. Opus Angelorum)
Engelwurz (s. Pflanzen)
**Englische Fräulein**
Ephraim der Syrer (s. Chöre der Engel)
**Erkenntnis**
Erleuchtung (s. Cherubim und Sera-
phim, Islam, Visionen)
Erzengel (s. Chöre der Engel, Gabriel,
Raphael, Michael, Uriel)
Erzgebirgsengel (s. Weihnachtsengel)
Essener (s. Weltuntergang)
Evangelistensymbole (s. Cherubim und
Seraphim, Engel-Bräu)
Eucharistie (s. Nahrung der Engel)
Eusebius von Cäsarea (s. Völkerengel)
Ewigkeit (s. Alter der Engel,
Zehnter Engelchor)
EXPO 2000 (s. Apokalypse)

**F**anny und Alexander (s. Film)
Feld, Helmut (s. Franz von Assisi)
Feldbusch, Verona (s. Big Brother)
**Feste**

Film (s. auch Los Angeles)
Fische und Muscheln (s. auch Zahl
der Engel)
Feuerengel (s. Cherubim und Sera-
phim, Uriel)
Flügel (s. auch Kunst)
Fluggeschwindigkeit
Fotografie
Frankfurter Engel (s. Homosexualität)
Franz von Assisi (s. auch Heerscharen,
Los Angeles, Tiere, Weihnachtsengel)
Freud, Sigmund
(s. Moses, Psychoanalyse)
Friedhöfe (s. Grabesengel)
Friedensengel
Fürst über das Heer des Herrn
(s. Heerscharen)
Fürstentümer (s. Chöre der Engel)
Fussball (s. Sport)

Gabriel (s. auch Islam, Jesus, Maria,
Mohammed)
Gabriel-Verein (s. Schutzengel)
Ganz, Bruno (s. Film)
Gaarder, Jostein (s. Zahl der Engel)
Gauguin, Paul (s. Kunst, Ringkampf
mit Engeln)
Gebet (s. auch Engelbett)
Gelassenheit
Gerhardt, Paul (s. Flügel, Gebet, Jung)
Gerichtsengel (s. Unglücksengel)
Gesang (s. Chöre der Engel, Dionysios
von Areopagita, Engelbett, Musik)
Geschlecht (s. Sexualität)
Gewissen (s. Big Brother, Nothelfer,
Schutzengel)
Gloria (s. Sphärenmusik)
Goethe (s. Engelin, Maria, Satan, Sphä-
renmusik, Sprache der Engel)
Goldener Engel (s. Film)

Gormley, Antony (s. Friedensengel)
Gottesgeburt
Gotteslob (s. Herrscharen, Hildegard
von Bingen, Kirche, Sphärenmusik)
Gnosis (s. Yabsael)
Grabesengel
Greenpeace (s. Friedensengel)
Gruber, Franz (s. Danksagung,
Himmlische Buchführung,
Weihnachtsengel)
Guardini, Romano
(s. Engelforschung, Schutzengel)
Gymnasium Andreanum (s. Kirchen)

Halladsch (s. Satan)
Händel, Georg Friedrich (s. Musik)
Harut und Marut (s. Islam)
Heerschaften (s. Chöre der Engel)
Heerscharen
Heiterkeit (s. Wahrheit)
Henoch (s. Apokryphen, Sexualität)
Hildegard von Bingen
(s. auch Chöre der Engel)
Himmel (s. Chöre der Engel, Juden-
tum, Los Angeles, Tiere, Wächter-
engel,
Zehnter Engelchor)
Himmelsleiter
Himmel über Berlin (s. Film)
Himmlische Familie (s. Heerscharen)
Himmlische Buchführung
(s. auch Mormonen)
Hindemith, Paul (s. Musik)
Hiob (s. Satan)
Hirsch, Eike Christian
(s. Himmelsleiter)
Hölderlin, Friedrich (s. Judentum,
Sexualität, Völkerengel)
Holzhach, Michael (s. Flügel)
Homosexualität

251

Horvarth, Ödön von (s. Sport)
Hospizbewegung (s. Dienstengel, Nah-
tod-Erlebnisse)
Hortus deliciarum (s. Himmelsleiter)
Hufeisen, Hans-Jürgen (s. Musik)
Humperdinck, Engelbert (s. Engelbett)

**Ikonen**
**Internet**
(s. auch Angelus, Sphärenharmonie)
Isidor von Sevilla
(s. Internet, Sphärenmusik)
**Islam** (s. auch Gabriel, Persische Engel,
Satan)
Israfil (s. Islam)
Izrail (s. Islam)

**J**akob (s. Franz von Assisi, Himmels-
leiter, Ringkampf mit Engeln)
**Jeanne d'Arc** (s. auch Zahl der Engel)
**Jesus**
**Judentum** (s. auch Alter der Engel,
Erkenntnis, Gebet, Himmelsleiter,
Michael, Nahrung der Engel, Sexua-
lität, Sprache der Engel, Völkerengel)
**Jung, Carl Gustav**
(s. auch Psychoanalyse)
Jung-Stilling Heinrich (s. Visionen)
Jünger, Ernst (s. Phantomtramper)

**K**afka, Franz
(s. Lübecker „Woche der Engel",
Visionen)
Kaltenbrunner, Gerd-Klaus
(s. Dionysios von Areopagita)
Kaschnitz, Marie Luise (s. Sexualität)
Katharer (s. Persische Engel)
**Katholizismus**
Kautzsch, Emil (s. Apokryphen)
Kermani, Navid (s. Islam)

Kinder (s. Engelamt, Engelbett, Engel-
macherin, Englische Fräulein, Gebet,
Grabesengel, Kunst, Martin Luther,
Nothelfer, Putten, Taufengel, Völker-
engel,
Weihnachtsengel)
Kinderengel (s. Putten)
**Kirchen**
Klee, Paul (s. Angelus Novus)
Klepper, Jochen (s. Flügel)
Kommunion (s. Nahrung der Engel)
Königin der Engel (s. Maria)
Kopfschmerzen (s. Nothelfer)
Kopftuch (s. Sexualität)
Koran (s. Islam, Mohammed, Satan)
Kräfte (s. Chöre der Engel)
Krankheiten (s. Raphael)
Krieg (s. Heerscharen)
Krippenspiele (s. Weihnachtsengel)
**Kunst** (s. auch Gottesgeburt)

**L**ady Dianas Engel
(s. Engel in Menschengestalt)
Lajela (s. Nothelfer)
Lauretanische Litanei (s. Maria)
Lebenshilfe (s. Nothelfer)
Leerstellenarbeit (s. Apokryphen)
Lehrer (s. Nothelfer)
Licht (s. Fotografie, Hildegard von
Bingen, Musik, Pflanzen)
Lichtgestalten (s. Nahtod-Erfahrung)
Liebe (s. Cherubim und Seraphim,
Schutzengel, Sexualität, Sprache der
Engel,
Wahrheit, Zehnter Engelchor)
Lob (s. Heerscharen)
Lorber, Jakob (s. Visionen)
**Los Angeles**
Love Parade (s. Sexualität)
**Lübecker „Woche der Engel"**

Lucifer (s. Franz von Assisi, Hildegard von Bingen, Satan, Xathanael)
**Luther, Martin** (s. auch Engelkonzil, Schutzengeldarstellungen, Segen, Taufengel)
Lutzau, Gabriele von (s. Schutzengeldarstellungen)

**M**cCartney, Linda (s. Tiere)
Mächte (s. Chöre der Engel)
**Magie** (s. auch Engelkarten, Segen)
Mahler, Gustav (s. Musik)
Mallasz, Gitta (s. Visionen)
Mandäer (s. Persische Engel)
Manichäer (s. Persische Engel)
Manger, Itzik (s. Schutzengel)
Mann, Thomas (s. Grabesengel)
Manna (s. Nahrung der Engel)
Mantegna, Andrea (s. Putten)
Marén, Christine (s. Musik)
**Maria** (s. auch Angelus, Fische und Muscheln, Gottesgeburt)
Maria Annunciata (s. Gottesgeburt)
Maria von den Engeln (s. Franz von Assisi)
Märtyrer (s. Himmelsleiter, Sixtinische Madonna, Visionen)
Mazdaismus (s. Persische Engel)
Mechthild von Magdeburg (s. Gottesgeburt)
Meditation (s. Chöre der Engel, Nothelfer, Stille)
Merici, Angela (s. Englische Fräulein)
**Michael** (s. auch Jeanne d'Arc, Kirchen)
Michaelsbruderschaften (s. Angelus, Michael)
Michaelsheiligtümer (s. Kirchen)
Michl, Johann (s. Engelforschung)
Militär (s. Heerscharen)

Miller, Alice (s. Satan)
Missa de Angelis (s. Engelamt)
**Missverständnisse**
**Mohammed** (s. auch Gabriel)
Mohr, Joseph (s. Weihnachtsengel)
Monte Gargano (s. Kirchen)
Mont Saint Michel (s. Kirchen, Michael)
Moolenburgh, Hans C. (s. Schutzengel)
Morgenstern, Christian (s. Anthroposophie)
**Mormonen**
**Moses**
Munkar und Nakir (s. Islam)
**Musik**
Mutter Teresa (s. Engel in Menschengestalt)
Mystik (s. Gottesgeburt)

**N**ahrung der Engel (s. auch Missverständnisse)
**Nahtod-Erfahrung**
Neuhauser, Uschi (s. Engelgesicht)
Newman, John Henry (s. Katholizismus, Pflanzen)
Nigg, Walter (s. Engelforschung)
Nike/Victoria (s. Friedensengel, Kunst)
Noelle-Neumann, Elisabeth (s. Umfrageergebnisse, Visionen)
Noth, Martin (s. Gabriel)
**Nothelfer** (s. auch Schlafstörungen, Stoßgebet, Uriel)

**O**hlbaum, Isolde (s. Fotografie)
**Opus Angelorum**
Origenes (s. Franz von Assisi, Katholizismus, Satan, Sexualität)
Otto, Rudolf (s. Rainer Maria Rilke, Zahl der Engel)

253

**P**apst Gregor der Große
(s. Chöre der Engel, Kirchen, Zahl
der Engel, Zehnter
Engelchor)
Papst Johannes XXII.
(s. Angelus, Engelpäpste)
Papst Johannes XXIII. (s. Engelpäpste)
Papst Julius II. (s. Sixtinische Madonna)
Papst Paul VI. (s. Angelus)
Papst Pius XII. (s. Maria)
Papst Sixtus II. (s. Sixtinische Madonna)
Paracelsus (s. Nahrung der Engel)
Parsismus (s. Persische Engel)
Patronate (s. Kirchen, Nothelfer)
Perpetualeiter (s. Himmelsleiter)
**Persische Engel** (s. auch Völkerengel)
Perutz, Leo (s. Sexualität)
Peterson, Erik (s. Chöre der Engel,
Engelforschung, Katholizismus,
Nothelfer, Völkerengel)
Petuchowski, Jakob J. (s. Gebet)
Pfau, Ruth
(s. Engel in Menschengestalt)
Pfau der Engel (s. Islam)
**Pflanzen**
**Phantomtramper**
Plockhorst, Bernhard
(s. Schutzengeldarstellungen)
Poertgen-Herder Buchhandlung
(s. Buchhändler)
Postamt Himmelsthür, Himmelpfort,
Himmelpforten, Himmelstadt
(s. Briefmarken)
Propheten (s. Cherubim und Sera-
phim, Gabriel, Mohammed, Moses,
Visionen)
**Psychoanalyse**
(s. auch Carl Gustav Jung)
Putschversuch (s. Jeanne d'Arc)
**Putten (Putti)**

**Q**umran (s. Weltuntergang)

**R**affael Santi (s. Putten)
Rangordnung
(s. Dionysios von Areopagita,
Hildegard von Bingen)
**Raphael** (s. auch Engel der Jahres-
zeiten, Engel-Bräu, Flügel, Nahrung
der Engel, Tobitlegende)
Raphaelsklinik Münster (s. Raphael)
Ratzinger, Joseph Kardinal
(s. Engelkarten, Katholizismus)
Rauschgoldengel (s. Weihnachtsengel)
Reger, Max (s. Musik)
Regina Angelorum (s. Maria)
**Reiseengel** (s. auch Raphael)
Reitzenstein, Richard (s. Magie)
Rezeptionsästhetik (s. Apokryphen)
Rilke, Rainer Maria (s. auch Buch-
händler, Maria, Zehnter Engelchor)
Ringkampf mit Engeln
Rolling Stones (s. Satan)
Rosenberg, Alfons (s. Engelforschung)
Rublev, Andrej (s. Ikonen, Nahrung
der Engel)
Russland (s. Ikonen)

**S**achs, Nelly (s. Sexualität)
Saint Phalle, Niki de (s. Reiseengel)
Sanctus (s. Cherubim und Seraphim,
Sphärenmusik)
Sander, Otto (s. Film)
Sankt-Raphaels-Verein (s. Schutzengel)
**Satan** (s. auch Himmelsleiter, Internet,
Martin Luther, Michael)
Satie, Erik (s. Musik)
**Säulenengel**
Schalom alejchem (s. Judentum)
**Schlafstörungen**
**Schlager**

254

Schneemelcher, Wilhelm
(s. Apokryphen)
Scholem, Walter (s. Angelus Novus)
Schroeder, Hans-Werner
(s. Anthroposophie)
Schutzengel (s. auch Big Brother,
Engel-Bräu, Engelsgeduld, Islam,
Martin
Luther)
**Schutzengeldarstellungen**
Schutzengelfest (s. Feste)
Schutzengel Jesu (s. Heerscharen, Jesus)
Schutzengelmuseum
(s. Schutzengeldarstellungen)
Schutzengelplaketten (s. Engel-Bräu)
Schutzengelpsalm
(s. Gebet, Schutzengel)
Schwangerer Engel (s. Taufengel)
Schwuler Engel (s. Homosexualität)
Segen
Seraphim (s. Cherubim, Dionysios
von Areopagita, Flügel, Hildegard
von Bingen)
Seraphimenorden (s. Cherubim und
Seraphim)
**Sexualität** (s. auch Unglücksengel)
Sixtinische Madonna
Smith, Joseph (s. Mormonen)
Söhne Gottes (s. Heerscharen)
Söhne der Finsternis (s. Weltuntergang)
Söhne des Lichtes (s. Weltuntergang)
**Sphärenmusik**
**Sport**
**Sprache der Engel**
Stadt der Engel (s. Film, Los Angeles)
Steinbohrender Engelsflügel
(s. Fische und Muscheln)
Steiner, George
(s. Ringkampf mit Engeln)
Steiner, Rudolf (s. Anthroposophie)

Sterbebettvisionen
(s. Nahtod-Erfahrung)
Sterne
(s. Sphärenmusik, Zahl der Engel)
**Stille**
(s. auch Gebet, Zehnter Engelchor)
Stillende Engel (s. Mohammed)
Stockhausen, Karlheinz (s. Musik)
**Stoßgebet**
Strafengel (s. Unglücksengel)
Streitigkeiten (s. Nothelfer)
Sucht (s. Nothelfer)
Sufismus (s. Satan)
Swedenborg, Emanuel von (s. Visionen)

Taize (s. Völkerengel)
Talmud (s. Judentum)
Tanz (s. Musik)
Tarr Krüger, Irmtraud
(s. Psychoanalyse)
**Taufengel**
Thaller-von Schönwerth, Mechthild
von (s. Visionen)
Thomas von Aquin (s. Chöre der
Engel, Engelforschung, Internet)
Throne (s. Chöre der Engel)
**Tiere** (s. auch Wächterengel)
Tod (s. Engelamt, Engelmacherin,
Grabesengel, Martin Luther, Nah-
tod-Erfahrung)
Todesengel (s. Nahtod-Erfahrung)
Todesengel Izrail (s. Islam)
Tobitlegende (s. Engel in Menschen-
gestalt, Fische und Muscheln, Flügel,
Nahrung der Engel, Raphael,
Rainer Maria Rilke)
Trakl, Georg (s. Angelus)
Träume (s. Himmelsleiter)
Trishagion (s. Heerscharen, Sphären-
harmonie, Zahl der Engel)

Trockel, Rosemarie
  (s. Homosexualität)
Tübke, Werner (=Unglücksengel)
Tugenden (s. Chöre der Engel)

Ubertino von Casale
  (s. Franz von Assisi)
Ufos (s. Phantomtramper)
Umfrageergebnisse
Unfruchtbarkeit (s. Nothelfer)
Unglücksengel
UNO (s. Heerscharen, Völkerengel)
Uriel (s. auch Engel der Jahreszeiten
  und Lebensalter)

Vaterunser (Gebet)
Viktoria (s. Nike)
Visionen (s. auch Nothelfer)
Völkerengel (s. auch Michael)

Wächterengel
Wagner, Richard (s. Musik)
Wahrheit (s. auch Phantomtramper,
  Umfrageergebnisse)
Wald von Greccio (s. Weihnachtsengel)
Waldorfkindergärten
  (s. Anthroposophie)
Wandernde Engel (s. Islam)
Ward, Mary (s. Englische Fräulein)
Web-Angels (s. Internet)
Weihnachtsengel
Weisheitsengel (s. Cherubim und
  Seraphim)
Wegbegleiter (s. Raphael, Schutzengel)

Weltall (s. Fluggeschwindigkeit)
Weltuntergang
Wenders, Wim (s. Film)
Werbung
Werlen, Martin
  (s. Engelamt, Danksagung)
Wickert, Erwin (s. Schutzengel)
Wittgenstein, Ludwig
  (s. Himmelsleiter)
Wirtshäuser (s. Engel-Bräu)
Wolfram von Eschenbach
  (s. Franz von Assisi, Sphären-
  harmonie)
Wosien, Maria-Gabriele (s. Musik)

Xathanael

Yabsael

Zahl der Engel
  (s. auch Herrscharen, Judentum)
Zarathustra (s. Persische Engel)
Zauberpapyri (s. Magie)
Zebaoth (s. Herrscharen)
Zehnter Engelchor
Zeit (s. Gelassenheit, Lübecker „Woche
  der Engel")
Zionismus (s. Judentum)
Zlatko (s. Big Brother)
Zukunft (s. Apokalypse, Los Angeles,
  Weihnachtsengel, Zehnter Engel-
  chor)
Zweites Vatikanisches Konzil
  (s. Engelpäpste, Segen)